리더란 미지의 세계로 먼저 달려가는 사람이다.
그들은 위험을 향해 돌진한다.
자신의 이익을 제쳐둔 채
우리를 보호하고 미래로 이끈다.
리더는 우리 것을 지키기 위해 기꺼이 자기 것을 희생한다.
자기 것을 지키기 위해 절대 우리 것을 희생시키지 않는다.
리더란 바로 이런 사람이다.
먼저 위험에 맞서고
먼저 미지로 뛰어든다.
리더가 우리를 안전하게 지켜주리라 확신할 때
우리는 그들을 따라 행진할 것이다.
그들의 비전이 실현될 때까지 지칠 줄 모르고 일할 것이다.
그들을 따르는 사람이라고 자랑스럽게 이야기할 것이다.

리더 디퍼런트

일러두기

• 이 책은 『리더는 마지막에 먹는다』(2014)를 개정한 책입니다.

LEADERS EAT LAST

리더 디퍼런트

사람과 숫자 모두를 얻는, 이 시대의 다른 리더

사이먼 시넥 지음

윤혜리 옮김

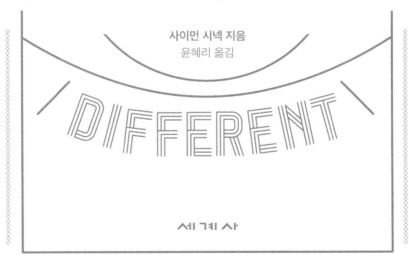

세 계 사

차례

들어가며
사람을 중시하는 리더는 실패하지 않는다

조직의 위기를 경영자가 극복했다는 사례는 역사상 단 한 건도 없다. 모든 조직의 위기는 리더가 극복했다. 하지만 오늘날 수많은 교육 기관과 연수 프로그램은 훌륭한 리더를 양성하는 것이 아니라 효율적인 경영자를 키우는 데 초점을 맞추고 있다. 단기적인 이익이 성공의 상징으로 여겨지고 조직의 장기적인 성장과 생존은 단순히 돈만 잡아먹는 일이 됐다. 이 책은 이런 패러다임을 바꾸려는 노력이다.

이 책에서 사이먼 시넥은 새로운 리더십 이론이나 핵심 원리를 제시하지 않는다. 그보다 훨씬 큰 목적으로 이 책을 썼다. 그는 우리 모두에게 더 좋은 세상을 만들고자 한다. 그의 비전은 간단하다. 조직의 성공과 실패가 경영자의 판단력이 아니라 리더의 탁월함에 달렸다는 사실을 다음 세대에게 이해시키는 것이다.

리더가 조직원에게 초점을 맞춰야 한다는 사실을 설명하기 위해 사이먼이 미군, 특히 미 해병대를 예로 든 것은 우연이 아니다. 군 조직은 강한 문화를 바탕으로 가치관을 공유하고 팀워크의 중요성을 이해하며 조직원 간에 신뢰감을 형성하고 목표에 집중한다. 임무를 완수하려면 조직원과 그들의 인간관계가 무엇보다 중요하다는 점을 잘 안다. 또한 군 조직 특성상 임무를 그르칠 경우 참사가 일어날 수 있기 때문에 실패란 있을 수 없다. 모든 군 조직에서 성공을 가능하게 하는 것은 의심할 여지없이 사람이다.

해병대원들이 모여 식사하는 모습을 볼 기회가 있다면 계급이 가장 낮은 대원이 가장 먼저 먹고 계급이 가장 높은 대원이 가장 나중에 먹는다는 사실을 알 수 있을 것이다. 그렇게 하도록 명령하는 사람은 아무도 없다. 해병대는 그냥 그렇게 한다. 이 간단한 행동에서 해병대가 리더십을 어떻게 바라보는지 드러난다. 해병대 지휘관들은 마지막에 먹는다. 나에게 필요한 것보다 남에게 필요한 것을 우선하는 사람이야말로 진정한 리더이기 때문이다. 위대한 리더는 리더라는 자리를 영광스럽게 여기고 조직원을 소중하게 여긴다. 또 리더로서 누리는 영광의 대가로 개인적인 이익을 포기해야 한다는 사실도 잘 안다.

사이먼은 그의 전작『스타트 위드 와이:나는 왜 이 일을 하는가?』*Start with Why*에서 조직이 성공하려면 리더가 조직의 진정한 목적을 이해해야 한다고 설명한다. 그것이 바로 그가 주장하는 "WHY"이다. 이 책에서는 거기서 한 단계 나아가 왜 어떤 조직은 다른 조직보다 좋은 성과를 내는지 그 이유를 제시한다. 그리고 그 과정에서 리더에게 주어지는 도전 과제의 모든 요소를 낱낱이 파헤친다. 간단히 말해 리더는 조직의 'WHY'를 아는 것만으론 부족하다. 조직원을 자세히 파악하고 그들이 단순히 소모성 자원 이상이라는 사실을 알아야 한다. 즉, 직업적 능력이 뛰어나다고 해서 좋은 리더가 되는 것은 아니다. 자신이 맡은 사람을 진정으로 아끼는 사람만이 좋은 리더가 될 수 있다.

조직을 장기적으로 존속시키려면 좋은 경영을 펼치는 것만으론 부족하다. 인간 행동의 원리를 심층적으로 다룬 사이먼의 설명을 들으면 단기적으로는 잘나가던 조직이 시간이 흐른 뒤 결국 무너지는 진짜 이유를 절로 깨치게 된다. 그런 조직은 조직원을 소중히 여기지 않았기 때문에 실패했다. 사이먼이 설명하듯 조직원들이 가치를 공유하고 서로를 소중히 여기는 조직은 여건이 좋을 때나 나쁠 때에 상관없이 장기적으로 성공을 거둔다.

미국 제6대 대통령 존 퀸시 애덤스*John Quincy Adams*는 이렇게 말했다. "다른 사람들이 당신 덕분에 더 큰 꿈을 꾸고, 더 많이 배우고, 더 많은 일을 해내고, 더 위대한 사람이 된다면 당신은 리더다." 그는 리더란 무엇인지 정확히 이해한 사람이었다. 이 명언에서 이 책이 전하는 메시지를 찾을 수 있다. 리더가 조직원에게 의욕을 불어넣어준다면 그들은 더 나은 미래를 꿈꾸고, 더 많이 배우는 데 시간과 노력을 투자하고, 조직을 위해 더 많은 일을 하며 그 과정에서 스스로 리더가 된다. 조직원을 아끼고 조직의 안녕에 집중하는 리더는 절대 실패하지 않는다. 이 책을 읽고 마지막에 먹기를 바라는 사람들이 더욱 많아지길 기대해 본다.

전 미 해병대 중장
조지 J. 플린

LEADER
DIFFER=
ENT

1
우리는
안전한 직장을
원한다

1
보호를 받는다는 것

짙은 먹구름이 드리운 밤, 빛은 한 줄기도 없었다. 어둠에 싸여 별빛 한 점, 달빛 한 점도 없었다. 암흑 그 자체였다. 부대는 협곡을 따라 천천히 움직였다. 바위투성이인 지형 탓에 느릿느릿 이동할 수밖에 없었다. 게다가 적군의 눈에 띄어서도 안 됐다. 모두 신경이 잔뜩 곤두섰다.

9·11 테러가 일어난 지 1년도 채 지나지 않은 때였다. 탈레반 정부가 알카에다의 지도자 오사마 빈 라덴을 인도하라는 미국의 요구를 거부한 탓에 미군의 공격을 받아 무너진 직후였다. 당시 아프가니스탄에는 수많은 미군 특수부대가 파견되어 기밀 작전을 펼치고 있었다(당시 작전들은 지금까지도 기밀로 유지되고 있다). 어둠 속에서 협곡을 건너던 부대 역시 이들 특수부대 중 하

나였고, 이 부대가 수행하던 작전도 그 기밀 작전 중 하나였다.

자세한 정보는 알 수 없지만 22명으로 구성된 이 부대는 당시 적진 깊숙이 침투해 미국 정부가 '고가치 표적'으로 분류한 핵심 인물을 생포한 상황이었다. 그들은 고가치 표적을 안전 가옥으로 이송하기 위해 아프가니스탄 산악 지역의 험준한 협곡을 지나고 있었다.

같은 시각, 마이크 드라울리Mike Drowley 대위가 짙은 구름 위를 날고 있었다. 그는 '조니 브라보'라는 호출 부호이자 별명으로 잘 알려진 공군 조종사였다. 상공은 비행기 엔진 소리만 빼면 더할 나위 없이 평화로웠다. 까만 하늘에 수천 개의 별이 수놓여 있었고, 구름은 눈부신 달빛을 받아 갓 쌓인 눈처럼 보였다. 아름다운 광경이었다.

조니 브라보는 호위기와 함께 상공을 순회하며 유사시 지상 부대를 지원하기 위해 대기하고 있었다. 둘 다 A-10 기종이었다. '워트호그(흑멧돼지)'라는 애칭으로 불리는 A-10은 사실 전투기가 아니라 공격기다. 상대적으로 속도가 느린 1인승 군용기로, 상공에서 지상 병력을 지원하기 위해 개발됐다. 다른 전투기와 달리 속도가 빠르고 멋지지 않아 이런 별명이 붙었지만 제 임무는 야무지게 해낸다.

사실 A-10 조종사들과 지상 부대는 서로 위치를 육안으로 확인할 수 있을 때 가장 이상적이다. 지상 부대원들은 하늘을 나는 워트호그를 보며 든든한 지원군이 있다는 사실에 크게 자신감을 얻는다. 조종사들 역시 지상 부대를 눈으로 확인함으로써 도움이 필요할 때 즉시 그들을 도울 수 있으리라 확신한다. 하지만 그날 밤, 먹구름이 짙게 깔린 아프가니스탄의 산악 지대에서 서로를 확인할 길이라곤 간간이 무선 교신을 주고받는 수밖에 없었다. 지상은 칠흑 같은 암흑이었으므로 부대원들에게 무슨 일이 일어나는지 보이지 않았다.

그때 조니 브라보는 이상하다고 느꼈다. 무전기에서 들려오는 목소리가 아무래도 심상치 않았다. 그들이 불안해하는 것이 느껴졌다. 뭔가 조치를 취해야겠다는 생각이 들었다.

조니 브라보는 직감을 따르기로 했다. 부대원들이 보이는 곳까지 강하하기로 마음먹었다. 이는 엄청난 모험이었다. 저공에 짙은 구름이 잔뜩 깔린 데다 폭풍까지 몰아치고 있었고, 야간 투시경을 착용해 시야가 좁아진 상태로 비행해야 했다. 이런 악조건에서 강하하는 일은 베테랑 조종사에게도 대단히 위험했다.

그에게 위험을 감수해야 한다고 말한 사람은 아무도 없었다. 오히려 이런 상황에서는 지상 부대에서 지원을 요청해올 때까지 침착하게 기다리는 것이 정석이다. 하지만 그는 다른 조종사들과 달랐다. 수백 미터 상공의 안전한 조종석에서도 지상 부대원들의 불안감을 고스란히 느낄 수 있었다. 아무리 위험하더라도 강하하는 것이 옳다는 생각이 들었다. 다른 선택권은 없었다.

구름을 뚫고 협곡을 향해 강하하려고 준비하는 순간 무전기에서 두 단어가 들려왔다. 어떤 조종사가 들어도 간담이 서늘해질

두 단어였다. "교전 발생."

"교전 발생"이란 말 그대로 지상 부대가 적에게 공격받았다는 뜻이었다. 훈련 때 수없이 이 말을 들었지만 실전에서 들은 것은 그날이 처음이었다. 2002년 8월 16일 밤이었다.

조니 브라보는 그동안 부대원들에게 감정을 이입하고 공감하는 훈련을 해왔다. 그는 비행 훈련을 받을 때도, 실전에서 전장 위를 비행하던 순간에도 항상 영화 〈라이언 일병 구하기〉Saving Private Ryan의 한 장면을 떠올렸다. 연합군이 노르망디 해변에 상륙하는 장면이었다. 상륙정 램프가 내려지고 병사들은 독일군의 총격이 쏟아지는 해변으로 달려 나간다. 병사들 사이로 비껴간 총알은 강철로 된 상륙정 선체에 탕탕 부딪힌다. 총상을 입은 병사들이 비명을 지른다. 조니 브라보는 훈련받을 때 '교전 발생'이라는 말을 들으면 바로 이 장면을 떠올리도록 연습했다. 그런데 지금 무전기에서 바로 그 말이 들린 것이다. 그는 가슴 깊이 생생하게 새겨둔 이 장면을 떠올리며 곧바로 지상 부대 지원에 나섰다.

우선 호위기 조종사에게 그 자리에서 대기하라고 말한 뒤, 지원 사격 하겠다는 교신을 항공관제 센터와 지상 부대에 보냈다. 그러고는 어둠 속으로 강하하기 시작했다. 구름을 통과하며 난기류에 휩쓸린 탓에 기체가 심하게 요동쳤다. 왼쪽에서 강한 충격이 전해지고 급강하하더니 다음에는 오른쪽에서 갑작스러운 흔들림이 느껴졌다. 우리가 흔히 이용하는 민간 여객기와 달리 군용기인 A-10은 승객의 편안함에 초점을 맞춘 비행기가 아니었다. 두꺼운 구름층을 빠져나가는 내내 기체는 미친 듯이 흔들렸다.

앞으로 무슨 일이 일어날지 전혀 모른 채 보이지도 않는 곳으로 비행해야 했던 조니 브라보는 계기판에 온 신경을 집중하고 정보를 최대한 많이 얻으려 노력했다. 이 다이얼에서 저 다이얼로 시선을 바쁘게 움직이고는 전방 창을 응시했다. 고도, 속도, 방향, 창. 고도, 속도, 방향, 창. 그는 작게 중얼거렸다. "제발 돼라. 제발 돼라."

마침내 구름층을 빠져나온 그는 약 300미터 고도로 협곡을 따라 비행하기 시작했다. 그의 눈앞에 지금까지 어떤 훈련이나 영화에서도 보지 못한 광경이 펼쳐졌다. 적군이 협곡 양쪽에서 공격해오고 있었다. 엄청난 병력이었다. 예광탄(불빛을 내며 날아가는 총알-옮긴이) 빛만으로도 주변이 훤해질 정도였다. 그들은 미군 특수부대를 가운데로 포위하고 그곳을 향해 모든 총알과 로켓탄을 쏘고 있었다.

2002년에는 항공 전자 기술이 지금처럼 정교하지 않았기 때문에 조니 브라보가 조종하는 공격기에는 충돌 방지 시스템이 없었다. 따라서 산 절벽에 충돌하지 않도록 수동으로 기체를 조종할 수밖에 없었다. 게다가 그가 가지고 있던 지도는 1980년대 소련이 아프가니스탄을 침공할 때 사용한 골동물이었다. 어려운 조건에도 부대원들을 포기할 수는 없었다. 그는 지금도 이렇게 말하곤 한다. "죽음보다 나쁜 운명이 있다. 하나는 전우를 실수로 죽이는 것이고, 다른 하나는 전사한 전우를 뒤로한 채 혼자 살아 돌아가는 것이다."

그렇게 8월의 어두운 밤, 조니 브라보는 사활을 걸고 싸우기로 다짐했다. 우선 비행기 속도와 절벽까지의 거리를 확인했다. 이를 토대로 충돌하기까지 걸릴 시간을 계산하고 초읽기를 시작했다. "1초, 2초, 3초……." 그는 적군의 총알이 가장 많이 날아오는 곳을 향해 개틀링 기관포를 고정하고 방아쇠를 당겼다. "4초, 5초, 6초……." 절벽에 충돌하기 직전, 스틱을 당겨 급격하게 방향을 틀었다. 충돌을 피하려면 다시 하늘로 날아가는 수밖에 없었다. 구름층에 진입한 기체는 굉음을 내며 급속도로 상승했다. 강한 중력에 그의 몸은 찌그러질 듯 조종석에 짓눌렸다.

그는 무전이 오길 기다렸지만 아무 소식이 없었다. 무거운 침묵이 이어졌다. 기관포도 소용없었나? 혹시 무전병이 총상을 입고 쓰러졌나? 아니면 부대가 전멸했나?

그때 무전이 울렸다. "명중! 명중! 지속해서 사격 요망!" 조니 브라보는 지시에 따라 다시 강하해 저공비행을 시작했다. 조금 전과 마찬가지로 절벽에 충돌하지 않도록 시간을 쟀다. "1초, 2초, 3초……." 그리고 한 번의 급선회와 비상. 다시 한 번. 그리고 또 한 번. 쏘는 족족 명중이었고 연료도 충분했다. 그런데 탄약이 떨어졌다.

그는 다시 구름 위로 올라 여전히 상공을 순회하고 있던 호위기 조종사에게 갔다. 조니 브라보는 그에게 아래 상황을 간략히 설명한 뒤 한마디 했다. "따라와." A-10 두 대는 1미터 간격을 두고 나란히 비행하기 시작했다.

구름을 뚫고 고도 약 300미터까지 강하한 그들은 함께 작전을 수행했다. 조니 브라보가 시간을 계산해 발포를 지시하면 호위기 조종사가 발포하는 식이었다. "1초, 2초, 3초, 4초……." 그들은 신호에 맞춰 함께 공중에서 회전하며 적군을 공격했다. "1초, 2초, 3초, 4초."

그날 밤, 부대원 22명은 전원 무사히 귀환했다. 사상자는 단 한 명도 없었다.

◆ 공감의 가치 ◆

8월의 그날 밤, 조니 브라보는 부대원들을 살리고자 목숨을 걸고 싸웠다. 그날의 공로로 금전적 보상을 받지는 않았다. 진급도, 표창도 없었다. 세간의 이목을 끌거나 TV에 출연하고 싶어서 이런 일을 한 것 역시 아니었다. 그의 표현을 빌리자면 그는 단지 '임무'를 수행했을 뿐이다. 그가 받은 최고의 보상은 그날 밤 자신이 지킨 부대원들을 만난 것이었다. 그들은 처음 만났지만 오랜 친구들처럼 서로 부둥켜안았다.

오늘날 기업들처럼 위계적인 조직 구조에서는 직원들이 상부의 눈에 띄기를 바란다. 인정받고 보상받기 위해 거침없이 자신을 내세운다. 상사에게 더 많이 인정받을수록 더 크게 성공하는 것이라 여긴다. 하지만 이는 상사가 회사에 계속 남아 있고 그 상사 또한 상부에서 과도한 압박을 받지 않는 경우에만 성립한다. 사실상 말이 안 되는 조건이다. 조니 브라보 같은 사람들은 단순히 상부의 인정을 받기 위해 성공을 열망하고 조직의 이익 창출에 이바지하지 않는다. 여기서 말하는 '성공을 향한 열망'과 '조직을 위하는 마음'은 서로 희생하고 봉사하는 조직 문화에 꼭 필요한 요건이다. 그리고 그런 조직 문화는 서열에 관계없이 모든 계층이 서로 보호하는 조직에서 형성된다.

조니 브라보가 죽을 수도 있다는 사실을 알면서도 망설이지 않고 칠흑 같은 어둠 속에 뛰어든 데는 분명한 이유가 있었다. 그 이유는 보통 사람들이 예측하기 어려운 것이었다. 훈련을 잘 받아서였을까? 군에서 받은 훈련이 귀중한 경험이기는 하지만 그 때문은 아니었다. 교육 수준이 높아서였을까? 수준 높은 고등 교육을 받긴 했지만 그 때문도 아니었다. 그가 조종한 비행기가 훌륭해서였을까? 비행 장비가 정교하긴 했지만 그 역시 아니었다. 그가 어둠 속에 뛰어든 가장 큰 이유는 '공감 능력'이었다. 그는 공감 능력이야말로 자신이 지닌 모든 능력과 기술 중 가장 귀중한 자산이라고 말한다. 조니 브라보처럼 제복을 입고 다른 사람을 위해 목숨 걸고 영웅적인 일을 해낸 사람 가운데 아무나 붙잡고 왜 그런 일을 했느냐고 물으면 그들은 모두 이렇게 대답할 것이다. "누구라도 그렇게 했을 거예요."

조니 브라보 같은 사람들은 어디에서 나올까? 타고나는 걸까? 그런 사람도 있을 것이다. 하지만 조직이 특정한 요건만 갖춘다면 모든 조직원이 조니 브라보 같은 용기와 희생정신을 발휘할 수 있다. 물론 평범한 사람이라면 남을 구하기 위해 자신의 목숨을 내걸 일은 없을 것이다. 하지만 동료의 성공을 돕고 그들과 영광을 함께하는 일은 누구나 할 수 있다. 그리고 더욱 중요한 것은 조건만 갖춰진다면 그 동료들 역시 우리에게 똑같이 하리라는 점이다. 이런 식으로 조직원들 사이에 유대가 강하게 형성되면 어떤 형태의 부나 명예, 보상과도 바꿀 수 없는 성공과 성취감을 누릴 기반이 쌓인다. 다시 말해 리더는 직원들의 행복을 최우선으로 여기고, 직원들은 그 보답으로 서로 보살피고 조직을 위해 가진 것을 아낌없이 쏟아내며 일하는 기업이 된다는 뜻이다.

전시 상황을 예로 든 이유는 생사가 달린 문제일 때 교훈이 훨씬 크게 느껴지기 때문이다. 모든 우수한 기업에는 공통점이 있다. 위대한 성공을 거둔 기업, 경쟁자를 압도하는 기업, 안팎에서 존경받는 기업, 직원들의 충성도가 높고 이직률이 낮은 기업, 웬만한 위기에는 끄떡하지도 않는 기업에서 하나같이 나타나는 현상이 있다. 리더가 최상단에서 직원들을 든든하게 지켜주고, 밑에서는 직원들이 서로 지켜준다는 것이다. 이들 기업이 위험을 무릅쓰고 스스로 한계까지 밀어붙일 수 있는 이유도 바로 이것이다. 그리고 이 모든 것은 공감이 있어야만 가능하다.

2
직원은 누군가의 가족이다

───

공감이라는 감정이 싹트기 전, 회사는 그저 일터일 뿐이었다. 매일 아침 공장 근로자들은 근무 시작을 알리는 종이 울리길 기다리며 기계 앞에 선다. 종이 울리면 일제히 기계 스위치를 올려 전원을 켠다. 잠시 뒤 윙 하고 돌아가는 기계음에 사람들 목소리는 파묻힌다. 이렇게 공장의 하루가 시작된다.

2시간쯤 지나면 휴식 시간을 알리는 종이 울린다. 기계가 멈추고 직원은 대부분 자리를 뜬다. 어떤 이는 화장실에 가고, 어떤 이는 커피를 마신다. 그냥 기계 앞에 앉아 쉬는 이도 있다. 몇 시간 뒤 다시 종이 울린다. 이번에는 점심시간이다. 점심시간에는 공장 밖으로 나가는 일도 허용된다. 그동안 항상 이런 식이었다.

기계 제조업체 헤이슨 샌디어커Hayssen Sandiacre 공장에서 14년간 일해온 마이크 머크^{Mike Merck} 조립 반장은 강한 남부 억양으로 이렇게 말했다. "그냥 원래 그런 거라고 생각했죠. 다들 마찬가지였을 거예요."

하지만 밥 채프먼^{Bob Chapman}이 헤이슨 샌디어커를 인수한 뒤로 상황은 완전히 달라졌다. 채프먼은 주로 제조업 자회사로 구성된 대기업 배리웨밀러^{Barry-Wehmiller}의 CEO로 지난 몇 년간 꾸준히 여러 제조업체를 인수했다. 채프먼이 사들인 기업은 대부분 경영난에 처해 있었다. 대체로 재정이 부실했고, 재정보다 기업 문화가 문제인 곳도 있었다. 헤이슨 샌디어커는 채프먼이 가장 최근에 인수한 기업이었다. 다른 CEO였다면 컨설팅 전문가들을 데려와 새로운 경영 전략을 수립하고 흑자 전환 방안을 발표할 준비부터 했을 것이다. 채프먼은 이와 정반대로 직원 이야기를 '들을' 준비부터 했다. 지금까지 인수한 모든 기업에서 그랬듯 직원들을 앞에 앉히고 그들 이야기를 듣는 일로 시작했다.

헤이슨 샌디어커에서 27년간 근무한 베테랑 론 캠벨^{Ron Campbell}은 최근 3개월간 푸에르토리코에 파견 근무를 다녀왔다. 그곳에서 자사 생산 설비를 고객사 공장에 설치하고 돌아온 참이었다. 채프먼과 마주 앉은 그는 그동안 회사 생활이 어땠는지 솔직히 말하기가 꺼려졌다. 그는 채프먼에게 이렇게 물었다. "먼저 하나 여쭤봅시다. 사실대로 말해도 안 잘리고 내일 출근할 수 있는 겁니까?" 채프먼은 웃으며 캠벨을 안심시켰다. "오늘 사실대로 말했다고 해서 무슨 문제가 생기면 제게 연락하세요."

캠벨은 그 말에 안심하고 입을 열었다. "우리 회사 높은 분들은 제가 눈에 안 보일 때 저를 더 신뢰하시는 것 같습니다. 전 여기 있을 때보다 푸에르토리코에 파견되어 있을 때 훨씬 자유로웠어요. 파견 근무를 마치고 돌아와 공장에 들어오는 순간, 모든 자유가 한 번에 사라지는 느낌이었습니다. 마치 일거수일투족을 감시당하는 기분이에요. 아침에 출근해서 출근 카드 한 번 찍고, 점심 먹으러 갈 때 찍고, 돌아와서 찍고, 퇴근할 때 또 찍습니다. 푸에르토리코에서는 그러지 않았어요." 채프먼은 이렇게 하는 공장이 있다는 이야기를 처음 들었다.

캠벨은 이야기를 계속했다. "저는 공장 근로자이지만 엔지니어나 회계사처럼 사무실에서 일하는 직원들과 똑같이 출근해 똑같은 문으로 들어옵니다. 그들은 왼쪽으로 꺾어 사무실로 가고, 저는 쭉 직진해서 공장으로 오죠. 그런데 그들과 저는 하늘과 땅 차이입니다. 그들은 아무 때고 음료수나 커피를 마시고 원하는 시간에 쉴 수 있어요. 반면 저는 종소리가 울리기만 기다려야 하죠."

공장 근로자는 모두 생각이 같았다. 마치 완전히 다른 두 회사가 한 건물에 있는 듯했다. 그들은 아무리 열심히 일해도 책상이 아닌 기계 앞에서 근무한다는 이유만으로 회사가 자신을 신뢰하지 않는다고 생각했다. 사무직 근로자들은 집에 있는 자녀에게 퇴근이 늦어진다고 이야기할 때 바로 수화기를 들고 전화를 걸면 됐다. 하지만 공장 근로자들은 허락을 받고 공중전화를 써야 했다.

캠벨의 이야기를 다 들은 채프먼은 인사과장을 불러 출퇴근 기록기를 전부 없애라고 지시했다. 종소리도 없애기로 했다. 거창한 계획을 발표하지도, 직원들에게 보답을 요구하지도 않았다. 그저 이제부터 모든 것을 바꾸겠다고 다짐했다. 출퇴근 기록기와 종을 없앤 일은 시작에 지나지 않았다.

채프먼은 사내 모든 직원이 서로 공감하고 신뢰하는 분위기를 만들고 싶었다. 직원들을 단순히 생산직 근로자나 사무직 근로자로 보는 것이 아니라 '사람'으로 바라보고자 했던 그는 모두 공평하게 대우받도록 여러 변화를 일으켰다.

그동안 회사에서는 예비용 기계 부품을 항상 자물쇠가 잠긴 철창 안에 보관했다. 직원들은 부품이 필요할 때면 철창 앞에 줄을 서서 담당자에게 요청해야 했다. 담당자 없이 직원 혼자 철창 안으로 들어가는 일은 허락되지 않았다. 절도를 방지하기 위한 경영진의 방침이었다. 그 덕에 도난을 막을 수는 있었겠지만 경영진이 직원을 믿지 못한다는 사실을 대놓고 광고한 것과 다름없었다. 채프먼은 철창과 자물쇠를 모조리 없애라고 지시하고 직원이라면 누구든 필요한 부품이나 도구를 직접 가져다 쓸 수 있도록 허락했다.

그는 공중전화도 모두 없애고 전 직원에게 언제든 회사 전화를 쓸 수 있게 했다. 직원들은 이제 허락받지 않고도, 동전을 넣지 않고도 전화를 걸 수 있었다. 이제 누구든 회사의 모든 장소에 자유롭게 출입할 수 있었다. 공장에서 일하는 생산직이든 사무실에서 일하는 관리직이든 모두 공평한 대우를 받게 되었다. 이것이 바로 회사의 새로운 기본 방침이었다.

채프먼은 직원들에게서 신뢰를 얻으려면 우선 리더가 그들을 사람답게 대해야 한다는 점을 잘 알고 있었다. 상대에게 신뢰받으려면 먼저 상대를 신뢰해야 했다. 대학 학위를 받았거나 회계 실력이 뛰어난 직원이라고 해서 검정고시 출신에 손재주가 좋은 직원보다 신뢰할 수 있는 것은 아니라고 그는 믿었다. 사람이라면 누구나 본디 선한 마음을 지녔다고 생각하고 그 신념대로 직원들을 대했다.

얼마 지나지 않아 회사에서 가족적인 분위기가 느껴졌다. 예전과 구성원은 같았지만 서로 대하는 태도가 확연히 달라졌다. 직원들은 소속감을 느꼈고, 그 덕에 긴장감이 누그러졌으며, 회사에서 존중받는다고 여겼다. 그리고 그만큼 동료를 소중히 대했다. 서로 위하는 분위기가 형성되니 열과 성을 다해 일하기 시작했고, 이는 곧 회사의 성과로 이어졌다.

한번은 페인트 관련 부서에서 일하는 직원의 가정에 큰일이 생겼다. 당뇨를 앓던 아내가 다리를 잃을 위기에 처한 것이다. 직원은 아내를 돌봐야 했지만 시간제 근로자로 어렵게 사는 터라 당장 한 푼이 아쉬운 마당에 일을 쉴 수 없었다. 그런데 놀라운 일이 일어났다. 누가 시키지도 않았는데 동료들이 발 빠르게 나서 묘안을 짜낸 것이다. 자신들의 유급 휴가를 그에게 넘겨주어 그가 며칠 더 쉬도록 돕겠다는 계획이었다. 회사 역사상 이런 일이 일어난 적은 단 한 번도 없었다. 게다가 명백히 사규에 어긋나는 일이었다. 하지만 이는 문제 되지 않았다. 머크는 이렇게 말했다. "우리는 예전보다 서로 더 많이 배려합니다." 그의 말대로였다. 그들은 결국 총무부의 도움을 받아 계획대로 동료를 도왔다.

캠벨이 말했다. "일을 즐길 수 있다고는 상상도 못 했습니다. 사람들은 신뢰받을 때 그 신뢰를 지키고자 더 열심히 일합니다." 회사에서 철창과 자물쇠가 사라진 지 10년도 넘었지만 그동안 절도 행위는 거의 없었다. 또 직원들은 개인적으로 어려운 일이 생기더라도 동료들이 발 벗고 나서 도와주리라 믿었다.

거기서 그치지 않았다. 직원들은 기계도 더 소중히 다뤘다. 그 덕에 기계가 멈추거나 고장 나는 일이 줄었고 그에 따라 비용도 절감됐다. 변화는 직원들에게만 좋은 것이 아니라 회사에도 이득이었다. 채프먼이 헤이슨 샌디어커를 인수한 뒤 회사 매출은 5,500만 달러에서 9,500만 달러로 신장했다. 인수에 따른 성장과 자체 성장이 모두 반영된 수치였다. 외부 컨설팅을 통한 조직 개편도 없고 차입도 없었다. 오로지 기존 직원들로만 이룬 성과였다. 회사에서 성과급을 약속하거나 실적으로 압박하지 않았는데도 직원들은 예전과 다른 마음으로 회사에 헌신했다. 순전히 자발적인 행동이었다. 서로 아끼는 새로운 문화가 형성되면서 직원들은 한층 성장하고 기업은 더욱 번창할 수 있었다.

이것이 바로 조직의 리더가 직원들에게 귀 기울일 때 일어나는 현상이다. 회사의 강요나 압박 없이도 직원들이 자연스럽게 서로 돕고 회사의 이익을 위해 애쓴다. 의무감이 아니라 자부심으로 일하게 된다. 회사가 아니라 서로를 위해 일하게 된다. 이제 회사는 두려움에 떠는 곳이 아니라 직원들이 존중받는 곳이 된다.

◆ 우리는 보고 싶은 것만 본다 ◆

채프먼이 헤이슨 샌디어커를 인수한 직후로 돌아가보자. 그는 회사를 인수한 뒤 헤이슨 샌디어커에 처음 방문했던 날을 즐겨 이야기한다. 1997년 3월의 어느 날 아침, 회사가 완전히 다른 곳으로 탈바꿈하기 약 5년 전이었다. 그는 곧 시작될 첫 번째 회의를 기다리며 회사 구내식당에서 커피를 마시고 있었다. 새로운 CEO인 그를 알아보거나 그에게 관심을 두는 이는 아무도 없었다. 직원들은 업무 시간이 시작되기를 기다리며 평소처럼 행동했고, 채프먼은 그 모습을 지켜봤다. 그때 그가 사업을 시작한 이래 단 한 번도 본 적 없는 놀라운 광경이 펼쳐졌다. 그 광경이 얼마나 인상 깊었던지 그가 그동안 쌓아온 모든 경영 지식이 송두리째 흔들리는 것 같았다. 경영이란 무엇인지 처음부터 완전히 다시 생각해야 할 것 같았다. 그래서 그는 헤이슨 샌디어커에서 새로운 시도를 했고, 이는 그의 새로운 경영 방식으로 자리 잡았다. 이로써 직원을 대하는 방식도 완전히 바뀌었다.

도대체 채프먼이 본 광경은 무엇이었을까? 바로 직원들이 일을 시작하기 전에 모여 커피를 마시는 모습이었다. 그들은 아주 즐거워 보였다. 농담을 주고받으며 웃는 모습이 오랜 친구들 같았다. 그날 밤 있을 대학 농구 챔피언십 경기 결과를 내기하는 사람들도 있었다. 직원들은 사이가 무척 좋아 보였고 함께하는 시간을 진심으로 즐기는 듯했다. 하지만 업무 시간이 시작되는 순간 그들은 180도 달라졌다. 약속이라도 한 듯 갑자기 얼굴에서 미소를 거두고 딱딱한 표정을 지었다. 웃음소리가 뚝 그쳤다. 그들의 우정도 공중으로 흩어지는 듯했다. 채프먼은 이렇게 말했다. "그 활기차던 에너지가 한순간에 사라졌습니다."

채프먼은 충격받았다. 그는 헤이슨 샌디어커처럼 경영이 어려워진 회사를 인수한 경험이 많았고, 그런 회사 직원들을 옆에서 지켜본 적도 많았다. 하지만 이런 광경은 생전 처음 봤다. 그는 이런 생각이 들었다. 직장에서 일할 때도 놀 때처럼 즐거울 수는 없을까?

그때까지만 해도 그는 경영전문대학원에서 모범으로 삼을 만한 CEO였다. 숫자에 강하고 비즈니스라는 게임을 즐겼다. 수치 자료와 시장 상황을 근거로 의사결정을 내렸고, 수익 기회를 호시탐탐 노렸다. 필요하다면 거칠게 행동하거나 감언이설로 남들을 꼬드기는 일도 서슴지 않았다. 기업 경영이란 재무제표로만 평가할 수 있으며, 직원은 재무 목표를 달성하는 데 필요한 자산 중 하나일 뿐이라고 생각했다. 그런 방면에서 그는 아주 유능한 CEO였다.

그날 구내식당에서 그런 깨달음을 얻기 전까지 채프먼은 어려운 결정도 쉽게 내리는 사람이었다. 그는 아버지가 세상을 떠난 1975년에도 한 기업을 인수했다. 세인트루이스에 자리한, 이름이 어려운 이 기업은 당시 부채에 시달리며 파산 직전의 위기에 처해 있었다. 상황이 절박했던 만큼 그는 책임감 있는 CEO라면 누구라도 할 법한 일을 했다. 재무 목표를 달성하기 위해 필요하다면 인원을 감축했고, 부채 조건을 재협상하거나 새로 은행 대출도 받았다. 잘나가는 CEO들이 인정할 만한 성장을 끌어내는 데 필요한 위험이란 위험은 전부 무릅썼다. 그 결과 회사는 천천히 흑자 전환에 성공했다. 이처럼 수익성 개선에만 열중해 망해가던 회사를 살린 경험도 있었다.

다시 헤이슨 샌디어커로 돌아가보자. 채프먼은 구내식당에서 나와 첫 번째 회의에 들어갔다. 형식적으로 직원들을 만나 인사하는 자리였다. 새로운 CEO로서 고객서비스팀에 자신을 소개하고 회사의 전반적인 상황이 어떤지 설명 들을 예정이었다. 하지만 아침에 직원들의 모습을 본 채프먼은 회사를 매일 아침 출근하고 싶은 곳으로 만들 원동력이 이미 그들에게 있다고 생각했다. 그래서 직원들이 자기 생각을 솔직히 털어놓을 수 있도록 편안한 분위기를 만들어 마이크 머크나 론 캠벨과 같은 직원들과 이야기를 나눴다. 또한 직원들이 스스로 회사의 발전을 인식하고 자축할 수 있는 환경을 조성했다. 이를 기반으로 채프먼의 '진정한 인간적 리더십'이 탄생했다.

> 직원들이 내부 위험을 견뎌야 하는 조직은
> 외부 위험에 대처하기 어려워진다.

리더가 진정한 인간적 리더십을 펼치면 조직 문화를 망가뜨리는 주범인 내부 경쟁이 사라진다. 자기 자신을 스스로 지켜야 하는 문화에서는 기업 전체가 악화된다. 하지만 서로 신뢰하고 협력하는 문화에서는 직원들이 단결해 기업이 더욱 강해진다.

인간의 신체와 정신은 생존하고 번영하는 데 초점이 맞춰져 있다. 수천 년 전 원시 인류는 멸종했지만 현생 인류는 살아남아 지금까지 번성하고 있다. 인간은 지구 상에 살아온 역사가 다른 동물에 비해 상대적으로 짧지만 급속도로 발전해 지구를 지배하는 유일한 종이 됐다. 인간 행동의 지배력은 상당해서 인간들끼리는 물론 다른 동물의 생존 능력에까지 영향을 미친다.

생존과 번영을 추구하는 인간은 위험을 피하고 자신에게 이익이 되는 행동을 반복하려는 본능이 있다. 그러므로 자신이 처한 환경이 위험한지 그렇지 않은지에 따라 다르게 행동한다. 주변 사람들에게서 위험을 감지하는 경우 경계심이 높아지고 방어하려는 성향이 강해진다. 반면 자신이 속한 집단 사람들을 안전하다고 느끼면 긴장을 풀고 신뢰하며 협동한다.

인류가 하나의 종으로서 생존하고 번영할 수 있었던 이유도 인간의 이러한 위험 회피 성향으로 설명할 수 있다. 유한한 자원을 두고 싸우는 적대적이고 경쟁적인 세상에서 인류는 위험을 피해 살아남고자 무리를 만들었고 그 안에서 단결했다. 서로 신뢰하고 협동하며 무리가 외부 위험을 피하도록 애썼다. 그렇게 지구 상에 살아남아 번영했다.

이는 직장에서도 마찬가지다. 직원들에게 안전한 근무 환경을 만들어주는 우수한 기업을 조사해보면 놀랍게도 인간의 본능적인 행동을 바람직한 방향으로 유도하는 기업 문화를 지니고 있다. 다시 말해 그들은 인간의 위험 회피 본능을 이해하고 기업 내부의 위험 요소를 없애준다. 그러면 직원들은 서로를 위험하게 여기고 경계하는 것이 아니라 안전한 존재로 받아들인다. 이렇게 안전한 분위기가 형성되어야 직원들이 안심하고 업무에 집중하며 협동할 수 있다. 인류의 생존과 번영에 적용된 원리가 기업의 생존과 번영에도 적용된다. 이는 복잡한 경영 이론도 아니고 드림팀을 고용해야 한다는 말도 아니다. 생물학과 인류학에 근거한 논리다. 조직에 특정한 조건이 갖춰져 구성원들이 함께 있을 때 서로 안전함을 느끼면 사람들은 힘을 모아 혼자서는 결코 할 수 없는 일을 해낸다. 그러면 그 조직은 경쟁자를 누르고 홀로 우뚝 선다.

채프먼이 한 일이 바로 이것이다. 일부러 의도하지는 않았지만 생물학적으로 자연스럽게 직원들의 최선을 끌어내는 회사 분위기와 조직 문화를 만들었다. 채프먼 같은 리더는 직원을 바꾸지 않는다. 직원이 일하는 환경을 바꾼다. 직원들이 직장을 너무 사랑한 나머지 가진 것을 모두 자발적으로 내어놓으려 하는 문화를 만들기 위해서다.

이 책의 목적은 인간 행동을 이해하는 데 도움을 주는 것이다. 인간의 신체 구조는 음식을 찾고, 생명을 유지하며, 종족을 번성시키는 방향으로 진화해왔다. 하지만 오늘날 대부분 나라, 특히 선진국에서는 음식을 찾고 위험을 피하는 일이 크게 문제 되지 않는다. 이제 사람들은 원시인처럼 수렵하고 채집하지 않는다. 현대 세계에서는 경력을 개발하고 행복과 성취감을 얻는 것이 성공의 정의가 됐다. 하지만 우리 몸에는 수천수만 년 전 인류처럼 생각하고 행동하는 방식이 여전히 내재되어 있다. 세상을 인식할 때 안녕에 대한 위협인지 안전을 확보할 기회인지 이분법적으로 나눠 보는 성향이 남아 있다. 이런 사고방식이 어떻게 작동하는지 이해한다면 지금보다 효과적으로 목표를 달성하는 능력을 갖출 수 있다. 동시에 우리가 속한 조직 역시 같이 성장하고 번성할 것이다.

하지만 안타깝게도 현대의 기업 경영 환경에서 직원들의 진정한 헌신을 끌어내는 기업은 극소수에 불과하다. 조직과 기업은 대부분 우리의 생물학적 경향성과 사실상 정반대되는 방향으로 조직 문화를 형성하고 있다. 즉, 행복을 느끼며 의욕과 성취감에 충만한 직원이 매우 드물다. 세계적인 회계법인 딜로이트^{Deloitte}의 연구에 따르면 조사 대상자의 80퍼센트가 자기 직업에 만족하지 못했다. 직원들이 출근하기도 싫어하는 기업이라면 성장하는 데 훨씬 많은 노력과 비용이 든다. 게다가 그렇게 이룬 성장은 보통 오래가지 않는다. 심지어 회사 실적을 평가할 때도 분기 단위 실적에만 집중할 뿐 10년 단위의 성장은 측정하지도 않는다.

오늘날 경영 환경에서 기업들은 단기적인 결과와 수익에만 초점을 맞출 뿐 직원들에게는 크게 관심을 두지 않는다. 이러한 불균형은 사회 전체에 영향을 미친다. 직장에서 행복과 소속감을 느끼지 못하는 사람은 괴로운 마음을 안고 퇴근한다. 반면 직장에서 착취 대상이 아니라 보호 대상으로 여겨지고 인간적으로 대우받는 사람은 이루 말할 수 없는 성취감과 감사함을 가득 품고 퇴근한다. 이는 예외가 아니라 당연한 일이 되어야 한다. 직장에서 의욕을 충만히 얻고, 보호받고 있다는 안전감과 성취감, 감사함을 느끼며 퇴근하는 일은 사람이라면 누구나 누릴 자격이 있는 당연한 권리다. 운 좋은 소수만 누리는 사치가 아니다.

채프먼이 회사를 탈바꿈하기 위해 시행한 '단 한 가지 일' 같은 건 없었다. 오랜 시간에 걸쳐 조금씩 행해온 작은 일이 쌓이고 쌓여 극적인 변화를 이뤘다. 그는 그런 일을 무수히 해냈다. 성공한 적도 있고 실패한 적도 있었지만 모두 직감적으로 회사에 꼭 필요하다고 느낀 일이었다. 그로부터 몇 년 뒤에야 채프먼은 비로소 무엇이 원동력이 되어 그처럼 행동하게 됐는지 명확한 언어로 정의할 수 있었다. 한때 실적만 집요하게 추구하던 밥 채프먼이 어떤 계기로 정반대의 행보를 보였을까? 이 이야기를 들으면 깜짝 놀랄지도 모른다.

◆ 막중한 책임감 ◆

한 교회에서 채프먼은 아내와 하객석에 앉아 결혼식을 지켜보고 있었다. 신랑은 단상에 서서 천천히 다가오는 신부를 바라봤다. 신랑과 신부의 눈빛만으로도 서로 얼마나 사랑하는지 보였다. 식장에 모인 모든 이가 느낄 수 있었다. 이제 신부의 아버지가 사랑으로 소중히 길러온 딸을 신랑에게 넘길 차례였다.

'바로 이거야!' 그 순간 채프먼은 깨달았다. 딸을 지키기 위해 무엇이든 할 수 있었던 아버지가 이제 그 책임을 다른 사람 손에 넘기고 있었다. 신부의 아버지는 그동안 자신이 그랬던 것처럼 앞으로는 사위가 딸을 잘 지켜주리라 믿으며 신부를 신랑에게 넘겨주고 자리로 돌아간다. 채프먼은 이렇게 생각했다. '회사도 이것과 똑같아.'

> 모든 직원은 누군가의 아들딸이다.
> 조직의 리더는 직원들의 소중한 인생을
> 부모처럼 책임져야 한다.

모든 직원은 누군가의 자식이다. 부모는 자녀에게 더 나은 환경과 수준 높은 교육을 제공하기 위해 열심히 일한다. 그들은 자녀가 행복하고 자신감 넘치는 성인으로 성장하고 재능을 발휘하도록 돕는다. 그리고 자신이 애지중지 키워왔듯 회사에서 자녀를 사랑으로 지켜주기를 바라며 그곳으로 보낸다. 채프먼은 확신에 차 주먹을 불끈 쥐며 이렇게 말했다. "그 아들딸의 소중한 인생을 책임져야 하는 건 이제 우리 기업들입니다."

진정한 리더란 바로 이런 것이다. 강한 기업을 만드는 일이란 바로 이런 것이다. 리더가 된다는 것은 부모가 되는 일과 같으며, 회사는 새로운 가족과 같다. 건강할 때나 아플 때나 변함없이 서로 보살펴줄 가족 말이다. 부모 같은 리더 아래서 직원들은 가족에게 하듯 회사에 충성한다. 배리웨밀러 직원들은 "우리는 회사와 동료를 사랑한다"라고 당당하게 말한다. 그들은 회사 로고나 이름이 새겨진 옷을 마치 자기 이름이 새겨진 듯 자랑스럽게 입고 다닌다. 회사와 동료를 혈육처럼 생각하고 지킨다. 또한 이런 기업 직원들은 회사 이름을 자기 정체성의 상징으로 여긴다.

여기서 엄청난 역설이 하나 드러난다. 이렇게 인간의 바람직한 행동이 자연스럽게 발현되는 환경에서 오히려 자본주의가 더 효과적으로 작동한다는 점이다. 이런 환경에서 리더는 사람으로서 해야 할 의무를 다한다. 일을 해내기 위해 직원 손을 빌리는 것이 아니라 서로 협력하고 신뢰하고 충성하는 환경을 만듦으로써 직원이 기업의 목표를 달성하는 데 최선을 다해주도록 이끈다. 직원을 단순한 직원이 아닌 가족으로 대한다. 실적을 올리려고 직원을 희생시키는 것이 아니라 직원을 살리기 위해 실적을 희생시킨다.

이렇게 자연스러운 근무 환경을 만드는 리더는 실적보다 직원을 우선시한다고 해서 성과를 희생시키지는 않는다. 역설적인 일이다. 실제로 이런 기업들은 안정적인 구조와 혁신적인 행보, 뛰어난 실적으로 업계를 선도하고 있다. 하지만 안타깝게도 대부분 기업 리더가 직원을 실적 달성 수단으로만 보고 있다. 위대한 기업의 리더는 직원을 돈 버는 데 필요한 소모품으로 여기지 않는다. 그들에게는 돈이야말로 직원을 성장시키는 데 필요한 소모품이다. 기업이 실적을 내야 하는 진정한 이유도 바로 그것이다. 기업의 실적이 좋아질수록 더 크고 튼튼한 기업이 되는 데 필요한 자원이 많아지고, 그렇게 성장함으로써 직원의 영혼을 듬뿍 채워주는 기업이 될 수 있기 때문이다. 직원들은 그 보답으로 기업이 영원히 성장을 거듭하도록 기꺼이 가진 것을 모두 내놓는다.

직원들이 기업 발전을 위해 자연스럽게 똘똘 뭉치도록 하려면 기업은 반드시 돈보다 직원을 중요하게 여겨야 한다. 그리고 안정적이고 장기적인 성공을 거두려면 직원들이 스스로 열심히 일하도록 만들어야 한다. 기업 최상단에서 지시를 내리는 천재가 있어야 직원들이 훌륭해지는 것이 아니다. 직원들이 훌륭해야만 기업 최상단에 있는 리더가 천재로 보인다.

나는 사람들이 즐거운 마음으로 출근하는 세상을 꿈꾸지만 정신 나간 이상주의자는 결코 아니다. 기업 리더와 직원들이 서로 신뢰하는 것이 평범한 일이 될 수 있다는 나의 주장은 현실을 모르고 하는 소리가 아니다. 이런 기업들이 현실 세계에 정말 존재하기 때문이다. 이들 기업이 실재하는 한 나는 절대 이상주의자가 아니다.

제조기업에서 테크기업, 미 해병대에서 각종 정부 기관에 이르기까지 조직 구성원들이 상대를 적이나 경쟁자가 아니라 신뢰할 수 있는 조력자라고 여길 때 긍정적인 결과를 도출한 훌륭한 사례가 많다. 위험은 외부에 존재하는 것으로 충분하다. 거기에 내부 위험을 더해 상황을 더욱 힘들게 만들 필요가 전혀 없다.

미국인의 20퍼센트만이 자기 직업을 '사랑한다'고 말한다. 채프먼 같은 리더들은 우리에게 함께 그 비율을 늘려보자고 청한다. 하지만 과연 우리에게 그럴 용기가 있는가?

우리는 직원을 최우선순위에 놓는 기업을 더 많이 만들어야 한다. 당신이 리더라면 당신의 유일한 책임은 직원을 보호하는 것이다. 그러면 직원들은 그 보답으로 서로 보호하고 힘을 합쳐 조직을 더욱 강하게 만들어줄 것이다. 당신이 조직 구성원이라면 리더의 보호를 받지 못하는 상황에서도 동료들끼리 보살필 용기를 내야 한다. 그러면 당신 스스로 리더가 된다.

3
소속감, 그리고 안전망

◆ '나'에서 '우리'로 ◆

"오늘부터 '나'라는 단어는 너희 사전에 없다. '우리', '같이'라는 단어만 존재한다." 그가 소리쳤다.

그렇게 시작됐다.

조지의 심장은 빠르게 뛰었다. 이곳에 오겠다고 결심한 순간만 해도 자신감이 하늘을 찔렀는데 막상 와보니 인생 최대의 실수를 했다는 생각이 들었다. 하지만 이제 소용없었다. '여기 오지만 않았어도 이것도 하고 저것도 할 수 있었을 텐데', '여기 오지 말고 거기에 갔어야 했는데' 하며 잡생각이라도 할라치면 누군가 코앞에서 소리치는 바람에 모두 잊었다. 흥분해 한껏

부풀었던 마음은 온데간데없이 긴장감, 고립감, 무력감만 느껴졌다.

　조지는 지금 일반인을 미 해병대 일원으로 만드는 신병 훈련을 받고 있었다. 이는 그가 입대하기 전에도 수천 번 반복됐고 그가 전역한 뒤에도 수없이 반복될 훈련으로, 수년간의 시행착오 끝에 만들어진 과정이었다.

　동도 트지 않은 이른 새벽, 피곤에 지친 신병들이 동부 지역과 서부 지역에 하나씩 있는 신병 교육대에 도착하는 순간 훈련은 시작된다. 그곳에서는 무표정한 훈련 교관들이 신병들을 기다리고 있다. 수년간 신병을 훈련해온 교관들의 목소리는 쉬어 있었다. 신병들은 그들이 내뿜는 강한 기운만으로 누가 교관인지 바로 알아차릴 수 있었다.

　13주의 고된 훈련이 끝나면 대원들은 각각 해병대 상징인 독수리, 지구, 닻 형상의 배지를 받는다. 배지는 그들이 훈련을 수료했으며 자대를 배치받았다는 사실을 상징한다. 대원들은 벅차오르는 자부심으로 그 배지를 꼭 움켜쥐고 눈물 흘리기도 한다. 신병 교육대에 들어왔을 때만 해도 그들은 제 한 몸 건사하면 다행이라 생각하며 자신감 없어 했다. 하지만 그곳을 나갈 때는 자신의 능력에 믿음을 갖고, 동료에게 헌신과 책임을 느끼며, 동료들 역시 자신과 같으리라는 확신에 찬다.

　이렇게 집단 구성원이 소속감을 강하게 느끼고 가치를 공유하며 깊은 공감대를 형성하면 신뢰감과 협동심, 문제 해결 능력이 극적으로 상승한다. 이제 해병대원들은 외부 위험에 맞설 준비가 됐다. 더는 내부에서 서로 위험을 느끼지 않기 때문이다. 그들은 강력한 '안전망'을 형성했다.

◆ 안전망 ◆

"사자 한 마리가 들판에서 먹이를 찾고 있었다. 그 들판에는 소 네 마리가 살고 있었다. 소를 발견한 사자는 공격을 여러 번 시도했다. 하지만 사자가 가까이 다가올 때마다 소들은 꼬리를 맞대고 둘러섰다. 그래서 사자가 어느 방향에서 공격해오든 뿔로 막을 수 있었다. 어느 날 소들은 서로 싸우고 들판 여기저기로 흩어졌다. 기회를 잡은 사자는 소를 한 마리씩 공격했고 결국 네 마리 모두 잡아먹었다."

– 기원전 6세기, 이솝 우화

해병대 신병 훈련은 신병들의 체력을 향상시키고 사격 기술과 전쟁 지식을 교육하는 데 그치지 않는다. 물론 이는 해병대원이 꼭 갖춰야 할 능력으로, 일반 직장인이라면 직무에 필요한 역량쯤으로 볼 수 있다. 하지만 대원들이 이런 능력을 갖췄다고 해서 훌륭한 업적을 세우는 것은 아니다. 우리가 회사에서 업무 기술을 배우는 것처럼 해병대원들도 이런 능력을 키우지만 그것만으로 팀워크와 협동심, 상호 간 신뢰가 생기지는 않는다. 다른 누구보다 우수한 성과를 내려면 이런 덕목이 필수적이므로 단순히 기술만 갖췄다고 해서 영웅적인 조직이 탄생하는 것은 아니다. 조직이 놀랄 만한 성과를 내느냐 마느냐는 구성원들이 하나의 팀으로서 얼마나 단결하는지에 달렸다. 이는 외부 상황과도 관련 있다.

세상은 위험으로 가득하다. 우리는 삶을 위협하는 온갖 치명적인 요소에 둘러싸여 있다. 나쁘게 생각할 필요는 없다. 세상은 원래 그렇다. 어디를 가든 항상 성공을 방해하는 존재가 있고 심지어 목숨을 노리는 세력도 있다. 원시시대에는 이런 위험이 도처에 도사렸다. 초기 인류는 생명을 위협하는 여러 위험을 견뎌야 했다. 식량이 부족하거나 기후가 나빠지거나 이빨이 날카로운 호랑이를 맞닥뜨리기도 했다. 어떤 이유가 있어서가 아니라 세상 이치가 원래 그렇다. 지금도 마찬가지다. 우리를 노리는 위험은 여전히 존재한다.

오늘날 기업과 조직이 마주하는 위험도 과거의 호랑이만큼이나 실질적이다. 기업 실적은 주식 시장의 등락이라는 위험에 크게 영향받는다. 신기술이라는 위험이 등장하면 기존 기술이나 사업 모델이 하루아침에 구식이 되기도 한다. 일부러 우리를 시장 밖으로 퇴출시키려고 마음먹지 않더라도 경쟁자들은 우리의 성공을 훼방하고 고객을 빼앗아간다. 실적 기대치를 맞추고 생산 능력을 확충하라는 외부 압력도 기업에 가해지는 위협이다. 이런 압력은 성장을 저해하고 수익성을 떨어뜨린다. 위험은 언제나 존재하는 것으로, 수학으로 따지면 변하지 않는 값인 상수와 같다. 이는 통제할 수 없으며, 앞으로도 절대 사라지지 않는다. 이 사실은 결코 변하지 않는다. 자연의 법칙이기 때문이다.

마찬가지로 조직 내부에도 위험이 존재한다. 하지만 내부 위험은 외부 위험과 달리 우리 힘으로 통제할 수 있는 변수다. 실적 부진에 따른 인원 감축이 대표적인 내부 위험이다. 이런 위험은 우리 피부에 바로 와 닿으며 조직원에게 즉시 영향을 미친다. 신사업을 시도했다가 회사에 손해를 입히고 해고당할까 봐 두려워하는 일도 내부 위험이다. 사내 정치 역시 지속적인 위험 요소다. 동료들을 누르고 자기 커리어만 챙기는 무리가 있으면 직원들은 두려움을 느낄 수밖에 없다.

우리는 조직 내에서 스트레스 요인을 피하고자 한다. 수치심, 고립감, 바보가 된 기분, 쓸모없는 사람이 된 듯한 느낌, 거절당하고 협박당하는 기분. 이 모든 것은 우리가 원하지 않는 감정이다. 이런 조직 내부의 위험은 통제 가능하며, 직원들 사이에서 이런 요소를 제거하는 일이 리더의 목표가 되어야 한다. 어떻게 하면 내부 위험을 제거할 수 있을까? 우선 직원들에게 소속감을 느끼게 해줘야 한다. 직원을 최우선으로 하는 명확한 가치관과 상호 간의 신뢰를 바탕으로 강한 조직 문화를 만들어야 한다. 직원들에게 결정권을 더 많이 위임해야 한다. 리더가 직원들을 신뢰하고 그들에게 공감해야 한다. 그렇게 안전망을 형성해야 한다.

조직 내에 안전망이 없다면 자신을 제외한 다른 모든 사람이 위험 요소이므로 자기 자신을 지키는 데 시간과 에너지를 모두 쏟을 수밖에 없다. 반면 리더가 조직 내에 안전망을 형성하면 직원들을 위협하던 내부 위험 요소가 사라진다. 내부 위험에 신경 쓸 필요가 없어진 직원들은 그렇게 아낀 자신의 시간과 에너지를 외부 위험으로부터 조직을 보호하는 데 사용하게 된다.

우리는 회사와 동료들이 어떤지에 따라 에너지를 어디에 쏟을지 결정한다. 양옆에 앉은 동료가 나를 든든히 지켜주리라는 신뢰가 있으면 외부 위험에 더 효과적으로 대비할 수 있다. 우리는 다 함께 안전망 안에 있을 때만 한 팀으로 단결할 수 있다. 외부 상황이 어떻든 안전망만 있으면 살아남고 번영할 수 있다.

고대 그리스의 용맹한 스파르타 전사들은 강인한 체력과 용기, 끈기로 두려움과 경외의 대상이 됐다. 스파르타 군대가 용맹을 떨쳤던 이유는 날카로운 창이 아니라 튼튼한 방패가 있었기 때문이다. 당시 스파르타 전사들에게 전장에서 방패를 잃어버리는 일만큼 큰 죄는 없었다. 영화 〈300〉의 원작자 스티븐 프레스필드Steven Pressfield는 〈300〉의 배경이 된 테르모필레 전투Battle of Thermopylae를 설명하며 이렇게 썼다. "스파르타 전사들은 투구나 흉갑을 잃어버린 일로는 처벌받지 않았다. 하지만 방패를 잃어버리면 시민권을 박탈당하는 형벌을 받았다." 그 이유는 간단했다. "투구와 흉갑은 자기 자신을 보호하는 장비지만 방패는 전열 전체를 보호하는 장비이기 때문이다."

마찬가지로 기업의 힘과 끈기는 상품이나 서비스가 아니라 직원들의 단결에서 나온다. 모든 조직 구성원은 안전망을 유지하기 위해 제 역할을 다한다. 그리고 리더는 직원들이 그렇게 하도록 이끈다. 안전망 안에 있는 직원들을 보호하는 일이야말로 리더의 가장 중요한 역할이다.

> 새로운 직원을 뽑는 일은
> 아이를 입양하는 것과 같다.

안전망 앞에서 리더는 문지기가 된다. 누구를 들이고 누구를 내보낼지, 안전망 안에 누가 속하고 누가 속하지 않는지 결정하는 기준을 세운다. 대학 성적이 좋은 사람을 들여야 하는가? 이전에 좋은 회사에서 근무한 사람을 들여야 하는가? 아니면 성격이 좋고 조직 문화에 잘 맞는 사람을 골라야 하는가? 새로운 직원을 뽑는 일은 아이를 입양해 집으로 데려오는 것과 같다. 새로 들어온 가족 구성원에게는 그 집에 살고 있던 가족들과 마찬가지로 집안과 다른 가족 구성원을 돌볼 책임이 생긴다. 회사에 새로 들어오는 직원들에게도 기존 직원들과 마찬가지로 조직 발전에 힘쓰고 동료를 돌볼 책임이 생긴다. 리더가 인간적 가치관에 기반해 채용 기준을 명확히 세우면 직원들의 소속감은 현저히 커지며, 서로 단결해 조직을 위해 헌신하고자 하는 의지도 강해진다.

리더는 안전망을 어디까지 넓힐지도 정해야 한다. 조직 규모가 작으면 어쩔 수 없이 외부 위험에 타격받기 쉽지만 안전망은 훨씬 간편하게 관리할 수 있다. 소규모 기업의 구성원들은 이미 서로 잘 알고 신뢰하는 친구 사이인 경우가 많다. 그런 상황에서는 안전망 내 직원들의 내부 위험을 없애기 위해 관료적인 구조를 조직할 필요가 없다. 반면 조직 규모가 커지면 관료조직 구조가 필요해지며, 최고 리더는 중간 관리자들이 직원을 잘 보호하고 있다고 신뢰할 수밖에 없다. 하지만 관료조직 안에 있는 사람들이 자기 자신만 보호한다면 기업 발전은 둔화되고 조직 전체가 외부의 위협이나 압력에 타격받기 쉬워진다. 직원이나 부서 일부가 아니라 조직 구성원 모두 안전망에 둘러싸여 있어야 안전망의 효과가 온전히 나타난다.

약한 리더는 오로지 임원을 비롯한 선택된 소수에게만 안전망의 혜택을 준다. 그들은 자기들끼리만 똘똘 뭉쳐 '핵심층'inner circle을 형성해 그 안에서 서로 보호할 뿐 다른 직원들은 신경 쓰지 않는다. 그 소수 권력 집단에 속하지 못한 직원들은 상부로부터 보호받지 못한 채 자신을 지키고 이익을 챙기고자 어쩔 수 없이 단독으로 행동하거나 작은 그룹을 구성해 함께 일한다. 그러면 사일로 현상(silo, 조직 내 소통이 부족하고 부서 간 이기주의를 보이는 현상-옮긴이)이 나타나고 사내 정치가 고착화되며, 직원들은 실수를 은폐하고 정보를 교류하지 않는다. 조직 구성원들이 협력하는 편안하고 안전한 분위기는 온데간데없고 불안감만

남는다.

　반면 강한 리더는 조직 구성원이라면 누구든 한 명도 빠뜨리지 않고 안전망 안에 포함시킨다. 이런 환경에서는 직원들이 자신을 보호할 필요도 없고, 소수의 권력 집단이 생기지도 않는다. 안전망에 들어갈 수 있는 기준이 명확하고 중간 관리층에 안전망을 넓힐 권한이 있으면 기업은 더 강해지고 위험에 효과적으로 대비할 수 있게 된다.

　자신이 안전망 안에 있는지 아닌지는 쉽게 판단할 수 있다. 몸으로 느껴지기 때문이다. 안전망에 있는 사람들은 동료와 상사들에게 존중받는다고 느낀다. 기업의 리더와 동료들 모두 언제든 내게 힘이 되어줄 것이며 내가 성공하도록 도와주리라고 확신이 든다. 조직의 일원이라는 소속감도 확실히 느껴진다. 이렇게 조직 구성원들과 안전망 안에 있는 동료들이 나를 지켜주리라는 확신이 들 때 정보를 원활히 교류하고 효율적으로 의사소통하는 환경이 만들어진다. 조직에 이런 환경이 조성되어야 혁신이 일어나고, 문제가 커지는 것을 예방할 수 있으며, 외부 위험을 피하고 기회를 잡을 수 있다.

　조직에 안전망이 없으면 냉소주의와 이기주의가 팽배하고 조직원들은 피해망상에 시달린다. 안전망이 있어야 하는 이유는 우리가 외부 위험을 피하는 데 시간과 에너지를 모두 투자하기 위해서다. 마치 밤에 대문을 걸어 잠그는 것과 같은 이치다. 조직원들은 내부에서 안전감을 느끼며 마음의 평화를 찾는다. 이는 기업에도 놀라우리만큼 긍정적인 영향을 미친다. 안전망이 튼튼하게 조성되어 소속감이 강한 조직에서는 조직원들이 협업하고 신뢰하며 혁신을 일으킨다.

이것이 핵심이다. 우리는 사람들에게 신뢰를 강요할 수 없다. 기발한 아이디어를 생각해내라고 지시할 수도 없다. 그들을 억지로 협력하게 하는 일은 더더욱 불가능하다. 이 모든 것은 항상 '결과'다. 우리가 동료들에게 안전감과 신뢰감을 느낄 때 자연스레 도출되는 결과다. 안전망이 튼튼하게 형성되어 있으면 우리는 자연히 아이디어와 지식을 공유하고 스트레스를 분담한다. 안전망 안에서 동료들과 함께하면 각자가 지닌 기술과 강점이 증폭되어 경쟁력이 강해진다. 또한 외부 세계의 위험을 더 잘 극복하고 더 효과적으로 조직의 이익을 추구하게 된다.

하지만 뜻밖의 사실이 하나 있다.

리더들도 안전감을 느끼고 싶어 한다는 점이다. 우리는 서열에 관계없이 누구나 조직 구성원들에게 존중받고자 한다. 일진이 사나운 날 업무를 망치고 있을 때 상사가 다가와 다정하게 "오늘 무슨 일 있어요?"라고 물어봐주길 원하지 된통 욕을 먹고 싶어 하는 사람은 없다. 마찬가지로 안전망의 구성원으로서 직원들에게도 리더를 보살필 책임이 있다. 리더에게 직원이 실적보다 소중한 이유가 바로 이것이다. 그러니 상사가 아무 이유 없이 나에게 심하게 대한다면 나 역시 상사에게 무슨 일은 없는지 따뜻하게 물어볼 의무가 있다. 그렇게 안전망이 견고하게 유지된다.

　당신이 리더이든 아니든 중요한 질문은 이것이다. 당신은 직
장에서 안전감을 얼마나 느끼는가?

4
허나 이상과 현실은 다르지 않은가

켄은 대형 다국적 은행 영업부의 중간급 임원이다. 같은 회사의 애널리스트나 트레이더만큼은 아니지만 연봉도 높았다. 그는 교외의 아름다운 집에서 아내와 두 아이들과 살고 있었다. 겉보기에 그 정도면 행복한 수준이었다. 무엇보다 자기 자신도 그런 삶이 그럭저럭 괜찮았다. 누가 물어본다면 자기 직업을 사랑한다고까지는 말하지 못하더라도 나쁘지 않다고는 말할 수 있었다. 회사를 그만두고 다른 일을 하고 싶은 생각도 없지는 않았다. 하지만 아이들이 있고 주택 대출금도 갚아야 하니 퇴사하기는 어려워 보였다. 일단 가장으로서 어깨가 무거웠다. 가장의 책임을 다할 수 있다면 진정으로 사랑하지 않는 일이라도 기꺼이 할 수 있었다.

자기 직업을 사랑한다는 것은 정말 멋진 일이다. 직장에서 안전함을 느끼는 것도 그렇다. 직원들의 감정을 헤아리는 직장, 직원들이 자기 일에 만족하고 있는지까지 신경 써주는 직장에서 일한다는 것은 근사한 일이다. 하지만 슬프게도 직원들이 안전감을 느끼는 직장을 만들고자 노력하는 리더는 많지 않다. 그들에게 일은 그저 일일 뿐이다.

이상적인 직장이란 어떤 모습인지 책에서야 얼마든지 떠들 수 있다. 하지만 우리 대부분은 배리웨밀러 같은 회사의 이야기를 듣고 감명받았다 하더라도 현실적으로 아무것도 할 수 없는 것이 사실이다. 일단 당장 먹고살아야 한다. 아이들을 키우고 대학 등록금도 모아야 한다. 돈 들어갈 데가 한두 군데 아니다. 게다가 불확실한 세상에서 뭔가 새로운 것을 시도하기도 겁난다. 그래서 그냥 그 자리에 머무른다.

이는 기업을 경영하는 리더들도 마찬가지다. 직원들에게 안전한 환경을 조성해주고 그들끼리 서로 위하는 문화를 만든다는 개념 자체는 정말 훌륭하다. 리더는 대부분 직원을 최우선으로 여기는 일이 얼마나 중요한지 잘 알고 있다. 『하버드비즈니스리뷰』*Harvard Business Review* 같은 유명 경영 잡지나 책에서도 항상 이야기하는 주제다. 마치 기존에는 이런 개념이 없었던 것처럼 상세히 설명하는 글이 여기저기서 쏟아져 나온다. 하지만 현실적으로 대기업이든 중소기업이든, 상장기업이든 비상장기업이든, 기업을 경영하는 입장에서 내가 이야기하는 일들을 실현하기란 거의 불가능하다. 월스트리트와 이사회에서는 끊임없이 압박하고 경쟁자들은 무서운 기세로 위협해온다. 특히 작은 업체들은 개점휴업 상태를 겨우 면할 정도로 고객을 유치하는 일만으로도 버겁다. 이런 일에 신경 쓰면 비용이 많이 드는 데다 수치로 측정 가능한 성과가 나오지도 않고 물러터졌거나 방만하다는 말을 듣기 십상이다. 게다가 주주들이 원하는 투자자본수익률ROI을 내는 일이 사실상 불가능해진다. 적어도 단기적으로는 그렇다. 연간 목표치 달성이나 단순히 생존만이라도 원하는 기업이라면 직원을 가장 중요한 우선순위로 둘 수 없다. 충분히 이해된다. 밖에서 가해지는 위협이 너무 강력하다 보니 직원들의 감정까지 헤아릴 여력이 없는 것이다.

배리웨밀러 같은 회사를 만드는 것은 정말 훌륭하지만 현실적으로 그런 일은 잘 일어나지 않는다. 그런 회사를 만들고자 노력하는 회사가 줄어들수록 우리도 직원을 진심으로 보살피는 직장을 구하기 어려워진다. 그러니 그냥 다니던 회사에나 열심히 다니자고 스스로 위안한다. 괜히 보장되지도 않은 위험한 일에 뛰어들어 긁어 부스럼 만들 필요가 뭐 있겠는가? 지금과 비슷하거나 최악의 경우 지금보다 못한 결과가 나올 수도 있다. 이런 상황에서 군이 왜 변화를 시도하겠는가? 하지만 우리가 어떻게 결정하든 그에 따른 비용은 항상 발생한다.

가족을 부양하기 위해, 돈을 벌기 위해, 혹은 특정한 라이프스타일을 추구하기 위해 원하는 것을 포기해야 할 때가 있다.

혼자만의 즐거움이나 회사에서의 행복과 성취감 같은 것들이다. 현실이 그런 것을 어쩌겠는가. 그리고 우리는 대부분 이처럼 자신이 원하는 몇 가지를 포기해도 괜찮다고 생각한다. 아무것도 확실하지 않은 바깥세상은 너무 위험하다고 생각한다(실제로 그렇기도 하다). 적어도 지금 이 자리에 계속 머무른다면 안정적이지 않을까 하고 생각한다.

하지만 우리 대부분이 잘 모르는 현실이 있다. 안정감을 느끼는 데에도 비용이 따른다는 사실이다. 그리고 그 비용이란 단순히 행복만 포기하는 수준이 아니라 건강과 관련이 있다. 심지어 삶과 죽음을 가를 정도다.

일단 우리가 느끼는 안정감은 대부분 자신에게 하는 거짓말과 같다. 오늘날 기업들은 비용을 줄이고 연간 실적 기대치를 달성하기 위해 큰 고민 없이 정리해고라는 방법을 택한다. 이는 근로자의 직업 안정성이 예전보다 훨씬 떨어졌다는 뜻이다. 직장은 우리 생각만큼 그리 안정적이지 않다. 사회에서 진정한 의미의 능력주의가 실현되고 있다면 그저 열심히 일하고 좋은 성과를 내기만 해도 자리가 보장될 것이다. 하지만 현실적으로 사회는 능력주의로만 굴러가지 않는다. 그런 경우도 있기는 하지만 그것만 믿을 수는 없는 것이 현실이다. 대부분 경우, 특히 대기업에서 인원 감축이란 단순한 산수 문제다. 수식을 세워 여러 비용을 계산하다 삐끗하면 인건비를 줄여야 한다는 결론이 나올 수 있다. 수많은 회사에서 매년 새로 수식을 세우고 계산한다. 다시 말해 우리는 매년 해고당할 위험에 처한다.

하지만 직업 안정성보다 더 중요한 것이 있다. 2011년 캔버라 대학교University of Canberra 사회과학자들이 연구한 결과에 따르면 자신이 싫어하는 직업을 가지는 것은 건강에 좋지 않으며, 아예 직업을 갖지 않는 것보다 건강에 더 나쁜 영향을 줄 수 있다. 직업적으로 행복하지 않은 사람들의 우울감과 불안감은 무직자의 우울감과 불안감에 가깝거나 심지어 정도가 더 심하기도 했다.

사실 우리가 직장에서 느끼는 스트레스와 불안감은 우리가 어떤 일을 하느냐보다 리더가 기업을 어떻게 경영하느냐와 연관이 깊다. 직장에 자신의 감정을 신경 써주는 사람이 있다면 스트레스는 줄어든다. 하지만 동료들이 각자 자기 이익만 챙기고 리더가 직원보다 실적을 우선시한다고 느껴지면 스트레스와 불안감은 높아진다. 이직하고 싶다는 생각이 드는 이유도 바로 이 때문이다. 리더가 우리에게 소속감을 주지 못하고, 연봉이나 복지를 제외하고는 꼭 그 회사에 다닐 이유도 만들어주지 않는 상황이라면 회사에 충성심이 생길 리 없다.

같은 해 런던 대학교 University College London에서 수행한 연구에 따르면, 직장에서 자신의 노력을 인정받지 못한다고 느끼는 사람은 그렇지 않은 사람보다 심장 질환에 걸릴 확률이 높았다. 리즈 대학교 University of Leeds 심리학과 대릴 오코너Daryl O'Connor 교수는 그 이유를 이렇게 설명했다. "이런 현상이 나타나는 이유는 자기 결정권이 적다고 느끼기 때문이다. 열심히 노력했는데도 아무런 보상을 받지 못하면 스트레스가 커지고, 그 결과 심장 질환에 걸릴 확률이 높아진다." 이는 직원들뿐 아니라 기업에도 좋지 않은 영향을 미친다.

> 불행한 직원은 자기와 똑같이
> 불행한 동료들을 보며 위안이라도 얻지만
> 직원의 불행을 자초한 회사는 큰 고통에 시달린다.

2013년 갤럽Gallup에서 조사한 「미국 직장 실태」*State of the American Workplace*에 따르면, 상사가 직원들을 완전히 무시하는 경우 직원의 40퍼센트가 '적극적 회피형'이 된다. 적극적 회피형이란 업무에 전혀 몰입하지 못하고 다른 사람들의 몰입까지 방해하는 직원 유형을 뜻한다. 상사가 직원들을 무시하지는 않지만 주기적으로 비난하는 상황에서는 총 직원의 22퍼센트가 적극적 회피형이 된다. 즉, 상사에게 비난받더라도 자기 존재를 알아주는 사람이 있다는 것만으로 몰입도가 올라간다는 의미다. 상사가 직원들 각각의 강점을 인정해주고 직원들이 잘한 일에 적절히 보상하면 적극적 회피형 직원 비율은 1퍼센트까지 떨어진다. 직장에서 불행한 사람들은 직간접적으로 주변 동료들까지 불행하게 만든다는 사실도 밝혀졌다. 이런 상황에서도 회사들이 운영되고 있다는 점이 놀라울 따름이다. 불행한 직원은 자신과 똑같이 불행한 동료들을 보며 위안이라도 얻을 수 있으니 가장 불행한 존재는 직원의 불행을 자초한 회사라고 할 수 있다.

◆ 화이트홀 연구 ◆

보통 지위가 높아질수록 스트레스가 커지고 안전감이 약해지리라 예상한다. 기업 임원이라고 하면 흔히 주주나 직원, 고객의 압박을 받아 신경이 날카로워진 이미지가 연상된다. 50세도 채 되지 않은 대기업 임원이 심장마비로 갑자기 사망하더라도 그리 놀랍지 않다. 심지어 미국에는 그런 현상을 일컫는 '임원 스트레스 증후군'이라는 용어도 존재한다. 그러니 사람들은 만년 차장으로 가늘고 길게 일하는 것도 그리 나쁘지 않다고 생각한다. 최소한 건강을 해치지는 않을 테니 말이다.

수십 년 전 영국 과학자들은 공무원 조직 내 지위와 스트레스의 상호관계를 연구했다. 연구 목적은 아마도 고위 공무원들에게 효과적인 스트레스 관리법을 알려줌으로써 건강을 지키고 만족스러운 인생을 살도록 하는 데 있었을 것이다. 이들이 수행한 연구를 통틀어 '화이트홀 연구'Whitehall Studies라고 부르는데, 여기서 아주 놀랍고도 중요한 결과가 나왔다. 연구에 따르면 공무원들의 스트레스는 지위가 높아짐에 따라 커지는 책임감이나 빡빡한 업무에서 오는 것이 아니었다. 직장에서 스스로 상황을 통제하는 권한을 얼마나 지녔는지와 관련 있었다. 또한 직무를 수행하는 데 노력이 필요하다는 사실 자체로 스트레스를 받는 것이 아니라 자신이 기울인 노력과 그에 따른 보상의 괴리가 클 때 스트레스를 받았다. 간단히 말하자면 상황 통제권이 적을수록 스트레스를 더 많이 받는다는 뜻이다. 의료 보험이라는 변인 통제 조건이 다른 미국 상장 대기업 직원들을 대상으로 한 연구 결과도 이와 유사했다.

2012년 하버드 대학교와 스탠퍼드 대학교 연구진이 비슷한 연구를 했다. 이들은 하버드 경영대학원 최고경영자과정에 등록한 기업인들의 코르티솔 수치를 측정해 스트레스 수준을 조사했다. 코르티솔이란 스트레스를 받을 때 분비되는 호르몬이다. 그 수치를 일반 직원들과 비교하니 리더들의 스트레스 수준이 그 밑에서 일하는 직원들보다 전반적으로 낮았다.

스탠퍼드뉴스서비스Stanford News Service의 맥스 매클루어Max McClure는 이 연구 결과를 발표하며 다음과 같이 썼다. "인생에서 통제권을 충분히 갖고 있다면 사회적 지위가 올라감에 따라 커지는 책임도 어렵지 않게 감당할 수 있다는 뜻으로 해석할 수 있다."

직업적 스트레스와 건강과의 관계를 고려하면 화이트홀 연구의 결과는 더욱 두드러진다. 지위가 높아질수록 스트레스를 더 많이 받을 것이라는 사회적 통념과 반대로 조직 내 계급이 낮을수록 스트레스와 관련된 건강 문제가 발생할 확률이 높아진다. 다시 말해 겉보기에는 스트레스에 파묻혀 살 것 같은 임원들이 사실은 그 밑에서 일하는 평사원이나 중간 관리자보다 건강하고 수명도 길다는 뜻이다. 2004년 런던 대학교 공공보건학 연구팀의 연구를 인용한 보고서에서는 이렇게 밝혔다. "조직 내 지위가 높을수록 기대 수명이 길어진다." 게다가 그 차이도 적지 않다. 조직 내 최하위직 근로자는 최고위직 관리자보다 조기 사망률이 네 배 높은 것으로 나타났다. 직장 내 상황 통제권이 적으면 정신질환이 발생할 확률 역시 높았다.

이런 현상이 사람에게만 나타나는 것은 아니다. 무리 지어 생활하는 비인간 영장류도 서열이 낮은 개체가 높은 개체보다 스트레스 관련 호르몬 수치나 각종 질병에 걸릴 확률이 더 높았다. 하지만 이런 현상은 위계 구조 안에서 자신이 어느 위치에 있는지와는 직접적인 관련이 없다. 사실 우리는 진화론적으로 위계 구조에 익숙하며, 사회에서 이런 구조를 완전히 없애는 일은 불가능하다. 게다가 위계 구조 자체가 해결책을 주지도 않는다. 단순히 돈을 더 많이 벌거나 계층 사다리를 오른다고 해서 스트레스가 줄어들지는 않는다. 결국 이 연구에서 주장하는 바는 직장이나 인생 전체에서 통제권을 얼마나 가지고 있는지가 중요하다는 점이다.

이는 반대로 생각해봐도 사실이다. 뛰어난 업무 환경, 동료들이 서로 지지하는 분위기는 건강에 좋은 영향을 준다. 통제권이 있는 직원들, 즉 상부의 승인을 기다릴 필요 없이 스스로 결정을 내릴 권한이 있는 직원들은 스트레스를 덜 받는다. 지시받은 업무만 수행하고 항상 위에서 정해놓은 규칙을 따라야 하는 직원들이 스트레스를 가장 많이 받는다. 직원들에게 주어지는 통제권, 스트레스 수준, 최선의 능력을 발휘해 업무를 수행하는 능력은 모두 우리가 조직에서 느끼는 안전감과 직접적인 연관이 있다. 우리는 옛날로 따지면 같은 부족 사람(현대 세계에서는 동료)들에게 안전감을 느끼길 본능적으로 원한다. 만약 그러지 못한다면 자연의 법칙을 거스르는 것이고 본능적인 생활 방식과도 어긋나게 된다.

화이트홀 연구는 새로운 이론이 아니며, 연구진이 밝혀낸 결과는 반복적으로 재입증되고 있다. 근거 자료가 쌓이고 있지만 우리는 여전히 아무것도 하지 않는다. 심지어 직장에서 안전감을 느끼지 못하면 최선의 성과를 내지 못할뿐더러 건강을 망치고, 심한 경우 목숨까지 잃을 수 있다는 사실을 알면서도 싫어하는 회사에 계속 다닌다. 왜인지는 모르겠지만 외부 위험이 내부 위험보다 크다고 생각한다. 그래서 업무 환경이 불만족스럽고 의욕이 생기지 않더라도 참고 견디며 어떻게든 적응한다. 모두 한 번씩은 자신의 처지나 위치를 합리화하며 그동안 해온 일을 지속한 적이 있지 않은가.

HR 컨설팅회사 머서LLC^{Mercer LLC}는 2010년 4분기부터 2011년 1분기 사이에 직장인 3명 중 1명이 퇴사를 심각하게 고려했다고 발표했는데, 이는 5년 전보다 23퍼센트 증가한 수치였다. 하지만 실제로 퇴사한 직장인은 1.5퍼센트에도 못 미쳤다. 이는 바람직하지 않은 근무 환경과 관련된 여러 문제 중 하나다. 인간관계에서 어떤 사람이 싫어도 쉽사리 인연을 끊을 수 없는 일과 비슷하다. 구관이 명관이라고 믿거나 다른 이유가 있을지도 모르지만 직장인들이 바람직하지 않은 업무 환경을 벗어나지 못하고 있다는 점만은 사실이다.

전체 직장인의 3분의 1이 퇴사를 원하면서도 실행에 옮기지 않는다는 사실은 다음 두 가지를 의미한다. 첫 번째는 현재 다니는 회사를 그만두고 다른 곳에서 일하기를 원하는 사람이 너무 많다는 것이다. 두 번째는 직장인들이 회사를 향한 부정적인 감정을 개선시키는 방법으로 이직 외에 다른 방법을 떠올리지 못한다는 것이다. 하지만 다른 방법도 있다. 더 쉽고 효율적인 방법인 데다 현재 직장에서 퇴사할 필요도 없다. 오히려 다니던 회사에 그대로 남아 있어야 한다.

아무것도 하지 않아도 된다는 뜻이 아니다. 이 방법을 실천하려면 직장에서 지금까지와는 다른 방식으로 행동해야 한다. 여태까지는 자신의 이익에만 초점을 맞췄다면 지금부터는 옆자리에 앉은 동료들에게 좀더 시선을 돌려야 한다. 스파르타 전사들과 마찬가지로 진정한 힘은 날카로운 창이 아니라 방패로 동료들을 지키고자 하는 의지에서 나온다는 사실을 배워야 한다.

고용 시장이 침체되고 경기가 악화된 상황에서는 다니던 회사에서 악착같이 버텨야 한다고 말하는 사람도 있다. 그럴 때일수록 기업의 리더는 직원들을 잘 보살펴야 한다. 사정이 나아지자마자 퇴사하는 직원들이 대거 나오지 않게 하기 위해서다. 경기가 좋아져도 마찬가지다. 위기는 언젠가 또다시 찾아오기 마련이니 그때 직원들이 회사를 일으키기 위해 열과 성을 다해주길 원한다면 미리미리 직원들에게 잘해야 한다. 최고의 기업들은 웬만한 위기에는 끄떡하지도 않는다. 직원들이 한마음으로 똘똘 뭉쳐 어려움을 극복해내기 때문이다. 다시 말해 온전히 기업 경영의 시각에서만 바라보더라도 경기의 부침과 관계없이 직원들을 잘 대우하면 비용 절감 효과가 커진다는 뜻이다.

하지만 아직도 비용이 많이 들고, 성과를 저해하고, 직원들의 건강을 해치는 방법으로 기업을 경영하는 리더가 너무 많다. 이것만으로는 변화를 일으킬 필요성이 부족해 보이는가? 그렇다면 기업이 직원들의 감정을 돌보지 않을 때 그 자녀들까지 부정적인 영향을 받는다면 어떨까?

보스턴 대학교 Boston College 사회복지대학의 두 연구원이 수행한 연구에 따르면, 아이가 느끼는 행복의 정도는 부모의 근무 시간보다 부모의 퇴근 뒤 기분에 크게 영향을 받았다. 즉, 부모가 부정적인 기분으로 일찍 퇴근할 때보다 밤낮없이 야근하더라도 진정 사랑하는 일을 할 때 아이들이 더 행복하다는 의미이다. 자기 직업이 자신뿐 아니라 가족에게까지 영향을 주는 것이다. 늦게까지 일하는 것은 아이들에게 부정적인 영향을 주지 않지만 직장에서 행복하지 않다면 부정적인 영향을 준다. 물론 야근이 잦은 부모는 죄책감을 느끼고 아이들은 엄마, 아빠를 보고 싶어 하겠지만 잦은 야근이나 출장 자체가 문제는 아니다. 그러니 회

사를 싫어한다면 아이들을 생각해서라도 집에 들어가지 말길
바란다.

만약 리더들에게 우리 행복에 신경 써달라고 요구하지 않는
다면 어떤 대가가 따를까? 우리는 아이들을 위해 회사에서 불행
해도 참고 견딘다고 생각하지만 오히려 불행을 참고 견딤으로
써 아이들에게 해를 끼치고 있다.

목표 실적을 달성하기 위해 직원들을 희생시켜도 괜찮다고 생
각하는 리더들은 그렇게 했을 때 일련의 결과가 어떻게 나타날
지까지 고려해야 한다.

해결 방법은 단 하나다. 바로 직장 내 안전망을 형성하고 유지
하는 것이다. 직원들에게 손가락질하는 것이 아니라 다 함께 일
치단결하고 협력하는 것만이 유일한 해결책이다. 한 가지 희망
적인 일은 우리를 도와줄 강력한 힘이 있다는 것이다. 이 초자
연적인 힘을 어떻게 활용하는지 알면 잘못된 일들을 바로잡을
수 있다. 이는 말도 안 되는 허풍이 아니다. 간단한 생물학적 원
리일 뿐이다.

LEADER DIFFERENT

2
우리를 도와줄
강력한 힘

5
인류가 겪어낸 시행착오

단순히 험하다는 말로는 부족했다. 누구도 그런 곳에서 살겠다고 할 리 없었다. 극도로 위험한 곳이었다. 냉난방 시설도 없고 시장은커녕 그와 비슷한 것도 없었다. 그곳에 사는 사람들은 먹을 것을 찾아 돌아다니거나 직접 사냥했다. 그런 환경에서는 살아남는 일조차 힘들어 보였다. 매일 매 순간 치명적인 위험이 도사리고 있었다. 교육을 받고 직장을 구하는 일은 생각할 수도 없었다. 학교도 없고 병원도 없었다. 그런 마당에 일자리가 있을 리 만무했다. 당연히 회사도 없었다. 심지어 국가라는 개념도 아직 없었다. 그런 것들은 전부 까마득히 먼 미래에나 일어날 일이었으므로 신경 쓸 필요가 없었다. 세상의 종말 이후를 그린 영화 〈매드맥스〉Mad Max의 시나리오가 아니다. 5만 년 전, 현생 인류 호모 사피엔스가 세상에 첫걸음을 내디뎠을 때 이야기다. 우리는 이런 환경에서 시작했다.

초기 인류는 아무것도 가진 것이 없었다. 학벌이나 부모님 인맥으로 기회를 만들 수 없었다. 모든 기회는 스스로 노력해서 얻어야 했다. 그들은 그렇게 했다. 인류는 엄청난 위험을 견디고 자원이 희소한 환경에서 살아남도록 만들어졌다.

원시시대의 삶은 어땠을까? 원시인들이 태풍이 휩쓸고 간 듯한 환경에서 살았다고 생각하면 오산이다. 그들은 파괴된 환경이 아니라 물자가 부족한 환경에 살았다. 우리 조상들의 실제 모습은 지금 우리가 상상하는 전형적인 원시인의 이미지와 달랐다. 눈썹뼈가 툭 튀어나오지도 않았고, 구부정한 자세로 방망이를 들고 돌아다니지도 않았다. 그들의 외모는 현재 우리 모습과 비슷했고, 지능이나 능력 역시 현시대의 인류와 다르지 않았다. 차이가 있다면 현대 세계의 기술과 진보를 누리지 못했다는 점뿐이다. 이것만 빼면 그들도 당신이나 나와 같은 사람이었다.

인간의 모든 신체적, 정신적 구조는 아주 힘든 상황에서도 살아남고 자손을 퍼뜨리는 데 적합한 형태로 되어 있다. 인체에서 여러 생리학적 작용이 일어나고 타인과 협동할 필요성을 느끼는 것은 모두 생존 본능에 의한 현상이다. 우리는 다른 사람들과 힘을 합쳐 어려움을 극복할 때 최선의 효과를 낸다. 안타깝게도 오늘날 기업의 리더들은 외부 위험을 극복하기 위해 직원들의 의지를 고취하고자 할 때 내부에 긴박한 분위기를 형성하고 압박을 가하는 것이 가장 효과적이라고 생각하는 경우가 많다. 지금까지 살펴본 생물학과 인류학 이론으로 보면 이는 완전히 잘못된 생각이다.

소속감을 느끼고 동료를 신뢰할 수 있을 때 우리는 자연스럽게 외부 위협을 이겨내기 위해 협력한다. 소속감을 느끼지 못하면 상대에게서 자신을 보호하기 위해 시간과 에너지를 쏟을 수밖에 없다. 그러면 의도치 않게 조직을 외부의 위협에 취약하게 만들고 만다. 모든 관심이 내부에 집중되어 있으면 외부의 기회도 놓친다. 그러므로 동료들과 함께하는 것이 안전하다고 느끼는 환경에서 생존하고 번영할 확률이 훨씬 높아진다. 그것이 자연의 법칙이다.

◆ 태초에 타고난 모습 그대로 ◆

자원이 희소한 세상에서 탄생한 호모 사피엔스는 환경에 적응해 살아남았고, 우리보다 몸집이 크고 힘이 센 다른 영장류보다 번성했다. 거기에는 이유가 있었다. 우선 신피질, 즉 문제 해결 능력을 갖춘 두뇌가 있었기 때문이다. 그 덕에 정교한 의사소통 능력까지 갖췄다. 다른 동물도 서로 소통하지만 인간은 문법을 사용하고 문장을 만들기 때문에 매우 복잡한 의사소통이 가능하다. 놀라운 수준의 협동 능력도 인간이 여태까지 생존할 수 있었던 결정적인 원인이다. 인간은 다른 사람의 도움 없이는 살아남거나 번영하지 못하는 고도로 사회적인 종이다.

인간은 함께 활동하며 서로 돕고 보호하는 능력으로 단순히 생존하기만 한 것이 아니라 크게 번성할 수 있었다. 코끼리도 살아남았지만 오늘날 코끼리의 삶은 수백만 년 전 코끼리의 삶과 크게 다르지 않다. 인간은 그렇지 않다. 인간의 삶은 5만 년 전과 완전히 달라졌다. 원래 인류는 환경에 적응하도록 만들어졌지만 뛰어난 협동 정신과 문제 해결 능력을 발휘해 환경을 입맛에 맞게 바꾸는 수준에 이르렀다. 능력이 뛰어날수록 주어진 환경에 맞춰 변하는 것이 아니라 환경을 필요에 맞는 형태로 바꿀 수 있었다. 문제는 우리 유전자가 그때나 지금이나 똑같다는 점이다. 사실 자원이 풍부한 현대 세계에 무리 지어 사는 원시인과 같다는 의미이다. 이것은 이것대로 장점이 있지만 세상 모든 것이 그렇듯 단점도 존재한다.

◆ 뭉쳐야 산다 ◆

많아야 150명 정도가 부족을 이뤄 사는 사회에서 모든 부족원은 서로 알고 지냈으며, 부족의 이익이 곧 자신의 이익이라는 사실을 알았다. 남자들은 밖에 나가 함께 사냥했다. 부족 전체가 함께 어린아이들을 기르고 노인과 환자들을 보살피는 등 서로 돌보며 살았다.

사람이 모이는 곳이라면 어디나 그렇듯 이런 부족원 사이에도 마찰이 있었다. 하지만 위급한 순간이 찾아오면 불화를 제쳐두고 힘을 한데 모았다. 평소 별로 사이좋지 않던 형제자매라도 그중 하나가 누군가에게 공격받으면 나머지가 나서서 지켜주는 일과 비슷하다. 우리는 항상 같은 편을 보호한다. 그러지 않는 것은 인간의 도리에 어긋나며, 부족의 생존과 번영에 궁극적인 해가 된다. 반역을 살인과 비슷한 죄로 취급하는 이유가 바로 이것이다. 인간에게 생존 능력은 무척 중요하므로 우리는 신뢰를 매우 진지하게 여긴다. 인류가 거둬온 성공만 봐도 알 수 있다. 경쟁이나 개인주의보다는 협동의 효과가 크다. 언제든 자연재해가 일어날 수 있고 자원도 한정적인 데다 여러 외부 위협이 늘 도사리고 있는데 뭐하러 싸워가며 상황을 더 어렵게 만들겠는가?

이처럼 서로 협력하는 형태의 부족 생활은 아마존 열대우림부터 아프리카 평원에 이르기까지 광범위하게 존재했다. 다시 말해 우리의 생존과 번영을 결정하는 요인은 물리적인 환경이 아니라 인류가 타고난 생물학적 특성 자체다. 우리는 서로 도우며 사는 형태로 진화해왔고, 이는 우리가 어느 지역에서 어떤 어려움을 겪든 항상 효과가 있었다. 어느 문화권에 살고 있든 지구상의 모든 사람은 본능적으로 협력하려는 경향이 있다.

쉽게 예상할 수 있듯 협력은 애써 노력해야 하는 힘든 일은 아니었다. 사람은 사회적 동물이고, 다른 이들과 어울려 지내는 일은 수천 년 전에도 지금만큼 중요했다. 사교 활동은 사람들이 관계를 쌓으며 신뢰를 형성하고 유지하는 중요한 수단이었다. 업무 시간 외에도 동료들과 어울리며 서로 가까워지고자 노력하는 일은 신뢰를 쌓는 데 꼭 필요하다. 가족이 모여 같이 식사하고 여러 활동을 함께하는 것과 같은 이유다. 마찬가지로 동료들과 특별 강연을 듣고, 야유회를 가고, 정수기 근처에 모여 수다를 떠는 일 역시 모두 중요하다. 서로 친할수록 유대감은 강해진다. 조직의 리더 역시 직원들과 교류해야 한다. 사무실 복도를 돌아다니며 직원들을 만나고, 회의 시간 외에도 직원들과 함께 어울리는 일은 정말 중요하다.

끈끈한 유대를 바탕으로 한 우리 조상들의 부족 생활과 가장 비슷한 현대적 조직은 아마도 대학 기숙사일 것이다. 학생들은 각자 룸메이트들과 함께 쓰는 방이 따로 있지만, 주로 서로의 방 사이에서 사교 활동을 하기 때문에 방문은 늘 열려 있다. 복도는 사교의 장이 되고, 방에서는 주로 과제를 하거나 잠을 잔다. 이렇게 기숙사에서 형성되는 우정은 무척 중요하다. 대학생들이 가장 친한 친구를 사귀는 곳은 강의실이 아니라 기숙사다.

인류가 종으로서 성공한 이유는 단순히 운이 좋아서가 아니다. 우리의 성공은 스스로 만들어낸 것이다. 지금 이 자리에 오기 위해 최선을 다했고 결국 해냈다. 사람은 함께하는 존재다. 생물학적으로 뼛속까지 사회적인 동물이다. 상대를 도와가며 일할 때 인체는 그 노력에 상응하는 보상을 준다. 그 덕분에 우리는 계속해서 서로 도울 수 있다.

인류가 시행착오를 겪어가며 지금까지 진화해온 덕분에 인체에서 일어나는 거의 모든 생리적 작용에는 그 이유가 존재한다. 대자연이 우리에게 고도로 발달한 미각을 선물한 까닭은 단순히 최고급 와인이나 풍미 가득한 스테이크를 즐기게 하기 위해서가 아니다. 맛을 느끼는 세포는 먹고 있는 음식에 적합한 소화 효소를 분비하기 위해 존재한다. 음식의 선도를 판별하도록 후각이 발달한 것과 비슷하다. 마찬가지로 눈썹의 원래 역할은 먹잇감을 사냥하거나 사나운 동물을 피해 도망칠 때 이마에서 흐르는 땀이 눈으로 들어가지 못하게 막는 것이었다. 우리 신체의 모든 구조는 단 하나의 목표를 위해 만들어졌다. 바로 생존이다. 여기에는 행복을 추구하는 일도 포함된다.

부모나 교사, 조직 관리자라면 누구나 알고 있듯 아이들에게는 사탕이나 '참 잘했어요' 스티커를, 직장인에게는 인센티브를 상으로 내걸거나 가혹한 벌을 주겠다고 위협하면 원하는 행동을 끌어낼 수 있다. 부모나 교사, 조직 관리자는 아이들이나 직원들이 보상받을 수 있는 행위에 집중하리라는 사실을 안다. 아이들은 그것이 교육의 일부라는 점을 모르지만 어른들은 회사에서 인센티브를 준다고 하면 속셈이 무엇인지 정확히 안다. '회사에서' 원하는 성과를 내야만 그 인센티브를 받을 수 있다는 사실을 안다. 이렇게 보상을 제시하면 대개 효과가 있다. 사실 효과가 아주 좋다.

　대자연은 우리 상사들보다 훨씬 빨리 이 원리를 터득했다. 인간이 바람직한 행동을 하게끔 몸 안에 보상 체계를 만들어두었다. 인체의 보상 체계는 우리가 느끼는 감정이다. 문제 해결 능력과 협동 정신을 강화하는 행동을 유도하기 위해 인체는 행복, 뿌듯함, 기쁨 같은 긍정적인 감정과 불안 같은 부정적인 감정을 이용한다. 직장 상사는 연말 상여금이라는 보상을 준다. 반면 인체는 자기 자신과 주변 사람들을 보살피며 함께 생존하고자 노력할 때 기분이 좋아지게 하는 화학 물질로 보상을 준다. 그리고 수천 년이 흐르는 동안 우리는 온전히 이 화학 물질에 따라 움직이게 됐다.

　신체에서 일반적으로 행복이라고 할 수 있는 감정을 담당하는 화학 물질은 크게 네 가지다. 바로 엔도르핀, 도파민, 세로토닌, 옥시토신이다. 우리가 행복이나 기쁨을 느낄 때는 항상 많든 적든 이 네 가지 화학 물질 중 하나 이상이 우리 혈관에 흐르고 있다. 이 물질들은 단순히 우리를 기분 좋게 하기 위해 존재하지 않는다. 매우 현실적이고 실용적인 목적으로 존재한다. 바로 우리의 생존이다.

◆ 개인으로서의 인간 vs. 집단의 일원으로서의 인간 ◆

　인간은 언제나 개인이자 집단 구성원으로 존재한다. 나는 나이지만 여럿 중 하나이기도 하다. 항상 그렇다. 이 때문에 이익이 상충하는 현상이 필연적으로 발생한다. 우리는 결정을 내릴 때 개인적인 이익과 우리가 속한 집단의 이익을 저울질할 수밖에 없다. 한 사람에게 좋은 일이 꼭 다른 사람에게도 좋다고 할 수는 없다. 자기 이익만 추구하면 집단에 해를 끼칠 수 있고, 반대로 집단의 이익만 추구하면 개인이 손해를 볼 수 있다.

이런 이익의 상충 때문에 우리는 의사를 결정할 때 양심적으로 고민하게 된다. 개인의 이익이 우선인지 집단의 이익이 우선인지를 두고 논쟁이 벌어지는 아이러니한 일도 일어난다. 어떤 사람들은 집단의 이익을 우선시해야 한다고 주장한다. 우리가 집단의 이익을 살피지 않으면 집단 역시 우리의 이익을 살피지 않을 것이기 때문이다. 개인의 이익을 우선시해야 한다고 주장하는 사람들도 있다. 우리가 자신의 이익을 우선 추구하지 않으면 다른 사람을 도울 수도 없기 때문이다. 둘 다 맞는 이야기다.

생물학적으로 인체에서도 이와 비슷하게 이해가 충돌한다. 인체에서 보상으로 작용하는 네 가지 화학 물질 중 두 가지는 음식을 찾고 필요한 일을 하는 데 이로운 방향으로 진화해왔고, 다른 두 가지는 다른 사람들과 어울리고 협력하는 데 이로운 방향으로 진화해왔다. 앞의 둘은 엔도르핀과 도파민이라는 물질로 개인적인 이익을 추구하는 방향으로 작용한다. 인내하고, 음식을 찾고, 집을 짓고, 도구를 발명하고, 앞으로 나아가고, 필요한 일을 해내도록 한다. 나는 이 물질들을 '이기적 화학 물질'이라 부른다. 나머지 둘, 즉 세로토닌과 옥시토신은 다른 사람들과 함께 일하고 상호 간의 신뢰감과 충성심을 형성하기 위해 존재한다. 나는 이 물질들을 '이타적 화학 물질'이라 부른다. 이는 사회적 유대감을 강화하는 방향으로 작용함으로써 다른 사람들과 협력하며 일하도록 유도한다. 우리 자손들이 생존하고 인류가 영속하도록 하기 위해서다.

6
이기적 호르몬 vs 이타적 호르몬

◆ 이기적 화학 물질이 없으면 굶어 죽는다 ◆

배고플 때 장을 보러 가면 안 된다는 사실은 널리 알려져 있다. 필요 없는 것까지 너무 많이 사게 되기 때문이다. 눈에 보이는 것마다 전부 먹고 싶어서 그만 다 사고 만다. 배고프니 당연하다. 그러므로 배고프지 않을 때 장을 보러 가야 한다는 것이다. 그렇다면 여기서 흥미로운 의문이 하나 생긴다. 배고프지 않은데 왜 장을 보는가?

원시시대에는 자원이 드물고 구하기도 힘들었다. 배고플 때마다 몇 시간 동안 사냥해야 한다고 상상해보라. 게다가 사냥에 성공하리라는 보장도 없다. 인류가 그런 조건에서 생존하기는 어려웠을 것이다. 그래서 신체는 우리에게 이익이 되는 일을 반복하게 할 목적으로 배고플 때까지 가만히 기다리지 않고 정기적으로 수렵과 채집에 나서도록 해야 했다.

그래서 엔도르핀과 도파민이 존재한다. 우리가 사냥하고, 채집하고, 목표를 달성하고자 하는 이유는 이 화학 물질들 때문이다. 이 덕분에 찾고자 하는 것을 찾았을 때, 필요한 것을 만들었을 때, 목표를 달성했을 때 기분이 좋아진다. 엔도르핀과 도파민은 자기계발의 화학 물질이다.

◆ 엔도르핀: 러너스 하이 ◆

엔도르핀이 존재하는 목적은 오직 하나다. 바로 신체적 고통을 잊게 하는 것이다. 그게 다다. 엔도르핀은 몸에서 생산되는 천연 진통제라고 할 수 있다. 주로 스트레스나 두려움이 극심한 상황에서 분비되는 물질로 신체적 고통을 쾌락으로 위장한다. 운동선수들이 경험한다는 '러너스 하이'runner's high, 즉 격렬한 운동 도중이나 이후에 극도의 쾌감을 느끼는 현상도 사실 엔도르핀이 혈관을 타고 솟구치는 것이다. 달리기를 비롯한 지구력 운동을 하는 사람들이 계속해서 자신의 신체를 한계로 밀어붙이는 이유가 바로 이것이다. 단순히 운동을 열심히 하도록 훈련받아서가 아니다. 기분이 좋으니 하는 것이다. 그들은 힘든 운동 끝에 느낄 수 있는 이 어마어마한 쾌감을 사랑하다 못해 갈망하기까지 한다. 하지만 생물학적으로 엔도르핀이 존재하는 이유는 운동과는 아무 관련이 없다. 생존과 연관된 것이다.

원시인에게는 이 엔도르핀이 훨씬 더 실용적이었다. 인간은 엔도르핀을 지녀 지구력을 놀라운 수준으로 키울 수 있다. 마라톤을 즐기는 사람들을 제외하면 우리 대부분은 주기적으로 몇 킬로미터씩 뛰는 일을 상상하기도 어렵다. 하지만 우리의 원시 시대 조상들은 엔도르핀 덕분에 사냥할 수 있었다. 동물을 잡기 위해 엄청난 거리를 이동하고, 그러고도 기운이 남아 사냥감을 둘러메고 집으로 돌아왔다. 만일 부족원들의 기대를 한 몸에 받고 사냥하러 간 사람이 힘들다는 이유로 이 과정을 포기한다면 자신은 물론 부족의 모든 사람이 식량 부족으로 결국 굶어 죽을 것이다. 현명한 대자연은 우리가 사냥을 포기하지 않도록 엔도르핀이라는 작은 보상을 하나 주었다.

실제로 우리는 엔도르핀에 중독되기도 한다. 그래서 주기적으로 운동하는 사람들은 직장에서 스트레스를 많이 받은 날이면 감정을 환기하기 위해 달리거나 체육관에 가고 싶다는 충동을 느낀다. 우리 조상들 역시 수렵 채집에 즐거운 면도 있으므로 활동했을 것이다. 다시 말하지만 인체는 우리가 음식을 찾거나 집을 짓는 등의 힘든 일을 할 때 기분을 좋아지게 만들어 그 일을 계속하게 한다. 오늘날은 곳곳에 마트가 생기고 자동차가 상용화되어 풍부한 자원을 쉽게 구할 수 있게 됐다. 이제 인체는 음식을 찾는 행위에 보상을 주지 않는다. 적어도 엔도르핀을 쓰지는 않는다. 사실상 현대인은 힘든 운동이나 육체노동을 해야 엔도르핀이 분비된다. 그런데 여기 주목할 만한 예외가 하나 있다.

정치 평론가이자 정치 토크쇼 〈콜베어 리포트〉The Colbert Report의 진행자인 스티븐 콜베어Stephen Colbert는 긴장된 상황에 웃는 일이 얼마나 중요한지 설명하며 이렇게 말했다. "웃는 동시에 두려워할 수는 없다." 그의 말이 옳다. 실제로 웃으면 엔도르핀이 분비된다. 너무 심하게 웃으면 장기에 경련이 오는데, 그 통증을 느끼지 못하게 하기 위해서다. 우리가 웃는 것을 좋아하는 이유는 달리기가 취미인 사람들이 달리기를 좋아하는 것과 마찬가지다. 기분이 좋기 때문이다. 하지만 격렬하게 웃다가 배가 너무 아파 웃음을 멈추고 싶어지는 경험을 다들 해봤을 것이다. 달릴 때와 마찬가지로 고통은 더 일찍 시작되지만 엔도르핀 덕분에 시간이 조금 흐른 뒤에야 고통을 느끼기 시작한다. 웃음이 멈춘 뒤에도 쾌감은 계속되기 때문에 콜베어가 말한 대로 두려워하는 동시에 웃을 수는 없는 것이다. 긴장된 상황에서 가벼운 농담을 주고받으면 긴장이 풀리고 마음이 편해지므로 우리가 원하는 일을 제대로 해내는 데 도움이 된다. 이와 관련해 잘 알려진 일화가 있다. 1981년 3월 30일, 로널드 레이건Ronald Reagan 대통령이 존 힝클리 주니어John Hinckley Jr.가 쏜 총을 맞고 조지워싱턴 대학교 병원 수술실로 실려 가던 중이었다. 레이건 대통령은 집도의에게 이렇게 말했다. "여기 계신 분 모두 공화당 지지자였으면 좋겠네요." 민주당 지지자였던 집도의는 그 말을 듣고 이렇게 대답했다. "오늘은 우리 모두 공화당 지지자입니다, 대통령님."

→ 도파민: 자기계발을 유도하는 보상 ←

우리가 찾아야 할 것을 찾거나 해야 할 일을 해냈을 때 기분이 좋은 이유는 바로 도파민 때문이다. 도파민은 우리가 중요한 일을 끝냈을 때, 프로젝트를 완수했을 때, 목표를 달성했을 때, 또는 큰 목표를 달성하기 위해 세워둔 중간 목표를 달성했을 때 만족감을 준다. 해야 할 일을 목록에서 하나하나 지워나가는 기분이 어떤지 모두 잘 안다. 이렇게 우리가 발전하고 있다는 느낌과 뿌듯한 성취감을 느끼는 것은 주로 도파민 덕분이다.

마트가 생기고 농업이 시작되기 한참 전, 인간은 다음 끼닛거리를 찾는 데 상당한 시간을 썼다. 만약 인간이 수렵 채집과 같은 기본적인 임무를 완수하는 데 집중하지 못한다면 생존하기 무척 어려웠을 것이다. 그래서 대자연은 인간이 맡은 일에 집중할 수 있도록 묘책을 썼다. 바로 음식을 먹을 때 도파민을 분비시키는 것이다. 도파민 때문에 우리는 먹는 행위를 즐긴다. 그래서 음식을 구하는 행동을 반복한다.

도파민 덕분에 우리는 목표 지향적이고 발전을 추구하는 종이 됐다. 완수해야 할 임무와 달성해야 할 수치가 주어지고, 그 목표를 실제로 보거나 마음속으로 명확하게 그릴 수 있을 때 인체는 도파민을 분비함으로써 일을 시작하도록 유도한다. 예를 들어 원시시대에 어떤 사람이 과일이 주렁주렁 달린 나무를 발견했다면 그의 몸은 도파민을 분비해 그가 나무 쪽으로 다가가 과일을 따도록 유도했을 것이다. 그가 나무에 가까워질수록 과일은 조금씩 더 커 보였을 것이다. 목표물에 가까워지고 있다는 신호다. 진전하고 있다는 신호를 확인할 때마다 그의 몸은 그가 계속해서 임무를 수행하도록 도파민을 조금씩 더 분비한다. 한 번 더, 다시 한 번 더. 마침내 목표물에 손이 닿는 순간 도파민이 폭발한다. 유레카!

우리도 이와 똑같다. 목표를 향해 달려갈 때 변화하는 수치를 보며 실제로 진척하고 있다는 사실을 확인한다. 그때마다 조금씩 분비되는 도파민의 힘으로 우리는 계속 앞으로 나아간다. 그러다 결국 목표에 다다르면 '해냈다'라는 강렬한 쾌감을 느낀다. 이는 도파민에서 오는 감정으로, 힘든 일을 끝냈을 때 신체가 우리에게 주는 생물학적 보상이다. 우리가 지나는 과정 하나하나는 과일나무가 점점 가까워지고 있음을 보여주는 지표다. 마라톤에서 결승선까지 각 킬로미터 지점에 붙은 표지판을 하나씩 지나치듯, 우리 몸도 우리가 계속해서 일을 해내도록 도파민이라는 보상을 준다. 그 덕분에 우리는 강렬한 성취감을 느끼는 마지막 순간, 즉 도파민이 폭발적으로 분비되는 순간까지 힘을 다한다. 당연히 목표가 클수록 더 많이 노력해야 하고, 도파민도 더 많이 나온다. 열심히 노력해서 어려운 일을 해냈을 때는 기분이 극도로 좋지만 쉽고 간단한 일을 했을 때는 그냥 잠깐 좋고 마는 정도인 것도 이 때문이다. 다시 말해 뭔가를 달성하고자 노력을 쏟아붓는 일은 기분 좋다. 아무 일도 하지 않으면 어떤 생물학적 보상도 받을 수 없다.

<h2>◆ 목표는 눈에 보이듯 명확해야 한다 ◆</h2>

인간은 시각에 상당히 의존한다. 어떤 감각보다 시각을 가장 신뢰한다. 밤에 자다가 쿵 하는 소리가 들리면 밖으로 나가 아무것도 없다는 사실을 눈으로 확인한 뒤에야 안심하고 잠자리로 돌아간다. 잘 모르는 사람이 뭔가를 약속하거나 자기가 어떤 일을 했다고 주장하면 "보는 것이 믿는 것"이라는 말처럼 눈으로 직접 보고 싶어 한다.

목표를 종이에 쓰지 않으면 이룰 수 없다고 말하는 이유도 다 이 때문이다. 일리 있는 말이다. 멀리 과일이 주렁주렁 달린 나무를 눈으로 보듯 달성하고자 하는 바를 물리적으로 보거나 명확하게 상상할 수 있으면 실제 도파민의 힘으로 그 목표를 이룰 확률이 높아진다.

회사에서 상여금을 내걸고 뭔가 지시할 때 우리는 애매모호한 지시 사항보다는 명확한 목표를 제시해주기를 원한다. '더 많은 일을 해내면' 성과급을 주겠다는 말은 그다지 동기 부여도 되지 않고 도움도 되지 않는다. 무엇을 얼마나 더 많이 하라는 말인가? 이런 불명확한 목표가 아니라 구체적이면서도 진행 상황을 측정할 수 있는 목표를 주면 달성할 확률이 올라간다. 가계부를 쓰거나 예산을 세우는 사람들이 초과 지출을 하지 않고 저축할 확률이 높은 것도 이 때문이다. 저축이란 정신 상태가 아니라 달성해야 하는 목표다.

같은 이유로 기업의 비전 선언문 역시 마음속에 명확하게 그릴 수 있는 내용이어야 한다. 애초에 '비전'이라는 단어 자체도 시각이라는 뜻이다. 그러니 우리가 '볼 수 있어야' 한다. 애매모호한 지시 사항이 소용없는 것처럼 "업계에서 가장 존경받는 회사가 되겠습니다" 같은 비전 역시 쓸모없다. 누구에게 존경받겠다는 것인가? 고객? 주주? 직원? CEO의 부모? 적절한 방법으로 측정할 수 없는 것을 비전으로 내세운다면 가치 있는 진보를 하고 있는지 아닌지 어떻게 알 수 있을까? "최대의 기업이 되겠다"나 "최고의 기업이 되겠다"처럼 비전 선언문에 자주 등장하는 표현들은 생물학적으로 직원들에게 동기를 부여하고 비전을 실현하고자 최선을 다하도록 유도하는 데 크게 효과가 없다.

반면 훌륭한 비전 선언문은 우리가 하는 일이 큰 성공을 거뒀을 때 세상이 어떻게 달라질지를 구체적으로 표현한다. 마틴 루서 킹Martin Luther King Jr. 목사는 자신에게 꿈이 있다고 말했다. 언젠가는 "어린 흑인 소년, 소녀들이 어린 백인 소년, 소녀들과 형제자매로서 손을 잡을 수 있으리라는" 꿈이었다. 우리는 이런 세상을 상상할 수 있다. 어떤 모습일지 마음속에 그려볼 수 있다.

비전이 고무적이고 그 일에 시간과 에너지를 투자할 가치가 있다고 여기면 그 비전을 실현하는 데 필요한 일들을 하나씩 해나가기 더 쉬워진다. 단기적이든 장기적이든 추구하는 목표가 명확할수록 달성할 확률이 높아진다. 도파민 덕분에 목표를 달성해가는 과정이 즐겁게 느껴진다. 훌륭한 비전은 현실적으로 결코 실현할 수 없는 이상이지만 기꺼이 목숨 바쳐 시도할 가치가 있는 것을 추구한다. 그 이유 역시 이 즐거운 감정으로 설명할 수 있다. 목표를 향해 나아가는 과정 하나하나가 개인적인 이익보다 큰 무언가를 향해 한 발짝씩 가까워지는 과정으로 느껴지는 것이다.

이 모든 구조가 계획대로 움직인다면 우리는 잘 먹고 잘 지내며 일을 해내고 진보를 이룰 수 있다. 가족을 더 잘 부양할 수 있고 동료들에게 더 큰 힘을 보탤 수 있다. 도파민은 우리가 대학에 가고, 의사가 되고, 꿈꾸는 미래를 실현하기 위해 쉴 새 없이 일하도록 돕는다.

하지만 도파민에는 간과하기 쉬워 주의해야 하는 사항이 하나 있다. 중독성이 극도로 강하다는 점이다. 도파민이 유용한 것은 분명 사실이지만, 도파민으로 인해 생존에 도움되지 않는 신경회로가 형성될 수도 있다. 도움과 정반대 영향을 줄 수도 있다. 인간은 도파민의 영향으로 자신에게 해로운 행동을 반복하기도 한다. 코카인, 니코틴, 알코올, 도박은 모두 도파민 분비를 유도한다. 그리고 그 쾌감에 취할 수 있다. 다른 화학적인 영향도 있겠지만 인간이 이렇게 기분이 좋아지는 모든 것에 중독되는 현상은 모두 기본적으로 도파민 중독이다. 차이점이 있다면 다시 도파민을 얻기 위해 해야 하는 행동이 무엇이냐는 것이다.

도파민 보상 시스템이 부정적으로 사용되는 또 다른 예는 바로 소셜미디어다. 문자나 이메일 혹은 '좋아요'를 받을 때마다 울리는 띠리링 소리, 진동 소리, 켜지는 화면은 모두 우리를 설레게 한다. 그럴 수밖에 없다. 문자나 이메일 혹은 '좋아요'를 받으면 '오, 뭔가 왔네' 하며 도파민이 샘솟는 느낌이 들도록 스스로 훈련해왔기 때문이다. 그렇다. 우리는 스마트폰 알림음이나 진동이 울리고 화면이 켜지는 순간의 짜릿한 맛에 산다. 어떤 사람들은 한순간도 손에서 스마트폰을 내려놓으면 안 된다는 신경회로가 형성된 바람에 아무것도 오지 않았는데도 쉴 새 없이 스마트폰을 내려다보며 화면을 깨운다. 도파민을 달라!

아침에 일어나서 가장 먼저 생각나는 것이 술이라면 알코올 중독자라는 말이 있다. 아침에 눈을 뜨자마자 몸을 일으키기도 전에 가장 먼저 하는 일이 스마트폰으로 이메일을 확인하거나 소셜미디어를 훑어보는 것이라면 당신도 스마트폰 중독일 수 있다. 도파민이 주는 짜릿한 기분을 간절히 원하며 도파민이 분비되는 일을 반복하는 것이다. 사람들은 알코올이나 도박에 중독성이 있다는 사실을 잘 안다. 하지만 스마트폰이나 소셜미디어에도 중독성이 있다는 사실은 좀처럼 인지하지 못한다.

'목표를 달성하고 돈을 벌라' 같은 정신으로 마치 도박처럼 도파민을 주 보상 수단으로 여기는 성과 위주의 기업에서는 수치를 달성하는 일에 중독될 수 있다. 여기서 의문점이 하나 생긴다. 현대 사회의 이런 중독이 우리에게 아무런 해를 끼치지 않을 것인가? 아니면 의도치 않은 부작용을 초래할 것인가? 이는 차후 자세히 논의하겠다.

오늘날 우리는 도파민의 영향으로 쇼핑이나 물건 수집을 즐기게 되었다. 사실 취미라는 것에 대부분 합리적인 이유가 없는데도 그것을 즐기는 이유는 선사시대부터 내려온 수렵 채집의 욕구를 해결할 수 있기 때문이다. 모든 도파민 중독이 그렇듯 뭔가에 중독되어 헤어나지 못한다면 기분이야 좋겠지만 상당히 큰 대가를 치르게 된다. 도파민을 한 번 더 얻고자 시간과 돈을 과도하게 쓰고, 심한 경우 인간관계까지 희생시키기도 한다.

도파민에 의해 더 많은 성취를 거둘 수도 있다. 하지만 진정한 성취감, 즉 오래가는 행복감과 충성심은 모두 다른 사람들과 교류해야만 생긴다. 10년 전 달성한 목표를 추억하지는 않을지라도 그 목표를 달성하고자 노력하며 친해진 친구에 관해서는 오래도록 추억하며 이야기할 것이다.

다행히 다른 사람들에게서 신뢰와 사랑, 충성심을 얻을 때도 우리를 기분 좋게 하는 화학 물질을 보상으로 얻을 수 있다. 그런 긍정적인 감정을 원한다면 조금만 노력하면 된다. 그렇게 할 때 이로운 결과가 나오기도 한다. 우리 모두 잘 알 듯 혼자일 때보다 서로 신뢰하는 사람들끼리 힘을 모을 때 훨씬 많은 일을 해낼 수 있기 때문이다.

엔도르핀과 도파민은 음식을 찾고 살 집을 꾸리도록 유도하는 화학 물질이기 때문에 생존하기 위해서는 둘 다 필요하다. 이들은 우리가 안전한 집에 살고 배불리 먹도록 돕는다. 먹고살려면 직업이 필요하다고 말하는 것은 우연이 아니다. 우리는 정말 그렇게 느낀다. 일을 계속해나가도록 유도하는 엔도르핀이 없었다면 피곤하고 지치더라도 최선을 다해 노력하는 일은 없었을 것이다. 도파민은 뭔가 성취했을 때 기분을 좋아지게 함으로써 반복해 성취하고 싶어지도록 만든다. 음식을 찾아다니고, 집을 짓고, 일을 해내는 데 반드시 필요한 자세다. 하지만 이 모든 일을 혼자서 해내기는 어렵다. 특히 큰일은 더욱더 그렇다. 함께하는 쪽이 훨씬 낫다.

◆ 이타적 화학 물질 ◆

음식을 찾고, 집을 짓고, 일을 성취하는 것은 우리가 하는 일의 일부일 뿐이다. 험난한 세상을 헤쳐나갈 수 있는 핵심적인 이유는 협동 능력이다. 우리는 신뢰하는 사람들과 함께 있을 때 그들에게 존중받는다고 여기고, 소속감을 느끼며, 조직의 이익을 위해 힘쓰겠다는 의지가 생긴다. 이는 이타적 화학 물질 덕분이다. 이타적 화학 물질은 안전망을 더욱 강하게 유지해준다.

아프리카 보츠와나^{Botswana}의 잠베지강^{Zambezi River} 지류를 따라 죽은 영양 한 마리가 떠내려가고 있다. 곧 먹이가 될 이 사체는 강에 살고 있던 배고픈 악어 두 마리 쪽을 지나친다. 둘은 먹이를 발견하고 동시에 달려든다. 하지만 한 마리만 먹이를 차지할 수 있다. 둘 중 더 빠르고 강한 악어가 그날 주린 배를 채운다. 본능에 따라 영양을 해치우고 배를 든든히 채운 악어는 유유히 헤엄쳐 그곳을 떠날 것이다. 다른 악어가 어떻게 될지는 전혀 신경 쓰지 않는다. 아무것도 먹지 못한 악어는 배고픈 채로 자리를 떠나겠지만 상대 악어에게 원한을 품지는 않을 것이다. 악어의 뇌에는 다른 개체와 협력할 때 보상을 주는 체계가 없다. 협력했다고 해서 긍정적인 감정을 얻지 못하므로 협력할 이유가 없다. 그들은 천성적으로 매정한 외톨이다. 그냥 그렇게 타고났다. 특별한 이유는 없다. 단지 본능대로 행동하는 것이다. 악어에게는 그렇게 사는 것이 효과적이다.

인간은 악어와 다르다. 인간의 뇌도 발달 과정에서 파충류의 뇌와 비슷했던 시기가 있었을지는 모르지만 우리 뇌는 그보다 한참 더 발달했다. 우리는 결코 외톨이처럼 혼자 살지 않는다. 뇌가 포유류의 특성을 띠고 발달한 결과 고도로 사회적인 동물이 됐다. 그럴 만한 이유가 있다. 만약 우리가 부족을 이뤄 서로 협력하며 살지 않았더라면 오래전 멸종했을 것이다. 우리는 악어처럼 두껍고 거친 피부가 없어 다른 동물의 공격에 취약하다. 또한 백상아리같이 날카로운 이빨이 여러 개 있지도 않아 이가 몇 개쯤 빠진 뒤에도 음식을 우적우적 먹을 수 없다. 번영은커녕 생존하기조차 어려울 정도로 약하다. 우리에게는 좋든 싫든 다른 사람들이 필요하다. 세로토닌과 옥시토신이 등장하는 곳이 바로 여기다. 바로 이들이 안전망의 중심에 있다.

사회적인 활동을 유도하는 세로토닌과 옥시토신 덕분에 우리는 신뢰와 우정을 쌓고 서로를 지켜준다. 우리에게 사회와 문화라는 개념이 있는 이유도 바로 이 두 가지 화학 물질이 있기 때문이다. 혼자서는 꿈꾸지도 못할 일을 여럿이 함께라면 힘을 모아 성취해내는 이유도 이 물질들 때문이다.

우리가 다른 사람들과 협력하거나 서로를 돌볼 때 세로토닌과 옥시토신은 우리에게 안도감, 성취감, 소속감, 신뢰감, 동지애라는 보상을 준다. 이 화학 물질들이 적절한 시기에 적절한 이유로 분비되면 평범한 사람도 의지에 가득 찬 리더, 충성도 높은 추종자, 친한 친구, 믿음직한 파트너, 열성적인 신봉자가 될 수 있다. 조니 브라보 같은 사람이 나오기도 한다. 그런 일이 일어나 우리가 안전망 안에 들어가면 스트레스는 줄어들고, 성취감이 고취되며, 동료를 도우려는 욕구가 커지고, 동료가 우리 뒤를 든든히 지켜주리라는 믿음이 굳어진다. 하지만 이런 사교적 보상이 허락되지 않는 환경이라면 우리는 이기적이고 공격적으로 변한다. 리더십이 악화되고 협력은 줄어든다. 조직원들은 스트레스가 늘고 피해망상에 시달리며 조직에 불신이 판을 친다.

사교적 보상을 얻기 어려운 환경에서 일하면 동료를 돕거나 조직에 이익이 되는 일을 하고 싶은 마음이 사라진다. 그리고 그런 헌신이 사라지면 동료들 역시 우리를 도우려는 마음을 잃을 수밖에 없다. 악순환이 시작되는 것이다. 동료와 리더가 우리를 돌보지 않으면 우리도 그들을 돌보지 않게 된다. 우리가 그들을 돌보지 않으면 그들은 더욱 이기적으로 변하고, 그 결과 우리도 더욱 이기적으로 변한다. 그렇게 되면 결국 모두 손해를 본다.

옥시토신과 세로토닌은 인간이 사회적 활동을 잘해내도록 돕는 역할을 한다. 이들 없이는 사회적 작용이 제대로 일어나지 않는다. 만약 조직의 리더가 이들 화학 물질의 분비를 억제하는 분위기를 형성한다면 모든 것이 망가진다. 직원들의 경력이나 행복은 물론 조직의 성공까지 리더가 스스로 망가뜨리는 셈이다.

조직이 시대에 맞게 적응할 수 있는지, 위기를 극복할 수 있는지, 혁신을 일으킬 수 있는지는 조직의 규모나 자원이 아니라 문화에 따라 결정된다. 조건만 갖춰진다면, 즉 강한 안전망이 형성되고 누구나 그 안전망에 속해 있다고 느낀다면 우리는 최선을 다한다. 그런 환경에서는 우리가 타고난 본능대로 바람직하게 행동한다. 모두 힘을 모아 하나로 똘똘 뭉친다.

◆ 세로토닌: 리더의 화학 물질 ◆

1985년에 있었던 일이다. 배우 샐리 필드Sally Field는 영화 〈마음의 고향〉Places in the Heart으로 아카데미 여우주연상을 받는 무대에서 이렇게 말했다. "저는 일반적인 절차대로 경력을 쌓지 못했습니다. 그래서 더욱 여러분의 인정을 받고 싶었습니다. 처음에는 느끼지 못했어요. 하지만 이번에는 확실히 느껴집니다. 이제 여러분이 저를 사랑해주신다는 걸요. 제가 여러분에게 사랑받고 있다는 사실을 부인할 수 없을 정도입니다!"

샐리 필드가 느낀 것은 바로 혈관에서 세로토닌이라는 화학 물질이 치솟는 느낌이다. 세로토닌이 주는 감정은 자신감이다. 타인에게 사랑받거나 존중받을 때 드는 감정이다. 세로토닌이 분비되면 우리는 무엇이든 해낼 수 있다는 확고한 자신감을 느낀다. 단순히 자신감만 커지는 것이 아니라 실제로 지위가 격상되기도 한다. 샐리 필드가 대중에게 인정받았다는 사실은 그녀의 경력에도 엄청난 영향을 미친다. 아카데미 수상자는 영화 출연료가 오르는 데다 차기작을 선정하는 폭이 넓어지고 영향력도 커지기 때문이다.

우리는 사회적 동물로서 소속 집단 내에서 인정받기를 무엇보다 원하고 필요로 한다. 이는 우리에게 정말 중요한 문제다. 우리는 모두 자신이 집단 구성원들이나 집단 자체의 이익을 위해 쏟은 노력을 인정받고 싶어 한다. 만약 자신의 노력을 자기 혼자서 인정해도 충분하다면 시상식이나 직원 표창 제도, 졸업식 같은 것은 존재할 필요도 없을 것이다. 페이스북 '좋아요' 개수나 유튜브 영상 조회 수, 트위터 팔로워 수도 표시될 필요가 전혀 없다. 우리는 자기 존재와 자신이 하는 일로 다른 사람들에게 인정받고 싶어 한다. 특히 같은 집단에 속한 사람들에게 더 그렇다.

대학 졸업식에서 졸업장을 받으러 무대에 올라 당당하게 걸어갈 때 졸업생이 자부심과 자신감이 고취되고 지위가 상승한 것처럼 느끼는 이유는 세로토닌 때문이다. 엄밀히 말해 대학은 등록금을 내고 요건을 충족하고 수강 학점을 이수하기만 하면 졸업할 수 있다. 하지만 졸업장이 다운로드할 수 있는 형태의 파일로 공식 축하 이메일에 첨부되어 오는 식이었다면 졸업식은 지금과 많이 다르게 느껴졌을 것이다.

여기서 중요한 점이 하나 있다. 학생이 졸업장을 받으며 혈관에 솟구치는 세로토닌을 느끼는 순간, 객석에 앉은 부모님 역시 세로토닌이 분비되며 학생과 똑같이 자부심을 느낀다는 것이다. 이것이 핵심이다. 세로토닌은 부모와 자녀, 교사와 학생, 코치와 운동선수, 상사와 부하 직원, 지도자와 추종자 사이의 결속력을 강화한다.

그래서 사람들은 상을 받으면 부모님, 코치, 상사, 신에게 가장 먼저 감사를 표한다. 자신이 뭔가를 성취하도록 응원하고 보살펴준 사람들에게 말이다. 우리는 다른 사람들에게 지지와 보살핌을 받으면 세로토닌의 영향으로 그들에게 책임감을 느낀다.

화학 물질이 우리 감정을 조절한다는 사실을 기억하라. 우리는 세로토닌의 영향으로 다른 사람들이 나를 위해 시간과 에너지를 쏟을 때 무거운 책임감을 느낀다. 그들이 자신의 희생을 가치 있게 여기기를 바란다. 그들이 실망하지 않길 바란다. 그들이 우리를 자랑스러워하길 원한다. 반대로 우리가 지지하는 입장일 때도 똑같이 책임감을 느낀다. 그들이 하고자 하는 모든 일을 성취할 수 있도록 최선을 다해 돕고 싶어 한다. 우리가 실적 수치에는 어떤 책임감도 느끼지 못하는 이유 역시 세로토닌 때문이다. 우리는 오로지 사람들에게만 책임감을 느낀다.

환호하는 관중으로 가득한 곳에서 결승선을 통과할 때와 관중 없이 혼자서 결승선을 통과할 때를 비교해보면 완전히 다른 느낌이 드는 이유도 같은 논리로 설명된다. 두 경우 모두 성취한 내용이 같고, 들어간 시간과 노력도 같다. 유일한 차이점이라면 한쪽에는 나를 지켜보고 응원해주는 사람들이 있었다는 것이다.

나는 몇 년 전 뉴욕시 마라톤 대회에 참가했을 때 이 감정을 느꼈다. 내가 계속 달릴 수 있었던 이유는 가족과 친구들이 나를 응원하러 나왔다는 사실을 알았기 때문이다. 그들은 내가 지나가는 그 짧은 순간을 보려고 귀중한 시간을 내어 혼잡한 도로와 인파를 뚫고 그곳에 왔다. 심지어 내가 언제 어느 지점을 달리고 있을지까지 미리 계산했다. 그들은 내가 뭔가를 열심히 하는 모습을 보기만 해도 자부심을 느끼기 때문이다. 나는 그들이 그곳에 있다는 사실만으로 끝까지 밀어붙일 힘이 샘솟았다. 이제 더는 나 자신만을 위해 달리는 것이 아니었다. 엔도르핀과 도파민이 주는 쾌락만을 위해 달리는 것도 아니었다. 세로토닌 덕분에 그들을 위해 뛰는 것이기도 하다는 생각이 들었다. 그리고 그 생각은 효과가 있었다.

42.195킬로미터를 완주하는 일만이 목표였다면, 도파민이 주는 짜릿한 성취의 쾌감만을 원했다면 그저 몇 번 연습해보고 아무 주말에나 나가서 뛰면 됐을 것이다. 하지만 내가 원한 것은 그게 전부가 아니었다. 그래서 나는 가족이 나를 응원해주러 나온 날 뛰었다. 주최 측에서 나를 응원할 관중을 모아준 바로 그날 말이다. 나는 메달을 땄다. 성취의 상징이었다. 메달을 목에 걸고 있는 내내 뿌듯했다. 세로토닌은 기분을 참 좋게 한다.

우리가 타인의 성공을 위해 자신을 헌신하면 할수록 집단 안에서 우리의 가치는 커지고 구성원들은 우리를 더욱 인정해준다. 우리가 존경받고 인정받을수록 집단 내 지위가 상승하며, 계속해서 집단에 헌신할 때 받을 수 있는 보상이 늘어난다. 적어도 원칙은 그렇다. 우리가 직장 상사나 코치, 부모라면 세로토닌은 우리가 직접적으로 돌볼 책임이 있는 사람들에게 도움을 주는 방향으로 작용한다. 그리고 부하 직원이나 운동선수, 자녀처럼 보살핌을 받는 쪽이라면 세로토닌은 돌봐주는 사람이 자신을 자랑스럽게 여기도록 하는 방향으로 작용한다.

집단 구성원들은 집단 내에서 다른 사람들을 가장 열심히 돕는 사람을 집단의 리더 혹은 '알파'라고 여길 것이다. 알파가 되는 것, 즉 집단에서 가장 강하고 구성원을 가장 잘 돕는 사람이자 구성원을 돕기 위해 자신의 시간과 에너지를 아낌없이 쏟는 사람이 되는 것은 리더가 갖춰야 할 필수 덕목이다.

◆ 옥시토신: 화학적 사랑 ◆

옥시토신은 대부분 사람이 가장 좋아하는 화학 물질이다. 옥시토신이 주는 감정은 우정, 사랑, 깊은 신뢰감이다. 우리가 가장 친한 친구들이나 신뢰하는 동료들과 함께 있을 때 느껴지는 감정이다. 또 누군가를 위해 좋은 일을 하거나 누군가에게 호의를 받을 때 느끼는 감정이다. 여럿이 모여 손에 손을 잡고 함께 즐거운 노래를 부를 때 드는 감정이기도 하다. 좋아하는 사람들과 함께할 때 느껴지는 따스한 감정은 옥시토신에서 나온다. 하지만 옥시토신은 우리를 기분 좋게 하기 위해서만 존재하지는 않는다. 이 호르몬은 우리의 생존 본능에 필수적인 역할을 한다.

옥시토신이 없었다면 우리는 타인에게 관대하게 행동하기 싫어했을 것이다. 공감이라는 개념이 없고 신뢰감이나 우정을 쌓을 수도 없었을 것이다. 자기 뒤를 믿고 맡길 만한 사람 역시 아무도 없었을 것이다. 옥시토신이 없다면 자녀를 함께 키우는 파트너도 있을 수 없다. 자녀를 사랑하지도 않을 것이다. 옥시토신이 있기 때문에 우리는 사업을 확장하거나 어려운 일을 해야 할 때, 혹은 곤경에 처했을 때 다른 사람들이 나를 도와주리라 믿는다. 다른 사람들과 마음을 나누고 좋아하는 사람들과 함께하고 싶어 한다. 옥시토신 덕분에 우리는 사회적 동물이 됐다.

혼자 있을 때보다 여럿이 모였을 때 더 많은 일을 성취할 수 있는 종으로서 우리에게는 누구를 믿어야 할지 직감적으로 알아내는 능력이 필요하다. 집단의 안전을 보장하기 위해 구성원 중 한 사람이 시시각각 주위를 경계할 필요는 없다. 집단 구성원들이 서로 신뢰한다면 그 책임을 집단 내 모든 사람이 함께 분담할 수 있다. 밤중에 위험한 일이 생기면 누군가가 나를 지켜주리라 믿으며 편안하게 잠들 수 있다. 옥시토신은 우리가 얼마나 편안한 상태로 있을 수 있는지 알려주는 화학 물질이다. 마음을 터놓을 수 있는 상황인지 조용히 있는 편이 나은지 판단하도록 돕는 사회적 나침반이다.

즉각적인 만족감을 주는 도파민과 달리 옥시토신은 오래도록 지속된다. 우리는 어떤 사람과 어울리는 시간이 길어질수록 그 사람을 점점 더 편안하게 생각한다. 상대방을 신뢰하고 또 그 보답으로 상대의 신뢰를 얻으면 옥시토신은 더 활발히 분비된다. 마치 마법처럼 상대와 나 사이에 깊은 관계가 형성된다. 도파민의 격렬하고 즉각적이고 짜릿한 감정은 물러가고 옥시토신이 유도하는 편안하고 안정적이고 장기적인 관계가 찾아온다. 우리가 일을 해내도록 도와주고 약할 때 지켜줄 사람이 필요하다면 이런 관계가 훨씬 가치 있다. 사랑에 대한 정의는 여러 가지가 있겠지만 내가 가장 좋아하는 정의는 '상대에게 관계를 끝낼 힘을 주면서 그가 관계를 파괴하지 않으리라 믿는 것'이다.

이는 모든 종류의 새로운 인간관계에 똑같이 적용된다. 새로운 회사에 입사해 처음 출근하면 우리도 신나고 회사 사람들도 신나며 모든 것이 완벽하다. 하지만 그들이 나를 지지해주고 나의 성장을 도우리라 믿으며 같은 회사에 속해 있다는 강한 소속감을 느끼기까지는 시간과 에너지가 필요하다.

> 안전망 안에서 우리는 소속감을 느낀다.

우리는 사람들 사이에서 돋보이고 싶어 하고, 자신을 타인과는 별개의 사람으로 여기면서도 생물학적으로 소속감을 느낄 때 안심하는 무리 동물이다. 집단에 속해 있을 때 우리 뇌는 옥시토신을 분비하며, 공격에 취약한 상태로 혼자 있을 때는 불안감을 유발하는 화학 물질인 코르티솔을 분비한다. 우리의 원시시대 조상들은 다른 사회적 포유동물과 마찬가지로 무리에 속해 안전하다고 느낄 때만 소속감을 느끼고 주변의 위협에 맞설 자신감을 발휘했다. 무리와 외부의 경계선에 있으면 위험하다. 집단 구성원들에게 둘러싸여 소중한 존재로 취급받는 사람에 비해 경계선에 있는 외톨이는 포식자의 먹이가 될 확률이 훨씬 높다.

〈스타워즈〉Star Wars와 같은 영웅물을 과도하게 좋아해 약간 사회 부적응자가 된 듯하다고 느끼는 사람들도 코믹콘Comic Con 같은 만화 축제에 참여해 동지들을 만나면 엄청난 동질감을 느낀다. 우리는 자신과 비슷한 사람들과 함께 있을 때 소속감과 안전감을 느낀다. 집단의 일원으로 인정받는 기분이 들고, 경계선에 위태롭게 선 듯한 불안감이 사라진다. 인간은 무엇보다 소속감을 열망한다. 안전망 안에 있다는 안전감을 열렬히 추구한다.

◆ 신뢰를 쌓는 방법 ◆

어느 날 친구와 길을 걷고 있었다. 그때 우리 앞에 가던 남성의 가방에서 종이가 빠져나와 바닥 여기저기로 떨어졌다. 우리는 망설이지 않고 허리를 숙여 종이를 주워주며 그에게 가방이 열렸다고 말해줬다. 시간과 에너지를 약간 들여 아무런 보답을 바라지 않고 작은 선행을 베푼 일만으로 몸에 옥시토신이 소량 분비되는 것이 느껴졌다. 다른 사람을 도와주면 기분이 좋아진다. 우리가 도와준 그 남성도 옥시토신을 느꼈을 것이다. 누군가가 자신을 위해 착한 일을 해줄 때도 기분이 좋아지기 때문이다. 나와 내 친구는 일어나 다시 길을 가기 시작했다.

우리는 블록 끝에 다다라 횡단보도 앞에서 신호가 바뀌기를 기다렸다. 그때 앞에 서 있던 다른 남성이 우리를 돌아보며 이렇게 말했다. "저쪽에서 어떤 분을 도와주시는 걸 봤어요. 정말 멋지던데요." 이것이 옥시토신의 최고 장점이다. 아무리 작은 선의라도 그것을 베푼 사람뿐 아니라 도움을 받은 사람과 그 모습을 지켜본 사람까지 모두 옥시토신을 맛본다. 선행을 베푸는 광경을 보거나 그런 이야기를 듣는 것만으로 우리는 똑같이 선한 일을 하고 싶어진다. 신호등 앞에서 나와 친구에게 말을 걸었던 사람 역시 그날 누군가를 위해 선행을 베풀었을 것이다. 타인을 위해 놀라운 일을 해낸 사람의 뉴스를 접하거나 그런 내용의 영화를 보면 긍정적인 의지가 샘솟는 것도 같은 이유에서다. 이것이 바로 옥시토신의 힘이다. 옥시토신은 사람을 실제로 착하게 만든다. 선행은 베풀면 베풀수록 더 많이 베풀고 싶어진다. 이는 '따뜻한 세상 만들기 운동'과 같은 움직임의 기저에 깔린 원리이기도 하다.

옥시토신은 신체 접촉이 있을 때도 분비된다. 우리가 좋아하는 사람을 몇 초 동안 끌어안을 때 드는 따스한 느낌은 옥시토신에서 나온다. 누군가의 손을 잡을 때 기분이 좋아지거나 어린아이들이 엄마에게 안기고 엄마와 붙어 있으려 하는 이유도 옥시토신 때문이다. 실제로 사람들과 접촉할 기회가 적어 옥시토신이 충분히 분비되지 않은 어린이는 성장한 뒤에도 사람들과 관계를 형성하는 데 어려움을 겪는다는 증거가 많다. 운동선수들이 하이 파이브를 하고 주먹을 맞부딪치거나 서로 몸을 가볍게 두드리는 것도 유대감을 강화하는 행동이다. 가볍게 신체를 접촉함으로써 서로 결속력을 강화하고, 공동의 목표를 위해 함께 열심히 하겠다는 의지를 보여주는 것이다.

당신이 누군가와 계약을 체결한다고 가정해보자. 상대방은 계약상 제시된 모든 조건에 동의했다. 계약서에 서명하기 직전, 곧 파트너가 될 상대방에게 악수하자는 뜻으로 손을 내밀자 그가 이렇게 말한다. "아뇨, 악수하지 않아도 됩니다. 저는 여기 명시된 조건에 전부 동의하고, 함께 사업하게 되어 매우 기쁩니다."

당신은 이렇게 대답한다. "좋아요. 그러니 악수 한번 합시다."

상대방은 다시 거절한다. "악수할 필요 없습니다. 저는 모든 것에 동의하고요. 계약서에 서명하고 함께 일을 시작할 준비가 됐습니다." 이성적으로 말하자면 당신은 계약을 성사시키는 데 필요한 조건을 모두 충족한 셈이다. 하지만 악수라는 신체적 접촉으로 약간의 화학 반응을 일으킴으로써 신뢰를 쌓고 사회적 유대감을 강화하려는 행동을 거절당하면 당신이 보일 반응은 다음 두 가지 중 하나다. 계약을 없던 일로 하거나 조금 불안한 마음으로 진행하는 것이다. 이것이 바로 옥시토신의 힘이다. 각국 정상들이 만날 때 악수하는 일이 중요한 이유도 바로 이 때문이다. 악수하는 당사자뿐 아니라 그 모습을 지켜보는 모든 사람에게 그들이 서로 협력하겠다는 사실을 상징적으로 보여주는 것이다. 만약 미국 대통령이 UN 행사에서 어떤 끔찍한 독재자와 악수한다면 엄청난 스캔들을 일으킬 것이다. 단순히 이 사실만으로 그렇게 된다. 하지만 악수란 그처럼 단순한 행위가 아니다. 악수는 서로 신뢰하겠다는 의지를 상징하는 신체적 접촉이다. 심지어 계약 조건을 뛰어넘는 의미를 부여하기도 한다.

옥시토신은 정말 마법 같은 존재다. 신뢰감과 충성심을 형성할 뿐 아니라 우리를 기분 좋게 만들며 다른 사람들을 위해 좋은 일을 하도록 고무한다. 대자연은 유전자 풀에서 타인에게 아낌없이 주는 사람의 유전자를 보존하길 원한다. 실제로 옥시토신은 인간이 장수하는 데 도움을 주는데, 그 이유도 이와 관련 있을 수 있다. 집단 안에서 다른 구성원들을 돕는 사람이 종 전체에도 도움이 된다.

2011년 『미국 국립과학원 회보』*Proceedings of the National Academy of Sciences*에 실린 한 연구에 따르면, 자신이 행복하다고 생각하는 사람의 수명은 덜 행복하다고 생각하는 사람보다 35퍼센트 길었다. 52세에서 79세 사이의 남성과 여성 3,800명을 대상으로 실시된 이 연구의 결과, 자신의 행복도에 최고점을 준 사람은 최저점을 준 사람보다 5년 이내 사망할 확률이 훨씬 낮았다. 흡연이나 비만 등 건강 관련 문제와 재산, 직업 같은 인구통계적 요인을 고려했는데도 그런 결과가 나왔다.

옥시토신은 우리 면역 체계를 강화하고 문제 해결 능력을 높이며 도파민의 중독성에 저항하도록 돕는다. 즉각적인 만족감을 주는 도파민과 달리 차분하고 안전한 느낌을 오래 지속시킨다. 기분이 좋아지기 위해 페이스북에 접속해 '좋아요'를 몇 개나 받았는지, 팔로워는 몇 명이나 늘었는지 확인할 필요가 없다. 옥시토신 덕분에 우리는 가족과 친구들이 있다는 사실만으로, 우리가 사랑하는 사람들과 우리를 사랑하는 사람들의 사진을 보는 것만으로 기분이 좋아지며 외롭지 않다. 이런 상태가 되면 다른 사람들도 똑같은 감정을 느끼도록 돕기 위해 무엇이든 하려고 할 것이다.

7
감정적 스트레스 호르몬, 코르티솔

햇살 좋고 따뜻한 어느 날이었다. 매년 그맘때쯤 볼 수 있는 전형적인 날씨였다. 잔잔한 바람이 불어와 강렬한 햇볕의 열기를 식히고 있었다. 모든 면에서 완벽한 날이었다.

그때 갑자기 시야에 뭔가 들어오는 듯했다. 순간 평화로움은 모두 깨졌다. 풀이 바스락거리는 소리였을까? 뭔가가 나타난 걸까? 확실하지 않았지만 그것이 무엇인지는 중요하지 않았다. 중요한 것은 그곳에 뭔가가 있을지도 모른다는 사실이었다. 위험한 존재. 목숨을 앗아갈 수 있는 존재 말이다.

불안감을 느낀 가젤은 풀 뜯기를 멈추고 즉시 머리를 들었다. 사자가 나타난 것이 아니길 바라며 주변을 샅샅이 탐색했다. 다른 가젤도 동료가 위협을 느낀 것을 눈치채고는 바로 먹기를 멈

추고 고개를 들었다. 아무래도 혼자보다는 둘이 같이 보는 게
나았다. 오래지 않아 무리 전원이 이에 동참했다. 정확히 무엇
을 찾는지는 아무도 몰랐다. 그저 무리 중 하나가 위협을 느꼈
다면 그들 모두 위협을 느껴야 한다는 사실만 알았다.

얼마 뒤, 또 다른 가젤이 자신을 덮치려는 사자를 발견하고
본능적으로 맹렬히 도망쳤다. 사자를 봤든 못 봤든 무리의 모든
가젤은 같은 방향으로 온 힘을 다해 내달렸다. 사자는 가젤 무
리를 쫓아갔지만 기운이 빠져 오래 뛰지 못했다. 사자의 기습
공격은 실패로 돌아갔고 가젤 무리는 전부 목숨을 구했다. 이는
무리 지어 사는 일의 주된 장점이다. 무리의 모든 구성원이 힘
을 합해 위험을 피할 수 있다. 집단의 한 구성원이 위험을 감지
하면 무리 전체가 늦기 전에 위험 요소를 찾아내기 위해 서로
돕는 것이다.

자연 다큐멘터리에 자주 등장하는 익숙한 장면이다. 사자는
사냥에 성공하기도 하고 실패하기도 한다. 하지만 가젤의 반응
은 언제나 똑같다. 일단 한 마리 혹은 여러 마리가 뭔가 이상하
다는 것을 감지한다. 그다음 주변에 위협적인 존재가 있는지를
살펴보고, 만약 있다면 목숨을 지키기 위해 도망친다. 그들은
치명적으로 위험한 존재가 있을지도 모른다고 느끼자마자 이
런 장면을 연출하며, 그렇게 함으로써 무리 전체가 그날 하루를
무사히 넘길 확률을 높인다.

이렇게 뭔가 잘못됐다는 것을 예감하는 능력은 무리 생활을

하는 포유동물이라면 인간을 비롯해 어느 동물에게나 있는 자연적인 조기 경보 시스템이다. 이 시스템이 있어 우리는 혹시 모를 위험에 대비하기 위해 위협적인 존재를 경계하고 감각이 예민해진다. 이 능력이 없었더라면 위험 요소를 직접 발견하거나 이미 공격이 시작된 다음에야 감지할 수 있었을 것이다. 그렇게 되면 생존 측면에서 봤을 때 이미 늦은 경우가 많다.

아프가니스탄에서 조니 브라보가 목숨을 걸고 보호했던 특수부대원 22명이 이에 딱 맞는 사례를 보여준다. 그들은 그날 밤 뭔가 잘못됐다는 불길한 예감을 느꼈다. 주변에 위험한 존재가 도사리고 있다는 직감이었다. 특수부대원들과 가젤 무리뿐 아니라 우리 모두 느낄 수 있는 그 직감은 코르티솔에서 나온다. 밤에 쿵 하는 소리가 들렸을 때 느껴지는 스트레스와 불안감도 코르티솔이 원인이다. 이는 투쟁 도피 반응(갑작스럽게 위험한 상황에서 생존하기 위해 맞서 싸울지 혹은 도망칠지 택하려 하는 본능적인 반응–옮긴이)의 첫 단계다. 위급 상황에 자동으로 경찰에게 연락하는 첨단 경보 시스템처럼 코르티솔은 혹시 모를 위험을 경고하고 그에 대응하도록 준비시킴으로써 우리를 보호하고 생존 확률을 높인다.

가젤 무리가 연출한 장면을 사무실 상황에 적용해보자. 한 사람이 조만간 회사에 정리해고가 있을 예정이라는 소문을 듣는다. 그는 한 동료에게 그 이야기를 전한다. 그렇게 마치 가젤 무리처럼 한 명씩 한 명씩 그 사실을 알게 되고 머지않아 사무실의 모든 사람에게 퍼진다. 다들 곧 닥쳐올 정리해고를 걱정하고 불안해하며 그 일에 관해 말하기 시작한다. 전 직원이 촉각을 곤두세우고 상황을 경계한다. 코르티솔이 혈관을 타고 온몸에 퍼진 탓이다. 위험한 상황이 지나갔다고 느끼기 전까지 이 스트레스는 멈추지 않을 것이고 그들은 어떤 일에도 집중하지 못할 것이다.

경찰이 비상경보를 들을 때처럼 실제로 위협적인 일이 일어나면 아드레날린이 혈류로 분비되면서 도망칠 기운이 생기거나 위협적인 존재에 맞붙을 수 있도록 체력이 강해진다. (위급한 상황에 초인적인 힘을 발휘해 아이를 구했다는 어머니의 이야기를 들어본 적 있을 것이다. 그것이 바로 아드레날린의 힘이다.) 하지만 아무런 위험이 없다면 우리는 안도의 한숨을 내쉬고 혈류에서 코르티솔이 점차 사라지며 심장 박동 수가 정상으로 돌아오고 마음이 다시 편안해진다.

코르티솔은 원래 인체에 오래 머무르지 않게 되어 있다. 위험을 감지했을 때 폭발적으로 분비됐다가 그 위험이 사라지면 함께 사라져야 한다. 그럴 만한 타당한 이유도 있다. 스트레스는 인체에 심각한 영향을 미친다. 스트레스를 받으면 인체 내부 구조가 변경되는데, 두렵거나 불안한 상태로 평생 살아야 한다면 인체가 지속적으로 손상을 입을 수도 있기 때문이다.

우리는 신변에 위협을 느낄 때 드는 감정이 코르티솔 때문이라는 사실을 잘 알고 있다. 하지만 우리가 직장에서 느끼는 근심, 불안, 스트레스에도 코르티솔이 있다. 인간의 뇌는 가젤과 달리 언어 능력 및 이성적, 분석적, 추상적 사고를 담당하는 신피질이 아주 복잡하게 발달했다. 가젤은 단순히 체내에 분비된 코르티솔에 반응할 뿐이지만 우리 인간은 스트레스를 유발한 원인을 알고 싶어 하며 자신의 감정을 이해하고자 한다. 우리는 자신의 불안감을 설명하기 위해 실제로 존재하는 것이든 감지한 것이든 자신에게 위협이 된다고 생각하는 것의 근원을 찾으려 한다. 그 과정에서 자신에게 거짓말한 상사를 탓할 수 있다. 혹은 자기 커리어를 발전시키기 위해 사람들의 등에 비수를 꽂을지도 모르는 동료를 비난할 수 있다. 회의에서 주제넘은 발언을 한 자기 자신을 책망할 수도 있다. 자신이 왜 불안해하는지 이해하기 위해 했던 일이나 해보지 않은 일을 몇 번이고 반복하기도 한다. 코르티솔의 영향으로 피해망상이 나타나는 것이다. 이는 위험 요소를 찾고 그에 대비하는 행동이다. 맞서 싸우거나 도망가거나 숨는 것, 셋 중 하나다.

위험이 사실이든 상상한 것이든 우리가 느끼는 스트레스는 실제로 존재한다. 이성적인 정신과 달리 신체는 위험을 분석하려 하지 않는다. 잠재 위험을 피하려고 분비되는 화학 물질에 반응할 뿐이다. 원시적인 뇌는 위험을 이해하는 데 관심이 없다. 그저 생존 확률을 높이는 일만 생각한다. 게다가 신체는 자신이 사바나의 평원이 아닌 사무실에서 일한다는 사실을 이해하지 못한다. 우리 몸에 내장된 조기 경보 시스템은 우리가 맞닥뜨리는 '위험'이 실제로 생명을 위협하지는 않는다는 사실을 이해하지 못한다. 그래서 우리를 보호하기 위해 모든 위험을 치명적인 것으로 받아들인다.

컬럼비아 대학교Columbia University에서 일하는 한 친구가 행정 서류 업무를 작성하러 대학 사무실에 갔을 때 일이다. 그는 책상 앞에 앉은 젊은 여성 직원에게 예의 바르고 상냥하게 대했지만 그녀는 그리 친절하지 않았다. 딱히 무례하거나 잘못된 말을 하지는 않았지만 친구에게 관심이 없었고 필요한 것을 도와줄 생각도 없어 보였다. 그녀는 친구의 질문에 한두 마디로 짧게 대답했으며, 부탁을 받고도 꼭 필요한 내용만 알려줄 뿐 그 이상으로는 전혀 돕지 않았다. 옆에 있는 다른 직원들도 비슷했다. 단순히 무엇을 해야 하는지 물어보기만 했는데도 그들을 귀찮게 하거나 화나게 한 듯한 느낌이 들었다. 그들은 내 친구와 같은 조직에 속한 직원으로서 그를 돕는 것이 서로에게 좋은 일인데도 협력하기를 꺼리고, 심지어 협력하지 않겠다고 저항하는 것처럼 보이기도 했다.

친구가 방문했던 사무실 같은 곳에서는 직원들이 혼자 조용히 자기 일만 하며 꼭 필요한 경우에만 사람들과 대화하고 업무 시간이 끝나면 퇴근한다. 동료를 보호하기 위해 위험을 무릅쓰거나 일부러 나서서 돕는 행동은 있을 수 없다. 그러므로 정리해고의 위협이 없고 업무 스트레스가 많지 않은데도 낮은 강도의 불안감이 항상 깔려 있다. 사회적 동물인 우리는 다른 사람들에게 지지받지 못할 때 스트레스를 받는다. 그 무의식적인 불안감, 즉 나 자신을 스스로 책임져야 하며 아무도 도와주지 않는다는 느낌, 대부분 동료가 주로 자기 이익만 신경 쓰고 있다는 느낌은 원시적인 우리 뇌에 꽤 무섭게 다가온다. 그리고 여기서 문제는 사람이 아니라 환경이다.

가젤은 뭔가 잘못됐다고 감지하면 무리의 모든 가젤에게 알림으로써 다 같이 생존할 확률을 높인다. 하지만 불행히도 우리 중에는 조직원들끼리 서로 크게 신경 쓰지 않는 환경에서 근무하는 사람이 많다. 이런 환경에서는 위험한 일이 벌어지리라는 소식처럼 중요한 정보가 대개 비밀로 유지된다. 그 결과 직원들이나 리더들 사이에 신뢰감이 생기기 어려우며, 있더라도 아주 약하다. 모두 자기 자신만을 최우선으로 생각할 수밖에 없다. 상사에게 미움받을까 봐 두려워하고 실수할까 봐 끊임없이 노심초사한다면 우리는 곤경에 처할 수밖에 없다. 동료가 자신을 이기기 위해 업적을 가로채거나 뒤에서 배신할지도 모른다고 생각하고, 언론 보도 자료에 지나치게 집중하며, 회사가 목표 수치를 달성하지 못해 정리해고를 당할까 봐 걱정하고, 직원들이 서로 어울리지 않고, 안전망 안에 있다고 느끼지 못한다면 코르티솔이 혈관을 타고 콸콸 흐르기 시작한다.

이는 심각한 문제다. 우선 코르티솔은 실제로 공감 능력을 담당하는 옥시토신의 분비를 억제한다. 즉, 회사의 안전망이 약해 직원들이 사내 정치와 기타 내부 위험을 피하는 데 시간과 에너지를 투자해야만 하는 환경이라면 사람들은 더 이기적으로 변하고 다른 직원들이나 회사에 덜 신경 쓰게 된다.

건강하지 않고 불균형한 문화에서 근무하는 일은 에베레스트산에 오르는 것과 같다. 우리는 주변 환경에 적응한다. 산악인들은 환경이 위험해도 베이스캠프에서 어느 정도 시간을 보내며 적응해야 한다는 사실을 잘 안다. 그렇게 시간을 보내고 나면 끈기 있게 등반할 수 있을 만큼 환경에 적응하게 된다. 기업 문화가 건강하지 않은 회사의 직원들도 마찬가지다. 매일같이 해고당하지는 않을까 두려워해야 할 정도로 근무 환경이 심각하거나 충격적이라면 사람들은 당연히 회사를 그만둘 것이다. 하지만 그만큼 심각하지는 않은 수준이라면, 예를 들어 사내 정치가 약간 있고, 기회주의자가 몇몇 있고, 정리해고가 가끔 있고, 대체로 직원들 사이에 신뢰감이 부족한 정도라면 그냥 환경에 적응한다.

에베레스트산에 오르기 전 베이스캠프에서 시간을 보내는 것처럼 우리는 이런 환경에도 문제없이 적응할 수 있으리라 믿는다. 하지만 그런 환경이 인간에게 적합하지 않다는 사실은 변하지 않는다. 스스로 괜찮다고 생각할 수도 있지만 결국 부정적인 영향을 받을 수밖에 없다. 단지 익숙해졌다는 이유로, 혹은 요즘 직장들이 보통 그렇다는 이유로 그런 환경이 용인될 수는 없다. 이미 에베레스트산에 적응했더라도 너무 오래 머무르면 체내 장기에 무리가 간다. 건강하지 않은 기업 문화에서도 마찬가지다. 늘 스트레스를 받아 체내 코르티솔 농도가 꾸준히 유지되는 삶에 익숙해졌다고 해서 그것이 바람직하다고 볼 수는 없다.

코르티솔 수치가 꾸준히 유지되면 기업뿐 아니라 우리 건강에도 심각한 손상이 생긴다. 코르티솔은 이기적 화학 물질처럼 우리가 생존하는 데 도움을 주지만 체내에 항상 머무르도록 만들어지지는 않았다. 코르티솔은 포도당 대사에 심각한 영향을 미친다. 또한 혈압을 높이고 염증 반응을 유발하며 인지 능력을 손상시킨다(그래서 조직 내부 상황으로 스트레스를 받으면 외부에서 일어나는 일에 집중하기 어려워진다). 코르티솔은 우리의 공격성을 높이고 성욕을 감퇴시키며 감정적 스트레스를 유발한다. 게다가 말 그대로 치명적인 점도 있다. 코르티솔은 우리가 긴급한 상황에 즉각적으로 반응하도록 준비시킨다. 상황에 따라 맞서 싸우거나 도망칠 수 있도록 대비하는 것이다. 이렇게 하려면 에너지가 많이 필요하므로 위협을 느낀 신체는 소화나 성장처럼 당장 꼭 필요하지 않은 기능은 잠시 꺼둔다. 스트레스가 모두 해소되고 나면 그때 다시 이런 기능을 가동한다. 안타깝게도 인체는 면역 체계를 필수적인 것으로 보지 않기 때문에 코르티솔이 활발히 분비되고 있을 때는 면역 기능을 중단한다. 다시 말해 신뢰도가 낮은 환경, 즉 직원들이 유대가 약하거나 업무적인 관계만 유지하며 스트레스나 불안감이 일상인 환경에서 근무하면 각종 질병에 더 쉽게 노출된다는 뜻이다.

옥시토신은 면역 기능을 강화하지만 코르티솔은 면역 기능을 떨어뜨린다. 현대 세계에서 암, 당뇨, 심장 질환 그리고 각종 예방 가능한 질병의 발병률이 높은 것은 어쩌면 우연이 아닐 것이다. 오늘날에는 폭력 범죄나 테러 같은 위협보다 이런 질병으로 사망할 확률이 훨씬 높다. 미국 국가대테러센터^{The National} Counterterrorism Center는 2011년 한 해 동안 전 세계에서 테러로 사망한 사람의 수가 1만 2,500명 이상이라고 추산한다. FBI 통계 자료에 따르면 2000년부터 2010년까지 미국에서 살해당한 사람 수는 약 16만 5,000명이며 이 중 총기로 사망한 사람이 3분의 2 이상이었다(FBI 통계 자료에 플로리다는 포함되지 않았다). 이에 비해 미국에서 '매년' 심장 질환으로 사망하는 사람은 약 60만 명이며, 2012년 한 해 동안 암으로 사망한 사람 역시 60만 명에 달한다. 수치를 비교해보면 확연히 차이가 난다. 10년간 살인 사건으로 사망한 사람보다 매년 심장 질환과 암으로 사망하는 사람이 일곱 배나 많다는 것이다!

물론 스트레스가 유일한 사망 원인은 아니다. 하지만 사망자 수가 엄청나며 점점 늘어나고 있다는 사실을 고려하면 기업의 리더들은 혹시라도 자신이 원인을 제공하고 있지는 않은지 어느 정도 책임감을 느끼고 점검해봐야 할 듯하다. 기업의 인센티브 제도 혹은 기업 문화처럼 단순한 요인이 이렇게 통계 수치에 영향을 주고 있다는 사실은 끔찍하다. 말 그대로 직장이 우리를 죽이고 있는 것이다.

반면 강한 기업 문화는 실제로 우리 건강에 좋은 영향을 준다. 근무 환경이 어떤지, 그리고 사람들과 어떤 방식으로 교류하는지는 매우 중요하다. 근무 환경이 좋으면 사람들이 효율적으로 협력하는 데 꼭 필요한 신뢰감이 형성된다. 원시시대부터 내려온 신체는 우리가 직면하는 위험이 구석기시대의 야생에서 발생하는지 현대적인 근무 환경에서 발생하는지 구분하지 못해 모든 위험에 똑같이 반응한다. 생존하기 위해 코르티솔을 분비하는 것이다. 만일 리더들이 거짓말하지 않고, 경영이 어려워지더라도 직원들을 해고하지 않으며, 인센티브 제도가 직원들 간의 경쟁을 유발하지 않는 형태라면 옥시토신과 세로토닌 수치가 올라가 결과적으로 조직 내 신뢰도가 높아지고 협동하는 분위기가 만들어진다.

이것이 바로 일과 삶의 진정한 균형이다. 일과 삶의 균형은 근로 시간이나 직장에서 받는 스트레스와는 아무 관계가 없다. 우리가 직장에서 느끼는 안전감과 관련이 있다. 집에서는 안전감을 느끼지만 직장에서는 느끼지 못한다면 일과 삶의 균형이 맞지 않는다고 여기게 된다. 우리가 가정과 직장에서 튼튼한 관계를 맺고, 소속감을 느끼며, 보호받는다고 여긴다면 옥시토신처럼 마법 같은 화학 물질의 강력한 힘으로 스트레스를 해소하고 코르티솔 수치를 낮출 수 있다. 신뢰감이 있다면 우리는 다른 사람들을 위하고 돌보며 상대를 위해 희생한다. 그러면 안전망 안에서 느껴지는 안전감이 강화된다. 직장에서 신변의 위협을 느끼지 않으니 스트레스가 사라지는 데다 마음이 편해지고 자신감이 생긴다.

찰리 김Charlie Kim은 온몸으로 긴장감을 느꼈다. 회계연도가 끝나갈 무렵이면 시계처럼 정확히 사무실 분위기가 바뀌었다. 그 안은 두려움으로 가득 찼다. 회사가 실적을 달성하지 못하면 몇몇 사람이 올해 안에 해고당할지도 모른다는 두려움이었다. 약 20년 전 IT기업 넥스트점프Next Jump를 창립한 김 대표는 회사와 함께 수없이 부침을 겪어왔으며, 직원들의 두려움이나 피해망상이 기업에 얼마나 해로운지 아주 잘 알고 있었다. 그래서 그는 넥스트점프의 안전망을 극적으로 강화해줄 과감한 결정을 내렸다.

그는 이렇게 말한다. "우리는 넥스트점프를 부모님들이 자랑스러워하는 회사로 만들고 싶었습니다." 부모는 주로 우리가 좋은 사람이 되고 옳은 일을 할 때 자랑스러움을 느낀다. 그래서 그는 평생 고용 정책을 시행했다. 미국에서 그렇게 하는 IT 기업은 넥스트점프가 유일할 것이다. 넥스트점프에서는 회사 실적이 부진해 해고당하는 직원이 단 한 명도 없다. 직원이 실수를 저질러 큰 비용이 발생하거나 성과가 없어도 해고되지 않는다. 오히려 회사에서 시간을 투자해 무엇이 문제인지 찾고 직원들이 문제를 극복할 수 있도록 돕는다. 슬럼프를 겪는 운동선수처럼 넥스트점프 직원들은 해고당하는 것이 아니라 코치를 받는다. 직원들에게 퇴사를 권고하는 경우는 회사의 높은 도덕적 가치에 위반되는 행동을 했거나 동료에게 해를 끼쳤을 때뿐이다.

　이런 고용 정책은 비현실적으로 보이지만 의외로 그렇지 않다. 한번 입사하면 해고하기가 거의 불가능하기 때문에 넥스트점프는 동종업계의 다른 회사들보다 채용에 훨씬 더 많은 시간을 투자해 누구를 뽑을지 신중하게 고민한다. 단순히 지원자의 기술이나 경력만 보는 것이 아니라 성격적 특성을 평가하는 데 시간을 많이 들인다. 지원자 100명당 1명만 합격한다. 김 대표는 이렇게 말한다. "리더들에게 '이제부터 어떤 직원도 해고하지 못하며 시장 상황과 관계없이 매출과 수익 성장은 꾸준히 달성해야 한다'라고 말하면 그들이 통제할 수 있는 요소, 즉 채용, 교육, 개발 같은 일에 신경 쓸 수밖에 없어집니다." 넥스트점프의 리더들은 신입 직원이 입사하면 그가 성장하도록 돕는 일을 최우선 과제로 삼는다.

　회사에서 직원들에게 평생 고용의 기회를 제공하면 리더들은 기업에 꼭 맞는 직원을 채용하고자 노력해야 한다. "해고하는 쪽이 쉽긴 하죠. 하지만 엄격한 방법을 써서라도 직원들이 성장하도록 돕고 그들을 훈련해야 하며, 우리 회사와 맞지 않아 보이는 직원들에게는 다른 일자리를 알아봐주는 방법이 훨씬 효과적입니다. 물론 그렇게 하면 회사 입장에서는 시간과 노력이 훨씬 많이 듭니다."

김 대표는 아이들을 키우며 기업 경영에 관해 많이 깨달았다. 육아든 경영이든 단기적인 과제와 장기적인 목표 사이에서 균형을 잘 잡아야 한다. 그는 이렇게 말한다. "부모라면 무엇보다 자녀에게 평생 헌신해야 합니다. 궁극적으로 아이들이 더 나은 사람이 되기를 바라는 것이죠. 리더 역시 직원들에게 이렇게 해야 합니다. 집안 형편이 어려워졌다고 아이들을 쫓아내는 부모는 없을 겁니다. 기업 역시 마찬가지입니다. 회사 사정이 어려워졌다고 어떻게 직원들을 해고하겠어요? 우리가 아무리 형제자매와 싸운다 해도 가족을 버리지는 않죠. 어떻게든 해결해야 합니다." 세상에 완벽한 사람은 없으므로 그 역시 완벽한 상사도 완벽한 부모도 아닐 것이다. 하지만 그가 옳은 일을 하기 위해 최선을 다하고 있다는 사실을 부인할 사람은 아무도 없다. 그도 가끔 잘못할 때가 있지만 그것까지도 인정한다.

넥스트점프의 한 엔지니어는 평생 고용 정책이 실적을 못 내는 직원들에게는 좋겠지만 자신 같은 실적 최상위권 직원들에게는 별다른 영향을 미치지 않으리라 예상했다. 그는 해고당할까 봐 두려워하지 않았기 때문이다. 하지만 예상과 달리 팀 리더로서 정책의 효과를 톡톡히 누리게 됐다. 정책이 시행된 뒤 팀원들은 훨씬 솔직하게 의사소통하기 시작했다. 실수나 문제점을 찾아내는 속도가 예전보다 빨라져 상황이 악화되기 훨씬 전에 미리 조치할 수 있게 됐다. 서로 정보도 더 원활히 공유하고 협력하는 일도 크게 늘었다. 단지 해고당할 위험이 사라졌을 뿐인데 팀의 성과는 급격히 향상됐다. 사실 회사 전체의 성과가 다 같이 향상됐다.

평생 고용 정책이 도입되기 전 넥스트점프의 평균 매출 성장률은 연간 25퍼센트 수준이었다. 다른 요소는 크게 바꾸지 않고 평생 고용 정책을 도입한 이후 매출 성장률이 연간 약 60퍼센트로 뛰었으며 성장이 둔화할 기세도 보이지 않는다. 넥스트점프의 엔지니어 중에는 구글이나 페이스북 같은 IT 대기업에서 스카우트 제의를 받는 사람들이 많지만 그들은 회사를 떠나지 않는다. 기존 넥스트점프 엔지니어의 이직률은 약 40퍼센트로 업계 평균 수준이었다. 전보다 직원들의 성장에 훨씬 집중하는 지금은 이직률이 1퍼센트 수준으로 떨어졌다. 직원들은 타사에서 높은 직급과 연봉을 제안해오더라도 소속감이 확실하게 느껴지는 회사에서 일하기를 원한다는 뜻이다. 사람들은 단순히 돈을 많이 주는 회사가 아니라 동료들과 함께 있을 때 안전감을 느낄 수 있는 회사, 성장할 기회를 주는 회사, 눈앞의 이익보다 큰 가치를 추구하는 회사에서 일하고자 한다.

이는 사람들이 최선의 모습을 발휘할 수 있는 바람직한 환경에 놓일 때 일어나는 현상이다. 엔지니어도 예외가 아니다. 사람들은 이런 회사를 떠나지 않는다. 충성심이 드는 회사에 머무른다. 그런 회사에서 직원들은 서로 도우며 자부심과 열정 가득한 마음으로 일한다.

시간을 충분히 들여 바람직한 관계를 형성할 수 있는 환경이라면, 리더가 실적 수치보다 직원들을 우선시한다면, 직원들이 서로 신뢰감을 느낄 수 있다면 우리 몸에는 옥시토신이 분비된다. 옥시토신은 우리가 직장에서 과도한 스트레스를 받아 코르티솔에 찌들어 지낼 때 받는 부정적인 영향을 줄인다. 다시 말해 어떤 일을 하고 얼마나 오래 일하는지에 따라 스트레스 수준이 결정되거나 일과 삶의 균형이 맞춰지는 것이 아니다. 옥시토신과 세로토닌이 많이 분비되어야 한다. 세로토닌은 자신감을 고취시켜 리더에게는 직원들을 돕고자 하는 마음을 불러일으키고, 직원들에게는 리더를 향한 자부심을 느끼게 한다. 옥시토신은 스트레스를 해소해주고, 업무에 흥미를 느끼게 하며, 인지 능력을 향상시켜 문제 해결 능력을 키운다. 또한 면역력을 높이고, 혈압을 낮추며, 성욕을 높이고, 충동과 중독을 줄인다. 무엇보다 우리가 협동하도록 이끈다.

"우리 회사를 사랑한다"라는 아주 옥시토신적인 말을 하는 사람들이 더 높은 연봉을 제의받고도 현재 회사에 머무는 이유도 옥시토신과 세로토닌 덕분이다. 즉각적인 성과에 초점을 둔 반사적인 결정이나 행동을 하는 직원들에게 보상을 주는 기업과 비교했을 때, 이타적 화학 물질이 활발히 분비되도록 유도하는 기업은 안정성이 더 높아지고 장기적으로 더 뛰어난 성과를 거둔다. 그렇게 될 때 우리의 결속력과 충성심은 더욱 강해지고 조직은 오랫동안 살아남게 된다. 무엇보다 행복한 마음으로 퇴근할 수 있어 더 건강해지고 수명이 늘어난다.

이런 문화는 기업의 업종과 규모에 관계없이 만들 수 있다. 공동의 대의를 추구하는 사람들이 모인 곳이라면 어디에서든 리더는 자신이 원하는 문화를 형성할 수 있다. 그러기 위해 변혁을 일으키거나 정리해고를 해야 하는 것도 아니다. 인력을 대체할 필요도 없다. 기업 문화의 핵심 가치를 수용하지 못하는 사람은 몸에서 분비되는 코르티솔을 느끼며 자신이 그곳에 맞지 않는다는 사실을 알 수 있다. 조직 내에서 소외된 듯해 불안해하며 자신에게 더 잘 맞는 곳을 찾아가야겠다고 생각할 수도 있다. 반면 그렇지 않은 사람들은 동료들 사이에서 안전감을 느낄 것이다. 그들은 마치 제2의 집을 발견한 듯한 기분이 들 것이다.

이런 문화를 만들려면 기업의 리더가 그렇게 하겠다고 결정하기만 하면 된다. 직원들이 자연스럽게 성장하고 조직의 이익을 추구하고자 노력하는 환경을 만들 힘은 리더에게 있다. 기업의 문화와 가치가 명확하게 정의된 다음에는 모든 조직 구성원에게 리더이든 아니든 리더처럼 행동하고, 기업의 핵심 가치를 지키며, 사내 안전망을 튼튼하게 유지할 책임이 생긴다.

8

진정한 리더는 마지막에 먹는다

　사냥꾼들은 의기양양하게 돌아왔다. 집에서 한참 떨어진 곳까지 가서 온종일 달린 끝에 모든 부족원을 배불리 먹일 만큼 큰 사슴을 한 마리 잡았다. 그들이 돌아오자 부족원들은 달려나가 환호하고 축제에 쓰일 사슴 요리를 준비하기 시작했다. 그런데 문제가 하나 있었다. 부족원 모두 배가 고팠고 먹기만을 고대하고 있었다는 것이다. 우리 조상들이 그랬듯 100명에서 150명가량이 모여 사는 환경에서 그저 부족원들에게 달려들어 음식을 먹도록 할 수는 없었다. 대혼란이 발생할 수도 있기 때문이다. 그렇다면 누가 먼저 먹어야 할까? 다행히도 우리의 사회적 활동에 영향을 주는 체내 화학 물질은 이런 문제까지 해결해준다.

기업이나 조직은 현대판 부족이다. 모든 부족이 그렇듯 기업이나 조직에도 전통과 상징이 있고 그들만의 언어가 있다. 한 기업의 문화는 부족의 문화와 비슷하다. 문화가 강한 기업도 있고 약한 기업도 있다. 우리는 여러 기업 문화 중 자신에게 더 잘 맞는 문화가 있다고 느낀다. 다른 회사보다 동료들과 죽이 더 잘 맞는 회사가 있다는 뜻이다. 부족에 강한 족장도 있고 약한 족장도 있듯 기업에도 강한 리더가 있고 약한 리더가 있다. 그렇지만 리더가 없는 경우는 없다.

우리 주변의 거의 모든 것은 생존과 번영의 확률을 높이기 위해 특정한 목적으로 만들어졌다. 우리에게 리더가 필요한 것도 예외가 아니다. 리더십의 역사, 즉 리더란 왜 존재하는가를 인류학적 시각으로 바라보면 좋은 리더와 나쁜 리더를 구분하는 객관적인 기준이 있다. 인간 행동에 영향을 주는 여러 화학 물질이 체내에 존재하는 이유와 마찬가지로 우리에게 위계 구조가 필요한 이유 역시 음식과 집단 구성원의 보호와 연관이 있다.

우리는 평등이라는 개념을 좋아하지만 사실 세상은 평등하지 않으며 앞으로도 모두 평등할 일은 결코 오지 않을 것이다. 그럴 만도 하다. 질서를 유지하기 위한 규칙이 없다면 사냥꾼들이 갓 잡은 신선한 고기를 가지고 부족으로 돌아왔을 때 모든 부족원이 한꺼번에 달려들어 먹으려 할 것이다. 서로 밀치고 밀리고 난리가 날 것이다. 미식축구 선수처럼 몸이 단단한 사람들이 음식을 먼저 차지하는 행운을 누릴 것이고, 힘이 약한 사람들은 뒤로 밀리거나 사람들에게 부딪혀 다칠 것이다. 종족 보존에 이로운 체제는 아니다. 뒤로 밀린 사람들은 조금 전 자신을 밀친 사람들을 신뢰하거나 그들과 협력하기를 꺼릴 것이다. 이 문제를 해결하기 위해 우리는 위계 구조적인 동물로 진화했다.

우리는 누군가를 자기보다 우위에 있는 사람으로 인식하면 그의 음식을 차지하려고 덤비는 대신 자진해서 뒤로 물러나고, 그가 먼저 먹을 수 있도록 자리를 내준다. 그렇게 존중받은 사람은 세로토닌 덕분에 집단 안에서 지위가 상승하는 것을 느끼며 자신이 알파라는 사실을 깨닫는다. 위계질서는 이런 식으로 작동한다.

배우자를 가장 먼저 고르는 등 여러 특권을 누리는 알파는 고기를 먹을 때도 가장 먼저 먹는다. 나머지 부족원들은 알파가 다 먹은 뒤에야 먹을 수 있다. 부족원들은 가장 좋은 부위를 차지하지는 못하지만 어쨌든 먹을 수는 있으며, 먹을 때 팔꿈치로 얼굴을 얻어맞지 않아도 된다. 이런 체제가 협력하기에는 훨씬 적합하다.

오늘날까지도 우리는 사회에서 알파가 특권을 누린다는 사실을 편안하게 받아들인다(여기서 알파란 단지 체력이 아니라 현대 사회의 기준으로 알파가 된 이들을 말한다). 회사에서 누군가가 나보다 높은 자리에 앉아 돈을 더 많이 벌고, 더 큰 사무실과 더 좋은 주차 자리를 차지한다는 사실을 불만스러워하지 않는다. 예약하기도 힘든 유명 레스토랑에 유명 인사가 쉽게 들어가는 일을 문

제 삼지 않는다. 부유한 명사가 수려한 이성과 함께 다니는 현
상을 자연스럽게 받아들인다. 우리는 알파들이 우선권을 차지하
는 상황을 익숙하게 여긴다. 심지어 어떤 이들은 그들이 특권을
누리지 못하면 언짢아하거나 불쾌해하기도 한다.

만약 미국 대통령이 자기 여행 가방을 직접 끌고 다니는 모
습을 본다면 대부분 사람이 그런 상황을 이상하게 여길 것이고,
그렇게 하도록 내버려둔 비서진을 무례하다고 비난할 수도 있
다. 정당과 상관없이 대통령은 정치적 위계 구조의 최고 리더이
므로 그런 행동이 적절하지 않다고 생각할 것이다. 어찌 됐든
한 나라의 대통령이니 그런 일을 직접 하면 안 된다는 것이다.
여행 가방을 대신 날라주겠다고 자원하는 사람이 나올 수도 있
다. 리더를 돕는 것은 우리 사회에서 명예로운 일이다. 훗날 리
더가 우리를 알아보고 그 사실을 떠올린다면 모든 사람이 보는
앞에서 형식적으로라도 치하할지 모른다. 그러면 우리는 솟구
치는 세로토닌을 느끼며 지위가 상승한 듯한 기분이 들고 자신
감이 넘칠 것이다.

우리가 위계 구조에서 지위를 올리려고 항상 노력하는 이유
는 사회에서 알파가 여러 특혜를 누리기 때문이다. 우리는 바에
갈 때면 다른 사람이 자신을 건강하고 매력적인 사람으로 봐주
길 바라며 한껏 치장한다. 자신의 유전자가 유전자 풀에 보존될
가치가 있음을 보여주는 것이다. 자신이 거둔 성과를 자랑스럽
게 이야기하며, 자기 업적을 모두 알아볼 수 있도록 벽에 졸업

장을 걸어두고 선반에 트로피를 진열해둔다. 우리의 목표는 알파의 혜택을 누릴 만큼 똑똑하고 강하며 다른 사람의 존경을 받을 만한 사람으로 보이는 것이다. 모두 사회에서 자신의 지위를 높이고자 하는 행동이다.

사람들이 높은 지위를 보여주는 상징물을 지니고 다니는 이유도 이런 의도에서다(세로토닌 때문에 실제로 그런 상징물을 지니고 있을 때 지위가 올라간 듯한 느낌이 든다). 고가의 상품 겉면에 브랜드 로고가 그려지는 데에도 다 이유가 있다. 우리는 프라다 선글라스를 꼈을 때 측면 빨간 줄에 적힌 프라다라는 문구를 사람들이 봐주길 바란다. 샤넬 백의 C 두 개가 겹쳐진 로고와 벤츠 앞에 붙은 엠블럼 역시 마찬가지다. 현대 자본주의 사회에서 부를 드러내는 행위는 우리가 잘나가고 있다는 사실을 보여주는 방법이 되기도 한다. 힘과 능력의 상징을 보여줌으로써 사람들의 존경을 얻고 지위를 높이는 것이다. 지위를 속이는 사람이 있다는 사실도 놀랍지 않다. 하지만 지위를 속이는 일은 효과가 없다. 물론 교묘하게 위장한다면 자신을 실제보다 성공한 사람으로 보이게 할 수는 있겠지만 생물학적으로 자기 자신을 속일 수는 없으므로 효과가 없다.

이에 관한 연구도 있다. 2010년 노스캐롤라이나 채플힐 대학교의 프란체스카 지노Francesca Gino 교수(현 하버드 경영대학원 교수), 하버드 경영대학원의 마이클 노턴Michael Norton 교수, 듀크 대학교의 댄 애리얼리Dan Ariely 교수가 수행한 연구에 따르면 가짜 명품 옷을 입은 사람들은 진짜 명품 옷을 입은 사람만큼 자신감이 상승하지도 않았고, 지위가 상승한 것처럼 느끼지도 못했다고 나타났다. 모조품을 입으면 마치 속임수를 쓸 때처럼 기만적인 느낌이 든다는 것이다. 지위는 생물학적인 개념이며 실제로 얻어야만 마음으로도 느낄 수 있다. 이 연구에 따르면 지위를 속이려고 한 사람들은 실제로 인생의 다른 요소도 속이려고 하는 경향이 컸다.

재화로 지위가 올라간 것처럼 느끼게 만들 수는 있지만 그 기분은 오래가지 않는다. 세로토닌 분비를 유도하는 사회적 연관성이 없기 때문이다. 다시 설명하지만 이타적 화학 물질은 공동체와 사회적 결속감을 강화하도록 돕는다. 오래 지속되는 자부심을 찾는다면 그런 감정을 지원해줄 멘토·부모·직장 상사·코치·리더가 반드시 있어야 한다.

리더의 자리를 꼭 사람만 차지할 수 있는 것은 아니다. 부족 자체가 리더의 자리를 얻기도 한다. 우리가 부족 내에서 지위를 올리려고 노력하는 것처럼 기업들 역시 해당 업계에서 지위를 격상하고자 꾸준히 노력한다. 기업들은 글로벌 시장 조사 업체 JD 파워에서 수여하는 상을 몇 개나 받았는지 이야기한다. 포천Fortune 선정 1000대 기업 중 몇 위를 차지했는지도 발표한다. 작은 기업이라면 Inc. 5000, 즉 빠르게 성장하는 5000대 소규모 기업에 이름을 올린 사실을 신속하게 공유한다. 사람들이 순위 매기기를 좋아하는 이유는 위계적인 동물이기 때문이며 높은 서열을 차지하면 여러 특혜가 따라오기 때문이다.

그러나 리더가 누리는 혜택은 공짜로 주어지지 않는다. 사실 꽤 비싼 비용을 치러야 한다. 오늘날의 수많은 기업이 이 사실을 자주 잊는다. 알파가 우리 중 가장 '강한' 사람이라는 점은 사실이다. 알파를 존경하고 따르면 그의 자신감이 상승한다. 이는 좋은 일이다. 집단이 외부의 위협을 받으면 우리는 구성원 중 가장 강하고 가장 좋은 음식을 먹으며 자신감 넘치는 리더가 앞장서서 위험을 무릅쓰고 달려들어 우리를 보호해주길 바란다. 미 해병대 조지 플린^{George Flynn} 중장은 이렇게 말한다. "리더가 치러야 할 비용은 개인적인 이익을 포기하는 것이다." 알파에게 배우자를 가장 먼저 고르게 하는 이유도 이 때문이다. 알파가 우리를 지키려다 일찍 죽더라도 그 강한 유전자를 보존하기 위해서다. 우리는 바보가 아니다. 그 모든 혜택을 공짜로 줄 리는 없다. 형평성에 어긋나기 때문이다.

몇몇 투자은행의 리더가 과도한 보상을 받는 모습을 보면 기분이 상하는 이유도 이 때문이다. 이는 액수와는 전혀 관계가 없다. 인간 본성에 깊게 뿌리박힌 사회 계약의 개념과 관련이 있다. 리더가 위계 구조에서 높은 서열을 차지하고 각종 특혜를 누리는 만큼 우리는 리더가 우리를 보호해주길 기대한다. 문제는 높은 보수를 받는 리더 중 다수가 돈과 혜택만 챙길 뿐 직원들을 보호하지 않는다는 것이다. 심지어 직원들을 희생시키며 자기 이익만 추구하는 경우도 있다. 본능적인 불쾌함의 이유다. 우리는 그들이 리더로서의 정의를 위반할 때 그들의 탐욕과 보상을 비난한다.

남아공 최초의 흑인 대통령이자 흑인 인권 운동가였던 넬슨 만델라가 상여금으로 1억 5천만 달러를 받았다고 분개할 사람은 없을 것이다. 가난한 자들의 어머니 테레사 수녀가 회계연도 종료 시점에 2억 5천만 달러를 보상받으리라는 보도를 접하고 기분 나빠 할 사람 역시 없을 것이다. 우리는 사회 계약 관점에서 그들이 자신의 사회적 역할을 다했다고 생각한다. 그들은 자신을 따르는 사람들을 위해 희생을 마다하지 않았다. 자신이 아닌 타인의 안위를 먼저 생각했으며, 그로 인해 고통받기도 했다. 우리는 이들과 같은 리더가 여러 특혜를 누려 마땅하다고 여긴다. 기업도 마찬가지다. 기업은 직원과 고객을 위해 옳은 일을 하고자 할 때 명성을 얻는다. 기업의 리더가 사회 계약 관점에서 리더로서 역할을 다하지 않을 때 그 명성은 깨진다.

물질주의가 팽배하고 리얼리티 예능 프로그램이 TV를 장악한 현대 사회에서 우리가 유명인을 어떻게 대하는지 생각해보면 답이 보인다. 막대한 재산을 상속받은 사람이나 체제를 장악한 사람, 혹은 미디어를 타고 유명해진 사람들은 단순히 우리보다 지위가 높아 보인다는 이유로 각종 혜택을 누린다. 하지만 명성이란 알파의 위치에 따라오는 부산물 같은 것이지 그 자체로 추구할 대상은 아니다. 금전적인 부 역시 마찬가지다. 성취에 따라오는 부산물이 되어야지 그 자체로 리더 위치에서 추구할 기준이 되어서는 안 된다.

위계 구조 내에서 자신의 서열을 높이려 할 뿐 다른 사람들을 위해 기꺼이 희생할 마음이 없는 사람은 진정한 '알파감'이 아니다. 리더 노릇만 한다고 다가 아니다. 그런 사람은 모조 명품을 걸친 듯 자신의 지위가 불안정하다고 느낄 수 있고, 어딘가 부족한 느낌을 보완하고자 애쓰며, 자신이 그 모든 혜택을 누릴 자격이 있다는 사실을 대중과 자기 자신에게 증명해 보이려 한다.

홍보 담당자가 유명 인사에게 자선 활동을 권유하는 데는 이런 이유도 있다. 현대 사회에서는 이것도 하나의 일이다. 사회 계약 관점에서 볼 때 알파의 진정한 역할은 사람들에게 봉사하는 것이므로 이를 그대로 수행하고 있다는 사실을 대중에게 보이는 일은 중요하다. 유명인이 자신의 영향력을 활용해 대의를 실현하고 불우한 사람들을 돕는 쪽으로 대중의 이목을 끌면 자격을 확실히 증명할 수는 있겠지만 정말 선행에 신경 쓴다면 그런 일을 할 때마다 홍보할 필요는 없을 것이다. 그들이 그나마 희생할 수 있는 것은 스포트라이트뿐인 듯하다.

선거철 정치인들도 마찬가지다. 자신은 국민을 섬기는 사람이므로 당선된다면 세상의 좋은 일이라면 모두 실행할 것처럼 말한다. 그리고 낙선하면 그 좋은 일 가운데 단 하나도 행하지 않는다. 직급이 높다고 무조건 리더가 되는 것은 아니다. 리더가 된다는 것은 실제 직급과 상관없이 타인을 위해 봉사하는 길을 택하는 일이다. 권한 있는 자리에 있으면서도 리더가 아닌 사람이 있고, 말단에서 일하지만 진정한 리더인 사람도 있다. 리더가 자신에게 주어진 모든 혜택을 누리는 일에는 아무런 문제가 없다. 하지만 필요하다면 기꺼이 그 혜택을 포기할 수 있어야 한다.

진정한 리더는 주변 사람들을 기꺼이 보살핀다. 의견이 불일치할 때조차 그들을 위해 자신의 안락함을 포기하고는 한다. 신뢰란 단순히 의견을 합치한다고 생기는 것이 아니다. 상대방이 나에게 진심으로 신경 써준다는 믿음에서 나오는 생물학적 반응이다. 리더는 사람들을 위해 자신이 가진 것을 기꺼이 포기한다. 시간, 에너지, 돈, 심지어 자기 그릇에 담긴 음식까지도 나눠주기를 마다하지 않는다. 진정한 리더는 필요하다면 가장 마지막에 먹을 줄 아는 사람이다.

리더십의 객관적인 기준으로 보면, 리더로서의 책임을 완수하려는 생각 없이 혜택만 누리려고 리더 자리에 오르고 싶어 하는 사람은 약한 리더다. 실제로 직급을 올리고 알파의 지위를 얻었으며 알파가 될 만한 능력과 힘을 지녔더라도 자신이 통솔하는 사람들을 보호할 책임을 받아들여야만 비로소 진정한 리더가 될 수 있다. 그러나 개인적인 이익을 취하고자 사람들을 희생시킨다면 자리를 지키기 어려워질 것이다. 앞에서 언급했듯 사람들은 바보가 아니다. 그들에게는 항상 상황을 바꿀 힘이 있다.

스스로 원해서 자리에 오른 것이 아니라 사람들이 희생정신에 감사를 표하고자 높은 자리를 권해 리더가 된 사람들이야말로 신뢰와 충성을 한 몸에 받는 진정한 리더다. 뛰어난 리더를 포함한 모든 리더는 때때로 길을 잃고 이기심에 병들어 권력을 탐할 수 있다. 호르몬에 취해 리더로서 사람들을 책임져야 한다는 사실을 망각하기도 한다. 그들이 초심으로 돌아갈 수도 있다. 하지만 리더가 그렇게 하지 못할 때 우리가 할 수 있는 일은 그저 변한 리더를 안타까워하며 그가 떠날 때까지 기다리고, 다른 리더가 우리를 이끌어주기를 기대하는 것뿐이다.

훌륭한 리더는 스포트라이트를 피해 사람들을 지지하고 보호하는 데 시간과 에너지를 쓴다. 사람들은 자신이 안전망 안에 있다고 느낄 때 피와 땀과 눈물을 바치며 리더의 비전이 실현되는 모습을 보고자 최선을 다한다. 리더가 해야 할 일은 자신이 누구를 섬기고 있는지 기억하는 것뿐이다. 그러면 사람들은 영광스러워하고 기뻐하며 그 마음에 보답할 것이다.

◆ 일회용 컵과 커피 잔 ◆

예전에 국방차관을 지낸 어떤 사람이 대규모 콘퍼런스에서 연설할 때 있었던 일이다. 그는 무대에 올라 준비해온 대로 연설하기 시작했다. 그러다 잠시 말을 멈추더니 스티로폼 컵에 담긴 커피를 한 모금 마셨다. 그 일회용 컵은 그가 직접 무대에 가지고 올라온 것이었다. 그는 한 모금 더 마시고는 컵을 내려다보며 미소 띤 얼굴로 이렇게 말했다.

"잠깐 딴 얘기지만 저는 작년에도 여기서 연설했습니다. 그때도 이 콘퍼런스, 이 무대 위였죠. 다른 점이 있다면 작년엔 제가 국방차관이었다는 겁니다. 비즈니스 클래스를 타고 공항에 도착하니 누군가가 저를 기다리고 있다가 호텔까지 데려다주더군요. 호텔에 도착하니 이번엔 다른 사람이 저를 기다리고 있었습니다. 그 사람이 이미 저 대신 체크인까지 다 해둔 상태였습니다. 그는 제게 키를 건네주고 방까지 안내하더군요. 다음 날 아침 로비에 내려와보니 또 누군가가 저를 기다리고 있었습니다. 지금 여러분과 제가 있는 바로 이 장소까지 차로 데려다주기 위해서였죠. 콘퍼런스 장소에 도착하자 그는 저를 출연진용 뒷문으로 데려가 무대 뒤 대기실로 안내했어요. 그러고는 예쁜 커피 잔에 담긴 커피 한 잔을 대접해줬습니다.

하지만 올해부로, 지금 여러분에게 이렇게 말하고 있는 이 순간 저는 국방차관이 아닙니다. 어제 이코노미 클래스를 타고 여기에 왔고, 공항에는 아무도 나와 있지 않았습니다. 호텔까지 택시를 탔고, 도착해서는 직접 체크인했습니다. 방에도 혼자 올라갔고요. 오늘 아침 로비에 내려와서도 마찬가지로 택시를 잡아 타고 왔습니다. 도착해서는 앞문으로 들어와 혼자서 무대 뒤쪽에 왔습니다. 거기 있던 기술자 한 명에게 혹시 여기 커피는 없느냐고 물었죠. 그러자 그는 벽 쪽 테이블 위에 있는 커피머신을 손으로 가리키더군요. 저는 그쪽으로 가서 여기 있는 이 일회용 컵에 직접 커피를 따랐습니다." 그는 자신의 컵을 높이

들어 청중에게 보였다.

"그때 깨달았습니다. 작년에 받았던 그 커피 잔 말이죠, 그건 저를 위한 커피 잔이 아니었습니다. 국방차관을 위한 커피 잔이었어요. 사실 저는 일회용 컵이 어울리는 사람이었습니다.

여러분에게 전하고자 하는 가장 중요한 교훈이 바로 이겁니다. 직급이나 지위에 따라 누리는 복리 후생과 각종 혜택은 사실 여러분을 위한 것이 아닙니다. 여러분이 담당하는 역할을 위한 것이죠. 훗날 그 자리에서 내려오면 후임자에게 커피 잔을 건네게 될 겁니다. 당신은 원래 일회용 컵이 어울리는 사람이었으니까요."

◆ 마지막에 먹는 리더가 진정한 직원을 얻는다 ◆

2008년 주식 시장이 폭락했을 때, 배리웨밀러 역시 다른 수많은 기업처럼 크게 타격을 입었다. 구식 제조기업이었던 배리웨밀러는 채프먼 덕분에 조금씩 다른 기업으로 탈바꿈하고 있었으나 금융 위기가 터지자 하루아침에 기계 주문이 30퍼센트 가까이 줄었다. 배리웨밀러는 대형 공업용 기계를 제조하는 회사였다. 주 고객사인 대형 소비재 제조기업은 상품 포장용 상자를 만들기 위해 배리웨밀러의 기계를 사갔다. 경기가 어려울 때 자본 지출을 줄여야 하는 고객사에서 지출 삭감 1순위 품목은 배리웨밀러의 기계였다. 새 기계를 사지 않고 기존의 낡은 기계로 버티면 됐기 때문이다.

채프먼과 직원들은 냉엄한 현실에 부딪혔다. 더는 전 직원의 인건비를 부담할 수 없었다. 직원을 전부 동원할 만한 일거리도 없고 그들을 끌어안을 만한 매출도 발생하지 않았다. 처음으로 정리해고가 거론되기 시작했다.

평범한 회사였다면 불미스럽더라도 해고를 감행했을 것이다. 하지만 채프먼은 그해 회사 사정이 어려워졌다는 이유만으로 직원들을 내보내기를 원치 않았다. 직원을 단순히 회사에서 일하는 노동력으로만 보는 것이 아니라 가족, 섬겨야 할 사람, 보호해야 할 사람으로 여겼기 때문이다. 그는 이렇게 말한다. "가정 형편이 어려워졌다고 아이를 버리는 부모는 없습니다." 가족은 힘들수록 똘똘 뭉친다. 함께 고통받기도 하지만 결국 힘을 모아 역경을 이겨낸다.

배리웨밀러는 정리해고 대신 의무 휴가제를 도입했다. CEO부터 비서까지 모든 직원이 4주간 무급 휴가를 보내기로 했다. 직원들은 언제든 원하는 주에 쉴 수 있었고, 꼭 4주를 연달아 쉴 필요도 없었다. 제도 자체로도 훌륭했지만 채프먼이 정말 뛰어난 리더라는 사실이 드러난 순간은 그가 이 제도를 도입한다고 발표할 때였다. 그는 직원들에게 이렇게 말했다. "우리 모두 고통을 조금씩 분담하는 편이 낫습니다. 그래야 큰 고통을 혼자 짊어지는 사람이 나오지 않을 겁니다."

채프먼의 이런 직원 보호 정책은 엄청난 반향을 일으켰다. 정리해고 계획을 발표해 회사 전체에 보신주의 풍조를 퍼뜨린 다른 회사들과 달리 배리웨밀러에서는 직원들이 자발적으로, 온전히 스스로 상대를 위했다. 형편이 나은 직원들은 어려운 직원들과 무급 휴가를 나누기도 했다. 그럴 의무가 없는데도 동료를 돕기 위해 의무 무급 휴가를 다 쓴 뒤에도 휴가를 더 썼다. 그동안 자신을 안전하게 보살펴준 회사에 감사하는 직원들의 마음이 회사를 가득 채웠다. 다른 회사였더라도 대부분 직원이 회사가 어려워졌을 때 해고당하기보다는 한 달 치 월급을 포기하는 쪽을 택할 것이다.

상황이 나아진 뒤 회사에서는 무급 휴가제를 폐지했고, 불경기에 중단했던 401k 퇴직연금 불입도 재개했을 뿐 아니라 소급분까지 지급했다. 결과는 놀라웠다. 리더는 부족원을 보호하기 위해 알파로서 인류학적 의무를 완수했고, 직원들은 보호받은 보답으로 회사를 위해서라면 무엇이든 하고자 하는 강한 충성심을 보여줬다. 배리웨밀러에서는 직원들이 단지 연봉 때문에 다른 회사로 이직하는 일이 거의 없다.

부족원을 안전하게 지키면 부족은 더 강해지고 외부 세계의 위험과 불확실성에 더욱 효과적으로 대비할 수 있게 된다. 훌륭한 리더가 어려운 시기에 더욱 빛을 발하는 이유는 명확하다. 자기 부족, 자기 회사가 더욱 발전하고 강하게 성장하는 모습을 보기 위해 직원들이 기꺼이 자신의 피와 땀과 눈물을 바치기 때문이다. 누가 그렇게 하라고 시켜서 하는 것이 아니다. 하고 싶어서 하는 것이다. 그 결과 더 강해진 부족이나 회사는 훨씬 많은 사람을 훨씬 오랫동안 안전하게 보호할 수 있게 된다. 수많은 기업의 리더가 혁신이나 진보를 추구하겠다며 조직을 개편하지만 직원들이 두려움을 느끼는 환경에서는 그 감정이 혁신이나 진보 자체를 해칠 수 있다.

◆ 다시 엔도르핀, 도파민, 세로토닌, 옥시토신 ◆

기분을 좋아지게 하는 화학 물질은 우리가 개인 그리고 집단으로서 생존하는 데 반드시 필요하다. 이 물질들은 우리의 필요와 환경에 따라 제 역할을 한다. 우리가 열심히 일하고 고된 노동을 견딜 수 있는 이유는 엔도르핀 덕분이다. 목표를 세우고 목표에 집중하고 일을 완수할 수 있는 이유는 도파민의 보상 작용 덕분이다. 우리는 자신이 발전할 때 기분이 좋아지므로 더욱 발전하고자 한다.

세로토닌 덕분에 우리는 소중한 사람이 훌륭한 일을 성취했을 때 자랑스러움을 느끼며, 소중한 사람이 우리에게 자랑스러움을 느낄 때 그와 같은 감정을 느낀다. 세로토닌이 있어 우리는 자신을 따르는 사람을 돌보고, 자신을 이끄는 사람을 따른다. 그리고 옥시토신의 신비한 힘 덕분에 사랑과 신뢰를 토대로 유대관계를 만든다. 옥시토신이 있어 우리는 소중한 사람들과 돈독한 관계를 형성하고 그들이 언제나 곁에 있어주리라고 확신한다. 누군가의 도움이나 지지가 필요할 때면 자신을 사랑해주는 사람들이 나서서 반드시 도와주리라는 사실을 잘 안다. 옥시토신은 우리를 건강하게도 한다. 그리고 마음을 열게 한다. 생물학적으로 문제 해결 능력을 높이기도 한다. 옥시토신이 없었더라면 우리는 단기 성과밖에 내지 못했을 것이다. 서로 신뢰하는 사람들이 머리를 맞대고 문제를 해결하고자 애쓸 때 인류의 위대한 도약이 일어나기 때문이다.

인간의 모든 면이 그렇듯 이 화학 물질들을 담당하는 인체의 시스템 역시 완벽하지 않다. 네 가지 화학 물질은 매번 같은 양이나 정확히 같은 비율로 분비되지 않는다. 여러 개가 같이 분비되기도 하고 분비량이 각기 다를 때도 있다. 이 물질들이 잘못 분비될 수도 있다. 이기적 화학 물질, 즉 엔도르핀과 도파민은 단기 보상을 주므로 특정 조건만 갖춰지면 중독성이 생기기 때문이다. 반면 이타적 화학 물질, 즉 세로토닌과 옥시토신은 우리가 실제로 효과를 누리기까지 체내에서 작용하는 시간이 걸린다. 경주에서 이기거나 목표를 달성하면 짜릿한 감정이 느껴지지만 그 기분은 오래가지 않는다. 그 감정을 다시 느끼려면 경주에서 또 이기고 더 어려운 목표를 달성해야 한다. 반면 사랑과 신뢰, 우정을 느끼는 데는 시간이 걸린다.

우리는 다른 사람에게 동기를 직접 부여할 수 없다. 각자 체내의 화학 물질에서 오는 보상에 따라 동기가 부여될지 말지 결정되기 때문이다. 우리의 동기는 모두 기분을 좋게 하거나 스트레스나 고통을 피하기 위한 행동을 반복하려는 욕구에서 온다. 우리가 할 수 있는 일은 오직 알맞은 화학 물질이 올바른 이유로 분비되는 환경을 조성하는 것뿐이다. 이처럼 인간이 타고난 대로 자연스럽게 행동할 수 있는 기업 문화를 만든다면 모든 직원이 의지로 가득 찬 조직을 만들 수 있다.

모든 리더의 목표는 균형을 맞추는 것이다. 도파민이 주된 화학 물질로 작용하면 더 많은 일을 성취할 수 있지만 아무리 돈과 권력을 많이 얻어도 외롭고 공허할 것이다. 우리는 다음번 자극을 찾아다니며 즉각적인 반응을 원하는 삶을 살고 있다. 하지만 도파민만 가지고는 오래가는 것을 만들 수 없다. 반대로 우리가 히피족(사회 관습과 체제를 부정하고 인간성 회복과 자연 회귀 등을 주장하는 사람들−옮긴이) 공동체에서 산다면, 즉 옥시토신만 폭발적으로 분비될 뿐 측정 가능한 구체적인 목표나 야망 없이 산다면 성취감이라는 강렬한 감정을 느끼지 못할 것이다. 사람들에게 아무리 사랑받는다 해도 실패한 기분이 들 것이다. 다시 말하지만, 우리 목표는 이 사이에서 균형을 잡는 것이다.

체내 화학 물질이 균형 잡혀 있을 때 우리는 용기, 샘솟는 의지, 통찰력, 창의력, 공감력 등 초자연적인 힘에 가까운 능력을 얻는다. 이때 경이로운 결과가 나오며 그 결과에 따르는 감정 또한 놀라운 수준일 것이다.

LEADER
DIFFER=
ENT

3

우리가
직면한 현실

9
옳은 일을 할 수 있다는 자신감이 필요하다

◆ 규칙을 어겨야 할 때 ◆

"탑승자 수 보고 바람." 항공 관제사가 물었다. 비행기가 비상 사태를 선언하면 가장 먼저 탑승자 수를 확인하는 것이 관례다.

"126명 탑승 중." 조종사가 대답했다.

비행기는 플로리다를 향해 가던 중이었다. 고도 약 11킬로미 터, 시속 약 900킬로미터로 메릴랜드 근처 상공을 항해하는데 갑자기 조종석에 연기가 들어오기 시작했다. 비행기에서 연기 가 나는 상황은 조종사들이 가장 두려워하는 비상사태. 연기 가 어디서 나는지 모를 때가 많기 때문이다. 화재가 발생했는지 아닌지, 상황이 끝나가는지 아니면 걷잡을 수 없을 만큼 빠르게 악화하고 있는지 알 길이 없다. 연기가 퍼지면 그 자체로 앞을 보거나 호흡하기 어려워질 수 있으며 승객에게 엄청난 공포감을 줄 것이 확실했다. 어떻게 보든 좋지 않은 상황이었다.

"센터, 여기는 KH209." 조종사는 문제를 깨닫고 무전을 보냈다.

"센터 송신." 관제사는 상공을 확인하며 대답했다.

"KH209, 본 기체 즉시 강하해야 함. 고도 유지 불가능." 조종사가 긴급하게 말했다.

그런데 문제가 있었다. 문제가 생긴 비행기의 약 600미터 바로 아래 지점에 똑같이 플로리다로 가고 있는 다른 비행기 한 대가 있었다. 미 연방항공청FAA의 규정은 간단했다. 항해 중인 비행기는 다른 비행기와 위아래로 약 300미터 이상, 주변으로 약 8킬로미터 이상 떨어져 비행해야 했다. 이 규정에는 그럴 만한 이유가 있었다. 음속의 4분의 3 수준으로 비행하다 보면 심각한 충돌을 피하기 매우 어려워지기 때문이다.

설상가상으로 두 비행기 모두 목적지를 향해 좁은 항로로 비행하는 상황이었다. 주변 지역에 군사 훈련이 진행되고 있던 터라 공역이 고속도로 수준으로 좁게 제한되어 있었다. 다른 항로에는 다른 비행기들이 운항 중이었다.

항공 관제사는 즉시 강하해야 한다는 요청에 이렇게 응답했다. "KH209, 우측으로 15도 회전 후 강하 바람."

항공 관제사는 긴급 상황에 처한 비행기를 비행 제한 구역으로 운항하라고 명령했다. 이는 바로 아래에 있는 비행기 주변 8킬로미터의 완충 구역을 침범하라는 뜻이기도 했다.

현대식 비행기에는 다른 비행기가 상하 300미터, 주변 8킬로미터의 완충 구역을 침범했을 때 충돌 경보를 울려 조종사에게 위험을 알리는 기능이 있다. 경보가 울리면 시간이 별로 없는 상황이므로 조종사들은 곧 닥칠지 모르는 재앙에 대응하도록 훈련받는다. 두 비행기는 서로 3킬로미터 떨어진 지점을 지나칠 예정이었으므로 10킬로미터 상공에 있는 아래쪽 비행기에서 경보가 울릴 것이 뻔했다. 그러면 또 새로운 문제가 발생한다.

그러나 그날 관제 콘솔 앞에 앉은 관제사는 베테랑이었다. 그는 그 지역에 있는 모든 항공기를 잘 알고 있었다. 규칙과 규정도 꿰뚫고 있었다. 그는 아래쪽 비행기의 조종사에게 아주 명확하고 알기 쉬운 영어로 이렇게 무전을 보냈다. "AG1446, AG1446 항공기 위쪽에 근접한 항공기 한 대 있음. 해당 항공기는 현재 비상 선언 상태로 AG1446 측 항공기 고도에서 전면 우측 3킬로미터 지점 통과해 강하할 예정. 비상 착륙 필요한 상태."

문제가 생긴 비행기가 강하하는 동안 다른 비행기를 세 대 더 통과해야 했으므로 항공 관제사는 같은 무전을 세 번 더 보내야 했다.

그 화창한 날 메릴랜드 상공에서 탑승자 126명은 베테랑 항공 관제사가 규정을 위반한 덕분에 목숨을 구했다. 규칙을 지키는 것보다 사람을 살리는 일이 중요했다.

2012년 한 해 미국 항공사의 국내 여객선 정기 항공편은 980만

편이 넘었다. 하루에 약 2만 6,800편 꼴이다. 실로 엄청난 숫자다. 매년 미국 상공을 누비는 여객선 부정기 항공편이나 화물기, 외국 항공편 수를 빼고도 이렇게 많다.

매년 8억 1,500만 명이 넘는 승객이 자신을 수송해주는 조종사, 항공기의 안전을 책임지는 정비사, 최대한 안전한 비행이 되도록 규정을 만드는 연방항공청을 믿고 목숨을 맡긴다.

거기에 항공 관제사도 있다. 우리는 몇 안 되는 관제사들이 하늘 위의 모든 항공기를 안전하게 통제하기 위해 규칙을 준수하리라 믿는다. 하지만 KH209편의 경우 관제사가 규칙을 위반했다. 명확하게 정해진 안전 보장 장치를 어긴 것이다.

그것이 바로 신뢰다. 우리는 사람들이 규칙대로만 행동하기를 원하지 않는다. 규칙을 어겨야 할 때는 어길 줄도 알기를 바란다. 규칙이란 일반적인 상황에서 지키는 것이다. 규칙이 있는 이유는 위험을 피하고 모든 일을 순조롭게 진행하기 위해서다. 비상상황 대처 지침이 있더라도 전문지식을 쌓은 특별한 사람들이 규칙을 어겨야 할 때를 알리라 믿는다.

직원들이 직장에 전적으로 헌신하게 만드는 조직은 직원들을 훈련하기 위해 끊임없이 노력한다. 단순히 파워포인트를 더 잘 만드는 법이나 효과적으로 발표하는 법을 가르치는 데에 그치지 않는다. 이런 기업들은 직원들에게 자기계발 기회를 끊임없이 제공한다. 직원으로서 우리는 훈련 기회가 많을수록 더 많이 배운다. 경력이 쌓이고 자신감이 커질수록 조직은 우리에게 더 큰 책임을 주고자 한다. 결국 조직은, 즉 경영진과 동료들은 우리가 언제 규칙을 지키고 언제 어겨야 할지 잘 아는 사람이라고 믿게 된다.

우리는 규칙이나 기술을 '신뢰'하지 않는다. 당연히 규칙이나 기술에 의존할 수는 있지만 신뢰한다? 그럴 수는 없다. 신뢰란 인간만이 할 수 있는 아주 특별한 경험이다. 안전을 추구하고 서로 보호하고자 하는 행동에 따라 옥시토신이 분비되어 느낄 수 있는 감정이다. 그러므로 진정한 신뢰란 사람 사이에서만 가능하다. 우리는 상대가 적극적으로, 또 의식적으로 나를 신경 쓴다는 확신이 들 때만 그를 믿을 수 있다. 반면 기술은 얼마나 정교하든 우리에게 전혀 신경 쓰지 않는다. 그저 여러 변수에 따라 반응할 뿐이다. 마찬가지로 아무리 복잡하더라도 만일의 사태까지 전부 고려한 규칙이란 있을 수 없다.

가족이나 연인이 당신과 다툴 때마다 몇 가지 정해진 변수에 따라 행동하거나 규칙만 준수한다고 상상해보라. 그런 관계가 얼마나 오래가겠는가? 우리가 관료주의자에게 분노하는 이유도 바로 이것이다. 규칙이란 원래 사람들을 도와주고 보호하기 위해 만들어진 것인데 관료주의자들은 마땅히 돕고 보호해야 할 사람을 고려하지 않은 채 원칙만 고수한다. 즉, 그들은 사람들에게 관심이 없다. 애초에 사람 사이 혹은 직원과 회사 사이에 바람직한 관계를 만들어주는 공식 따위는 존재하지 않는다.

신뢰에 따른 진정한 사회적 이익을 얻고 싶다면 반드시 쌍방이 신뢰해야 한다. 일방적인 신뢰는 개인이나 집단 양쪽에 도움이 되지 않는다. 경영진은 직원을 신뢰하지만 직원은 경영진을 신뢰하지 않는 회사가 좋을 수 있을까? 아내는 남편을 신뢰하지만 남편은 아내를 신뢰하지 않는다면 건강한 부부 관계라고 할 수 있을까? 리더가 직원에게 신뢰받기를 기대하는 것은 좋은 일이지만 리더가 직원을 신뢰하지 않는다면 조직은 망가질 것이다. 신뢰에 따른 이점을 개인과 집단 모두 누리기를 원한다면 반드시 서로 신뢰해야 한다.

리더의 책임은 직원들에게 규칙을 가르쳐주고, 그들이 능력을 개발하도록 훈련시키며, 자신감을 키워주는 것이다. 그 과정에서 리더는 반드시 한발 물러서서 직원의 능력을 믿고 그들이 해야 할 일을 잘 해내리라고 신뢰해야 한다. 약한 기업에서는 따로 감시하지 않으면 직원들이 사사로운 이익을 취하고자 규정을 위반하는 일이 상당히 많다. 그래서 약한 기업이 된다. 반면 강한 기업에서는 다른 사람을 위해 옳은 일을 하고자 규칙을 위반한다.

한번 생각해보라. 당신의 가족이 비행기를 타는데 조종사나 항공 관제사가 무슨 일이 있어도 규정집에 나온 대로만 행동하는 사람이라면 마음이 놓이겠는가? 조종사나 항공 관제사가 오로지 다음번 성과급을 받는 데만 신경 쓴다면 가족에게 그 비행기를 타게 할 것인가? 아니면 비상사태 발생 시 성과급을 포기하는 일이 있더라도 규정을 어길 줄 아는 경험 많은 조종사나 항공 관제사가 담당하는 비행기를 타게 할 것인가? 정답은 명백하다. 우리는 규칙을 신뢰하지 않는다. 사람을 신뢰한다.

리더의 책임은 밑에서 일하는 직원들보다 높은 자리에서 그들을 보호하는 것이다. 직원들 스스로 자신에게 옳은 일을 할 권한이 있다고 느낀다면, 그러기 위해 때로 규칙을 어길 수도 있다고 생각한다면 그들이 옳은 일을 할 확률은 높아진다. 용기는 위에서 주는 것이다. 옳은 일을 할 수 있다는 자신감은 내가 리더에게 신뢰받고 있다고 느낄 때 생긴다.

아무리 좋은 사람이라도 나쁜 환경에서 일하면, 다시 말해 리더가 직원들에게 권한을 주지 않는 환경에서 일하면 좋지 않은 일이 일어날 확률이 올라간다. 그런 환경에서는 직원들이 문제에 휘말리거나 해고당할까봐 두려워하므로 옳은 일을 하기보다는 규칙을 지키는 데에 더 신경 쓴다. 그렇게 되면 '탑승자'를 구할 수 없다.

10
스노모빌을 사막에 가져간다면

우리는 대단하다. 정말 대단하다. 세상 어떤 생명체보다 뛰어나다. 자만에 가득 찬 헛소리가 아니다. 주위를 한번 둘러보라. 인간을 제외한 다른 동물들은 그저 하루하루 먹이를 찾고 번식하며 본능에 충실하게 산다. 하지만 우리는 그렇지 않다. 단순히 생존하거나 인구를 늘리는 것 이상으로 많은 일을 하고 있다.

우리는 지구 상의 어떤 동물도 하지 못한 일을 해내며 새로운 것을 발명하고 만들어낸다. 가젤은 피라미드를 만들지 못했지만 우리는 만들었다. 고릴라는 내연 기관을 발명하지 못했지만 우리는 발명했다. 이 모든 것은 우리의 특별한 신피질 덕분이다. 신피질이란 다른 포유동물과 인간을 구분하는 뇌의 한 부위다. 신피질 덕분에 우리는 이성적이고 비판적으로 사고하며 복잡한 문제를 해결할 수 있다. 지구 상 어떤 생물보다 복잡한 언어로 의사소통할 수 있는 이유도 신피질이 있기 때문이다. 무엇보다 우리에게는 다른 사람을 가르치는 능력이 있어 사람들이 지금까지 알아낸 모든 것을 처음부터 다시 알아낼 필요가 없다. 각 세대는 이전 세대에게 물려받은 지식을 확장하며 진정한 진보를 이룩해나간다. 이처럼 인간은 끊임없이 성취하는 존재다.

우리 뇌에서 성취를 관장하는 부위가 신피질이라면, 감정을 관장하는 부분은 원시적인 모습이 남아 있는 대뇌변연계다. 사람들을 신뢰하고, 그들과 협동하고, 어울리고, 강한 공동체를 만드는 능력은 모두 대뇌변연계에서 온다. 우리 행동을 이끄는 본능적인 반응과 직감적인 결정 역시 대뇌변연계가 담당한다. 이 부위가 작동해 우리는 타인과 강한 유대감을 형성할 수 있다. 그리고 이 강한 사회적 유대감 덕분에 우리는 신피질에서 꿈꾸는 모든 일을 이루고자 힘을 합칠 수 있다. 인간이 제아무리 똑똑하다 해도 서로 신뢰하거나 협력하지 못한다면 젊은 나이에 홀로 외롭게 죽을 것이다. 인간관계에서 오는 기쁨도 느끼지 못하고, 가치관과 신념을 공유하는 사람들과 집단을 이룰 때 느껴지는 소속감도 알 수 없을 것이다. 다른 사람에게 선의를 베풀 때 드는 강렬한 감정도 영영 모를 것이다.

인간이 이렇게 잘나가는 까닭은 지능이 높기 때문이라고 생각하는 경우가 많지만 그게 다는 아니다. 물론 높은 지능 덕분에 아이디어와 지식을 얻지만 우리가 일을 해낼 수 있는 진정한 이유는 협동력이 있기 때문이다. 지구 상에서 가치 있는 것 중에 다른 사람의 도움 없이 홀로 이룩한 것은 없다. 누군가에게 도움이나 지지를 받지 않고 오로지 혼자서 뛰어난 업적을 세우거나 회사를 설립하고 기술을 개발한 사례는 없다. 다른 사람에게 도움을 받을수록 더 많은 일을 성취할 수 있다.

이 협동 능력 때문에 현대 세계의 가장 큰 역설이 등장한다. 발전을 추구하면서 점점 더 협력하기 어려운 환경을 만들어왔다는 점이다. 이 잔인하고도 역설적인 현상은 선진국에서 많이 나타난다. 고립감과 극심한 스트레스에 시달리는 사람이 늘어나 행복을 추구하는 사람들에게서 이윤을 창출하는 산업이 발달했다. 멀게만 느껴지는 행복을 찾고 스트레스를 해소하도록 도와주는 자기계발 도서나 강좌, 수많은 약물은 그 자체로 엄청나게 큰 산업이 됐다. 실제로 자기계발 산업은 단 몇십 년 만에 110억 달러 규모로 성장했다. 이것으로 덕을 가장 많이 본 대상은 행복을 찾는 사람들이 아니라 자기계발 산업 자체인 듯하다.

행복과 유대감을 추구하는 사람이 많아지며 전문적인 도움을 찾는 수요도 늘었다. 1950년대에는 매주 심리 상담을 받는 사람이 거의 없었다. 후버연구소Hoover Institute에 따르면 오늘날 미국에는 임상 심리학자 약 7만 7,000명, 임상 사회복지사 약 19만 2,000명, 정신건강 상담사 약 10만 5,000명, 부부 가족 상담사 약 5만 명, 정신건강 임상 심리 간호사 약 1만 7,000명, 인생 코치 약 3만 명이 활동하고 있다. 역설적이게도 사람들은 행복해지려고 애쓸수록 점점 더 불행해지고 있다.

소수의 직장인만이 회사에서 성취감과 행복감을 느끼는 현상은 우리가 자초했다. 우리는 그동안 생물학적으로 인간이라는 동물이 일하기에 적합하지 않은 기업 환경을 조성해왔다. 과다한 양의 도파민을 추구하도록 내몰고 필요 이상으로 코르티솔 수치를 높여 바람직한 방향의 정반대로 행하도록 유도했다. 자신만 보호하고 타인은 의심할 수밖에 없는 환경을 조성했다.

인간이 스노모빌이라 가정하면 우리는 아주 특정한 상황에서만 작동하도록 만들어진 셈이다. 설원이라는 단 하나의 환경에서만 움직이도록 고안된 이 기계를 다른 환경, 예컨대 사막에 가져간다면 눈 위에서만큼 잘 작동할 리 없다. 현대의 수많은 기업에서 이런 일이 일어나고 있다. 발전이 더디거나 혁신하지 못하면 리더는 기계를 건드린다. 기존 직원을 해고하고 새로운 직원을 고용하며 문제가 해결되길 바란다. 그리고 기계들이 열심히 일하도록 독려하기 위해 새로운 성과급 제도를 도입한다.

> 신뢰란 기계에 칠하는 윤활유와 같다.
> 신뢰는 마찰을 줄이고 더 높은 성과를 내기에
> 적합한 환경을 만든다.

실제로 기계들은 도파민이라는 보상을 받으려고 열심히 움직일 것이다. 사막에서 더 빠른 속도로 작동할 수도 있다. 하지만 그렇게 하면 기계가 상할 것이다. 이처럼 직원들이 문제가 아니라는 사실을 깨닫지 못하는 리더가 많다. 직원들은 잘못이 없다. 일하는 환경이 문제다. 올바른 환경만 조성하면 일이 잘 풀린다.

사회적 동물에게 신뢰란 기계에 칠하는 윤활유와 같다. 신뢰는 마찰을 줄이고 더 높은 성과를 내기에 적합한 환경을 만든다. 사막에 있던 스노모빌을 설원으로 돌려보내는 것과 같다. 설원에서라면 사막에서 가장 힘이 약하던 스노모빌도 사막에서 가장 성과가 좋았던 스노모빌을 앞지른다. 직원들이 얼마나 똑똑한지는 중요하지 않다. 직원들이 얼마나 협력하는지를 보면 그 조직이 앞으로 성공을 거두고 역경을 극복할 수 있는 집단인지 아닌지 확실히 알 수 있다.

신뢰와 헌신은 대뇌변연계에서 분비되는 화학 물질의 영향으로 발생하는 하나의 감정이다. 그러므로 측정하기 어렵다. 우리가 다른 사람에게 행복해지라고 명령할 수 없듯 다른 사람에게 나를 신뢰하라고 말하거나 뭔가에 헌신해달라고 강요할 수는 없다. 이런저런 일이 일어난 다음에야 충성하거나 헌신하고자 하는 마음이 생기기 때문이다.

직원들에게 깊은 신뢰를 얻고 직원들의 헌신을 끌어내기 위해 모든 기업의 리더에게는 지켜야 할 기본 원칙이 있다. 그리고 도파민 자극과 반대되는 방식으로 이 모든 일을 이루는 데에는 직원들의 시간과 에너지 그리고 의지가 필요하다.

이쯤 되면 의문이 생긴다. 우리는 어쩌다 사막으로 가게 됐을까?

LEADER
DIFFER=
ENT

4
우리는 어쩌다
이 지경이 되었을까

11
호시절 - 대공황 - 베이비붐

호시절이었다. 참으로 호시절이었다. 모두 돈을 벌었고 모두 돈을 썼다. 그 결과 유례없는 성장을 이뤘다. 10년도 되지 않아 나라의 전체 부가 두 배 이상 불어났다. 신기술과 미디어가 등장해 예전과 전혀 다른 방식으로 뉴스가 전달되고 새로운 아이디어가 퍼졌다. 실제로 유례없는 시대였다. 1980년대나 1990년대를 말하는 것이 아니다. 1920년대를 말하는 것이다. 그 유명한 '광란의 20년대'다.

제1차 세계대전 이후 미국은 최초로 진정한 소비사회의 시대를 열었다. 당시 미국은 처음으로 상대적으로 부유한 국가가 됐고, 그 부로 말미암아 호시절이 시작됐다. 미국인들은 높아진 소득으로 사치품을 사고 신기술을 누렸다. 삶의 질을 높여주는 새로운 발명품이 쏟아져 나왔다. 냉장고, 전화기, 자동차, 영화 모두 1920년대에 개발되어 크게 인기를 끌었다. 이 시기 새로운 형태의 미디어가 등장하기도 했다. 바로 라디오다. 1920년, 미국에 상업 라디오 방송국은 피츠버그의 KDKA 한 군데였다. 3년이 지나자 전국에 방송국이 500개 넘게 생겼다. 그리고 1920년대 후반에는 라디오를 가진 가정이 1,200만 가구가 넘었다.

새로운 미디어가 널리 퍼지며 뉴스의 형태는 크게 달라졌다. 이전에는 불가능했던 전국 광고도 가능해졌다. 때마침 체인점이라는 개념이 새로 등장했고 업체는 라디오의 인기에 힘입어 전국에 광고를 내보냈다. 그 덕에 나라 양쪽 끝에 사는 사람이 같은 제품을 사용할 수 있게 됐다. 또한 영화가 등장하면서 여러 매체에서 영화배우와 운동선수가 어떻게 사는지 보여주기 시작했다. 사람들은 그들처럼 화려하게 살기를 꿈꿨다. 유명인들이 전국적인 관심을 받으면서 명성이란 성공에 따라오는 부산물이 아니라 그 자체로 성취해야 할 존재가 됐다. 명성은 알파의 지위를 얻는 새로운 방법이 됐다. 야망의 시대였다.

기술이 발달하고 신문물로 삶이 편리해지자 그동안 볼 수 없었던 전혀 새로운 산업이 등장했다. 인터넷이 생기면서 IT 컨설턴트가 필요해지고, 자동차가 등장하면서 주유소가 필요해지는 것과 같은 이치였다. 이 모든 1920년대 이야기는 현대를 사는 우리 인생과 무서우리만큼 닮았다. 새로운 기술, 새로운 미디어, 유명인의 삶을 향한 집착, 부의 증대, 소비지상주의 그리고 그에 따라 넘쳐나는 물건과 극심한 낭비. 지금의 우리 모습과 참 비슷했다.

그러다 일이 터졌다. 갑자기 모든 것이 멈췄다. 사람들이 자연의 법칙을 거스르려고 아무리 애써도 조정은 일어나기 마련이다. 자연은 불균형을 싫어한다. 무엇이든 영원히 성장할 수는 없는 법이다. 그 좋은 시절이 끝나지 않으리라는 예상은 보기 좋게 빗나가고 1929년 10월 29일, 갑작스럽게 모든 것이 중지됐다.

'악몽의 화요일'이라 불리는 이날, 주식 시장에는 거대한 '조정'이 일어났다. 시장의 불균형과 과대평가는 언젠가 바로잡힐 수밖에 없으며 시장은 균형을 되찾기 마련이다. 시장 조정이 드문 일은 아니지만 당시는 불균형 정도가 극심해 조정 수준 역시 심각했고 결국 대공황이 찾아왔다. 주식 시장의 가치가 90퍼센트 가까이 하락했고, 실업률은 25퍼센트에 육박했다.

1920년대에 태어난 사람들은 부모 세대와 달리 1920년대의 호황을 즐기기에는 너무 어렸다. 그들은 미국 역사상 가장 검소한 시기에 성장했다. 인류학자들이 주장하는 바와 같이 이 세대는 자원이 부족한 환경에서 먹고살기 위해 서로 돕고 협력하는 방법을 배웠다. 낭비와 과잉 생산물은 이제 찾아볼 수 없었다. 대공황은 10년 넘게 이어져 1942년이 다 되도록 끝나지 않았다. 그러다 1941년 12월 7일, 진주만 공습으로 미국은 제2차 세계대전에 참전했고 그 결과 대공황을 극복했다.

사상 최악의 불경기에 자란 세대는 마침 히틀러의 군대와 맞서 싸울 병력으로 징집되기에 알맞은 청년이 됐다. 나라의 운명이 대공황에서 대전쟁으로 순식간에 바뀌었다.

미국이 제2차 세계대전에 참전했을 당시 미국 인구는 약 1억 3,300만 명이었고 이 중 약 1,600만 명이 참전했다. 총인구의 12퍼센트에 해당하는 숫자다. 오늘날 미국 인구는 3억 1,500만 명이 넘지만 그중 군인은 1퍼센트 미만이다. 현역, 군무원, 방위군, 예비역을 전부 포함한 수치다. 제2차 세계대전 때는 입대한 사람 수가 엄청났으므로 거의 모든 국민이 군대에 아는 사람이 있을 정도였다. 아들이 의기양양하게 전장으로 향하는 모습을 지켜본 부모도 많았다. 반면 오늘날은 우리 대부분 군대에 아는 사람이 한 명도 없으므로 어떻게 사람이 그렇게까지 이타적으로 봉사할 수 있는지 깊이 이해하지는 못한다.

오늘날의 분쟁과 달리 제2차 세계대전은 저 멀리서 일어나는 남의 일이 아니었다. 텔레비전이나 컴퓨터 화면으로 보는 전쟁이 아니라 국민 대부분의 삶에 직접 영향을 주는 전쟁이었다. 온 국민이 나름대로 총력을 기울여 전쟁에 참여했다. 켄 번스Ken Burns와 린 노빅Lynn Novick 감독이 제2차 세계대전을 다룬 영향력 있는 다큐멘터리 〈전쟁〉The War을 보면 당시 국방 관련 직업에 종사하기 위해 거주지를 옮긴 사람이 2,400만 명이나 됐다. 그에 따라 여성, 아프리카계 미국인, 라틴계 미국인들은 전례 없는 취업 기회를 얻었다. 직접 참전하지 못하는 사람들은 전쟁 자금을 조달하려는 목적으로 발행된 전쟁 채권을 사며 자신도 전쟁에 힘을 보탰다고 느꼈다. 이마저 못 하는 사람들은 식량 배급

제에 힘을 보태고자 집에서 직접 과일과 채소를 가꾸는 '빅토
리가든'을 만들었다. 이런 이유로 우리는 이 세대를 '위대한 세
대'The Greatest Generation라 부른다. 과잉 생산과 소비지상주의가 아
닌 궁핍과 헌신의 세대였다.

당시는 사람들이 그저 가만히 앉아 불평하고 비난하며 우리
가 전쟁을 해야 하나 말아야 하나 논쟁이나 벌이던 시대가 아니
었다. 모든 국민이 하나로 단결한 시대였다. 『라이프』Life 1942년
11월호에 실린 설문조사에 따르면 미국이 전쟁을 계속해야 한
다고 응답한 국민이 전체의 90퍼센트가 넘었다. 이들은 전쟁이
일어나기 전부터 압도적으로 징병제를 지지했고, 전쟁이 끝난
뒤에도 병역을 의무화해야 한다고 생각했다. 미국 국민으로서
그들은 군 복무가 필요하다고 믿었다. 그리고 모두 각자의 방법
과 나름의 형태로 희생했고 타인을 위해 봉사했다. 거의 모든 국
민이 자신의 이익보다 더 큰 가치를 추구해야 한다고 믿었다.

마침내 전쟁에서 이기고 전장에서 살아 돌아온 사람들은 퍼
레이드와 파티를 즐겼다. 하지만 전방에서 목숨 걸고 싸운 이들
만 축배를 든 것은 아니었다. 각자 나름대로 전쟁에 참여하고 희
생한 모든 사람이 함께 축하했다. 거의 모든 국민이 성취감을
느꼈고 연합군의 승리에 안도했다. 그럴 만도 했다. 그 감정을
느끼기 위해 모두가 노력했으니 즐길 자격이 충분했다.

대공황 시기에 자라 전쟁터에 보내진 위대한 세대의 남성과
여성들은 전쟁이 끝나고 경제 호황기가 시작되면서 젊음을 놓

친 것 같다고 느꼈다. 억울해하는 사람도 많았다. 그들은 이미 자기 인생의 큰 부분을 희생했다고 느끼고 잃어버린 것을 되찾으려 했다. 그래서 직장에 갔다.

이들 세대는 무엇이든 해내려면 최선을 다해 노력하고 협력해야 한다고 생각했으며 충성심을 아주 중요한 가치로 여겼다. 이것이 그들이 아는 전부였다. 그래서 그 생각대로 회사를 운영했다. 1950년대는 사람들이 한 직장에 평생 헌신하길 원하고 회사 역시 직원들이 평생 일해주길 기대하는 시대였다. 그렇게 오랜 세월 근속한 직원은 은퇴할 때 금시계를 선물로 받았다. 금시계는 회사에 평생을 바쳐준 직원에게 주는 궁극적인 감사의 표시였다. 얼마간 이런 분위기가 이어졌다.

◆ 사회를 지배한 베이비붐 세대 ◆

모든 세대는 이전 세대를 반박하거나 그들에게 저항하는 경향이 있는 듯하다. 각 세대는 자신이 청년이었던 시절에 일어난 사건이나 당시 경험한 일, 그 시대의 기술에 따라 가치관과 신념을 형성한다. 그것은 대개 부모 세대와 다르다. 인구가 꾸준히 늘어나는 상황에서는 모든 것을 바꾸려는 젊은 세대와 모든 것을 그대로 유지하려는 기성세대 사이의 줄다리기가 견제와 균형의 원리처럼 작동한다. 그렇게 자연적인 대립 관계가 만들어져 기존 질서를 모조리 깨뜨리지 않으면서도 시간의 흐름에 맞춰 진보하거나 변화하게 된다. 단 하나의 관점이나 독점적인 힘이 좋은 결과를 내는 경우는 드물다. 기업에 기발한 생각을 내놓는 혁신가가 있고 그 혁신을 실현 가능한 목표로 바꾸는 실행가가 있듯 의회에는 민주당원과 공화당원이 있고, 지정학적으로는 소련과 미국이 있었고, 심지어 집에도 엄마와 아빠가 있다. 이처럼 반대되는 두 가치가 서로 밀고 당기며 대립할 때 모든 것이 안정적으로 유지된다. 균형이 중요하다.

하지만 제2차 세계대전이 끝날 무렵 견제와 균형의 원리를 뒤흔든 일이 일어났다. 말 그대로 미국을 완전히 새로운 궤도에 올리고 자연 질서를 깨뜨린 일이었다. 전장에서 돌아온 사람들은 승리를 축하했다. 축하하고 또 축하했다. 그리고 9개월 뒤, 미국 역사상 유례없는 인구 증가가 시작됐다. 바로 베이비붐이다.

1940년에 태어난 신생아 수는 260만 명이었으며 1946년에는 340만 명으로 늘었다. 제1차 세계대전 이후에도 출산율이 약간 늘긴 했으나 제2차 세계대전 이후 출생아 수가 대규모로 급증하는 바람에 당시 기록이 깨졌다. 대공황과 전쟁 시기에 상대적으로 낮았던 출산율과 비교하면 불균형이 심각했다.

베이비붐 세대가 끝나는 시기는 보통 1964년으로 본다. 10년 넘게 고출산 시대가 이어지다 처음으로 신생아 수가 400만 명 아래로 떨어진 해였다. 베이비붐 시대에 인구는 약 7,600만 명이 늘었고, 인구 증가율은 거의 40퍼센트에 가까웠다(1964년부터 1984년까지의 인구 증가율이 25퍼센트 이하였던 것과 대조된다).

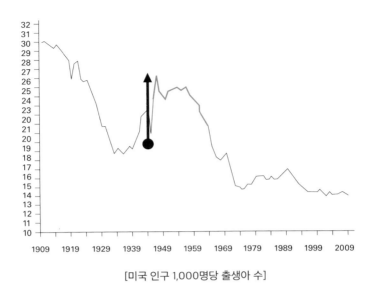

[미국 인구 1,000명당 출생아 수]

　극적인 변화는 거기서 멈추지 않았다. 베이비붐 세대의 부모
들은 경제적으로 어려웠던 대공황 시기와 식량 보급제가 있던
전쟁 시기에 자랐지만 베이비붐 세대는 풍요와 번영의 시대에
자랐다. 전쟁이 끝난 이래 미국의 부와 GDP는 지칠 줄 모르고
꾸준히 성장했다. 베이비붐 세대에게 이는 좋은 일이었다. 전쟁
터에 나가 직접 싸우거나 가진 것을 모두 희생했던 그들의 부모
는 이제 자녀에게 자신의 인생과는 전혀 다른 인생을 선사할 수
있었다. 위대한 세대가 타인을 위해 봉사해야 했던 반면 베이비
붐 세대는 자기 자신을 위한 길을 갔다. 부가 축적되고 사람들의
태도가 변화함에 따라 미국은 한 가지 삶의 방식을 지키기 위해
싸우는 나라에서 각자 원하는 삶의 방식을 지키기 위해 싸우는

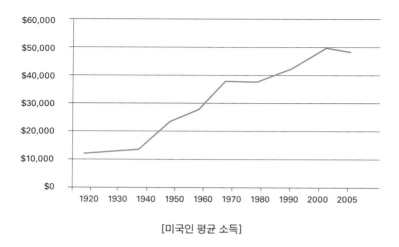

[미국인 평균 소득]

나라로 탈바꿈했다.

초기 베이비붐 세대는 이제 막 부유해진 부모의 보호 아래 1960년대에 청소년이 됐다. 그리고 모든 청소년이 그렇듯 그들 역시 평생 한 회사에서 일하거나 한 직업을 택해 금시계를 받을 때까지 열심히 일하라고 부모가 강요하자 그 뜻에 반항했다. 그들은 교외에서 조용히 살기를 거부했고 부모처럼 물질적 부에 초점을 맞추기도 싫어했다. 영화 〈비버는 해결사〉Leave It to Beaver는 그들이 생각하는 좋은 인생의 모습이 아니었다. 그들에게는 개인주의, 자유연애, 나르시시즘에 따라 사는 것이 좋은 인생이었다. 1960년대 미국의 히피족은 미국이 한 국가로서 필요한 것 이상을 가졌다는 이유만으로 필요한 것보다 적게 가진 삶을 택했다.

오해하지 말길 바란다. 지금 위대한 세대가 완벽했다고 말하는 것이 아니다. 사실 그들에게는 심각한 문제가 있었다. 미국인들은 나치 독재를 몰아내고자 애쓰는 동시에 인종차별과 불평등 문제로 골머리를 앓았다. 미국인이 꿈꾸는 이상적인 미국의 모습, 즉 '아메리칸 드림'은 기독교도 백인 남성들에게만 조화로운 그림이었다. 그때만 해도 미국에서 여성은 공인이나 기업 임원이 되기에 자질이 부족하다고 여겨졌다. 아프리카계 미국인은 전쟁이 끝난 지 거의 20년 뒤인 1964년 민권법이 제정되기 전까지는 제대로 된 시민으로 인정받지도 못했다. 게다가 그때도 민권법에 반대하는 상원의원이 30퍼센트에 가까웠다.

베이비붐 세대가 젊었을 때 기성세대는 부당하고 잘못된 당시 상황을 이어가는 데 혈안이 되어 있었다. 그때 기성세대에게 민권을 주장한 사람들이 바로 베이비붐 세대였다. 여성의 임금을 올려야 한다고 주장하고 사회에 만연한 불평등을 맹목적으로 받아들이길 거부한 사람들 역시 그들이었다. 이 행보를 이어갔다면 그들은 제2의 위대한 세대가 됐을지도 모른다. 하지만 그렇게 되지 않았다.

거대 인구 집단인 베이비붐 세대는 나이 듦에 따라 행로를 바꿨다. 그때부터 현시대의 문제들이 발생하기 시작했다. 나이 든 베이비붐 세대는 다른 길로 향하기 시작했다. 더 이기적인 길이었다. 그들은 자신들에게 가장 익숙한 세상을 지키고자 했다. 바로 부와 풍요로움이 늘어나는 세상이었다.

1970년대가 되자 초기 베이비붐 세대는 대학을 졸업하고 사회인의 삶을 시작했다. 당시 대통령이었던 리처드 닉슨^{Richard} Nixon은 인기 없는 전쟁과 워터게이트 스캔들로 얼룩진 10년 동안 이기적인 야망을 실현하느라 좋게 말하면 비도덕적이고 나쁘게 말하면 불법인 행동을 저질렀다.

베이비붐 세대는 '정부는 신뢰할 수 없다', '자기 자신은 스스로 지켜야 한다', '행동하는 방식을 바꿔야 한다'라는 인생 초반의 신념을 더욱 강화해주는 사건들만 경험했다. 그들은 현 상황은 잊자고 말하며 자아실현을 열망했다. 당시에는 '영혼의 스승'을 두는 것이 오늘날 체육관에 가는 일과 비슷했다. 그들은 디스코 춤을 배웠고 폴리에스터 옷을 입었다. 그리고 잡지『뉴욕』^{New York} 1976년 호에 토머스 울프^{Thomas Wolfe}가 쓴 대로 "자기중심주의의 시대"^{Me decade}를 정의했다. 그들은 타인의 행복이나 만족보다 자신의 행복과 만족에 집중했다.

베이비붐 세대는 청년으로 성장해 사회에 진출하고 경제 활동을 시작하면서 자기중심주의와 냉소주의를 사회에 고스란히 가져왔다. 다만 그동안과 달리 이때는 '우리'보다 '나'를 앞세우는 이 새로운 이상의 균형을 잡아줄 기성세대의 수가 상대적으로 매우 적었다.

또한 1970년대 후반에는 새로운 비즈니스 이론이 도입됐다. 베트남 전쟁, 대통령의 스캔들, 석유 파동, 세계화의 대두, 이란 혁명에서 일어난 미국인 인질 사건 등으로 경제 이론은 자연히 자국 보호주의 쪽으로 흘러갔다. 이전 세대가 전쟁 채권을 발행한

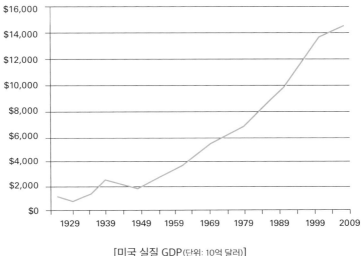

[미국 실질 GDP(단위: 10억 달러)]

일처럼 같이 국가적 대의를 위해 부를 어떻게 분배하고 이용할
지에 초점을 맞추는 것이 아니라 점점 증식하는 부를 어떻게 지
킬지에 집중했다. 타인을 향한 봉사가 국민 정체성의 일부를 이
루던 모습은 점차 사라지고 자기 자신을 향한 봉사가 전체 국민
의 새로운 우선순위로 자리 잡았다.

이 시기 미국 가계의 부는 하늘 높은 줄 모르고 치솟았다.
1965년 3조 8,700억 달러였던 GDP는 1970년 4조 7,000억 달
러로 올랐고 1980년에는 6조 5,200억 달러가 됐다. 15년 만에
68퍼센트나 성장했다. 거침없는 고공 행진이었다. 미국은 국민
적으로나 국가적으로 점점 부강해졌다. 국민 중 가장 부유한 계
층이 다른 계층보다 압도적으로 높은 부의 성장률을 기록하긴

했지만 가장 빈곤한 계층 역시 이전 수준으로 부를 유지했고, 심지어 소폭 성장하기도 했다. 중요한 사실은 전체 인구에서 이전보다 심각하게 빈곤해진 계층이 없었다는 점이다.

1970년대 말에 접어들면서 미국인들은 이제 나팔바지 대신 보머 재킷을 입었으며, 바닥에 깔려 있던 섀그 카펫을 뜯어냈다. 베이비붐 세대는 30대로 접어들었다. 그들은 이제 기업과 정부 기관에서 더 높은 자리에 올라 일하기 시작했다. 집단보다 자기 자신을 먼저 생각해도 되는 사회에서 크게 고생하지 않고 애지중지 자란 베이비붐 세대가 이제 정치, 경영, 경제 분야에 영향을 주는 자리에 앉았다. 한 가지 주목해야 할 점은 베이비붐 세대가 등장한 시기부터 의회 의원들의 관계가 나빠졌다는 사실이다. 1990년 초까지만 해도 양당 의원들은 합의점을 찾겠다는 공동의 목표를 두고 모여 앉아 이야기를 나눌 수 있었다. 물론 요즘처럼 그렇게 보이도록 꾸며내는 일이 많았지만 말이다. 의견이 합치되지 않을 때도 있었지만 최소한 노력하기는 했다. 그리고 대부분 서로 예의 바르게 행동했다. 아이들이 같은 학교에 다녔고 가족끼리도 서로 알았다. 주말에 함께 시간을 보내기도 했다. 그 결과 의회가 제대로 운영됐다.

베이비붐 세대는 어떤 반대 세력도 저항하지 못할 만큼 크고 강력한 집단으로 부상했다. 단일 집단의 욕구와 야망은 상황의 균형을 잡아주는 반대 세력 없이는 통제하기 어렵다. 소련 붕괴 이후 대적할 상대가 없어진 미국처럼, 정권을 차지한 독재자처럼, 의회에서 압도적인 다수당이 통과시킨 법안처럼 베이비붐 세대는 세상에 자기 뜻을 강요하기 시작했다. 그들을 향한 반대의 목소리는 수적 열세를 극복하지 못했다. 집단의 크기나 세력 모두 거대하다는 뜻에서 "충격파" 혹은 "돼지를 삼킨 비단뱀"이라 불리는 베이비붐 세대는 1980년대부터 1990년대까지 사회를 제멋대로 주무를 만큼 힘이 셌다.

12
1981년, 악순환의 시작

1980년대가 시작됐다. 미국은 이제 사람들을 집결시켜 전쟁에서 이길 방법을 궁리할 필요가 없어졌다. 미국인들은 이제 당대의 엄청난 호황을 어떻게 즐길지가 고민이었다. '광란의 80년대'가 시작되었다.

이 시기 전문가들은 베이비붐 세대가 축적한 부를 지키고자 여러 새로운 경제 이론을 제시했다. 과잉 생산의 전형적인 현상이었다. 1920년대에 라디오, 자동차, 냉장고가 필수품이었다면 1980년대에는 다른 신기술이 대유행했다. IBM PC, MS-DOS, 애플 매킨토시, 마이크로소프트 윈도우가 등장한 덕분에 퍼스널 컴퓨터가 부상하고 널리 보급됐다. 마이크로소프트의 젊은 창립자였던 빌 게이츠^{Bill Gates}가 꿈꾸던 대로 "모든 책상에 PC를"

올려두는 시대가 열렸다. 이제 힘을 얻기 위해 직장에 갈 필요가 없어졌다. 집에서 혼자서 힘을 얻을 수 있게 됐다. 개인이 기업과 경쟁할 수도 있게 됐다. 당대의 신기술까지 개인주의를 향한 사람들의 욕망을 뒷받침했다.

수명이 짧은 제품에도 점차 익숙해졌다. 일회용 카메라와 일회용 콘택트렌즈도 1980년대에 처음으로 등장했다. 당시 일회용품 산업은 신사업 분야로 각광받았다. 과잉 생산의 시대라는 점을 보여주는 또 하나의 예였다. 실제로 미국인들은 더 버릴 것이 없는지 찾는 수준이었다. 그리고 버릴 수 있는 일회용품으로 보기 시작한 것이 하나 더 있었다. 바로 사람이었다.

◆ 정리해고라는 관습이 생긴 날 ◆

1981년 8월 5일. 정리해고가 공식적으로 사용되기 시작한 날이다.

경영학 이론이나 개념이 일반적인 관습으로 받아들여지기 시작한 정확한 날짜를 꼭 집어 말할 수 있는 경우는 드물다. 하지만 대규모 정리해고의 경우에는 가능하다. 1981년 8월 5일, 로널드 레이건Ronald Reagan 대통령은 1만 1,000명이 넘는 항공 관제사를 해고했다.

당시 미국 항공 관제사 노동조합 PATCO는 임금 인상과 주당 근무 시간 단축을 요구하며 미 연방항공국과 극심한 분쟁을 벌이고 있었다. 협상이 결렬되자 PATCO는 파업하겠다고 들고일어나 공항을 폐쇄한 것처럼 꾸며 연중 가장 붐비는 성수기에 항공편 수천 건이 취소되도록 했다.

1947년에 제정된 태프트 하틀리법Taft-Hartley Act에 따르면 이 같은 파업은 불법이다. 가끔 논란이 되기도 하는 이 법은 노동자가 파업함으로써 분쟁과 무관한 사람들에게 부당한 손해를 입히거나 전반적인 복지에 해로운 상업적 피해를 초래하는 일을 기본적으로 금지한다. 경찰이나 병원 응급실 간호사의 파업이 금지된 이유가 바로 이것이다. 이들이 파업할 때 생기는 피해는 부당한 임금 수준이나 과도한 근무 시간에서 비롯된 어떤 불만보다 훨씬 중대할 것이기 때문이다.

만족할 만한 협상안도 없고 합의점도 찾지 못한 PATCO 조합원들은 8월 3일 무단으로 결근했다. 파업이 나라에 미칠 영향을 걱정한 레이건 대통령이 직접 개입해 항공 관제사들에게 출근하라고 명령했다. 노동조합원이 아닌 관리자들과 파업에 참여하지 않은 소수의 관제사 그리고 군 소속 항공 관제사들이 동원돼 손실을 막기 위한 비상대책을 시행했다. 완벽한 해결책은 아니었지만 이 임시 근로자들 덕분에 대다수 항공편이 정상적으로 운행됐다. 파업의 영향은 예상보다 심각하지 않았다. 하지만 레이건 대통령은 결국 1981년 8월 5일, 항공 관제사 1만 1,359명을 해고했다. 당시 연방항공청에서 일하던 관제사 거의 전원이 해고된 것이다. 비극은 거기서 그치지 않았다.

레이건 대통령은 파업에 참여한 직원 모두 평생 다시는 연방항공청에서 일하지 못하도록 재입사를 금지했다. 금지령은 1993년 클린턴 대통령이 해제하기 전까지 쭉 이어졌다. 그날 해고당한 항공 관제사 중에는 전장에서 관제술을 배운 참전 용사와 중산층 소득을 얻고자 공무원이 되어 열심히 살던 사람이 많았다. 재입사 금지령이 내려진 데다 관제술은 다른 산업에서는 쓰이기 어려운 기술이라 해고당한 관제사 중 다수가 빈곤하게 살 수밖에 없었다.

레이건 대통령이 항공 관제사들을 해고해야 했는지 혹은 해고해선 안 됐는지 따져보자는 이야기는 아니다. 노사분쟁이 어떻고 노동조합이 경영진에 맞설 권리가 있는지 이야기하는 것 역시 아니다. 여기서 중요한 점은 이 사태 이후 아주 악질적인 일이 일어났다는 것이다. 이 이야기는 기업에서 어떤 행동이 용인되고 어떤 행동이 용인되지 않는지 정하는 새로운 기준을 리더가 마련했을 때 장기적으로 얼마나 큰 파장이 일어나는지를 보여준다.

레이건 대통령은 나라에서 발생한 단기적인 갈등 상황을 해결하는 대책으로 본의 아니게 아주 오랫동안 이어질 새로운 관습을 만들고 말았다. 항공 관제사를 전부 해고함으로써 전국 기업의 리더들에게 일종의 메시지를 전한 셈이었다. 단기적인 경제 악화를 해결하고자 할 때 대규모 정리해고라는 신속하고 공격적인 결정을 내려도 된다는 말을 부지불식간에 해버린 것과 같았다. 당연히 레이건 대통령이 그런 의도로 행동하지는 않았으리라 확신하지만 몇몇 열의 넘치는 CEO들은 그의 행동을 보고 자신에게 똑같이 해도 된다고 허락한 것이라 해석했다. 사람이 아니라 사업을 보호한 선례가 생긴 것이다. 그동안 CEO가 아무리 하고 싶은 일이 있어도 마음대로 하지 못하게 막았던 사회 관습이 사상 최초로 하루아침에 사라졌다.

나라의 암묵적인 승인 이후 재무 상태를 개선하기 위해 대규모 정리해고를 단행하는 일이 훨씬 자주 일어났다. 1980년대 이전에도 정리해고는 존재했지만 보통 최후의 수단으로 사용했지 처음부터 염두에 두는 사항은 아니었다. 이제 실력주의조차 중요하지 않은 시대가 시작됐다. 열심히 일하거나 회사에 희생하고 헌신한다고 해도 더는 직업 안정성을 보장받을 수 없었다. 누구든 연말 회계 결산 때 손익을 맞춘다는 이유로 해고될 수 있었다. 회사는 실적 수치를 높이기 위해 직원들의 경력을 단절시켰다. 마치 경제 이론처럼 직원을 보호해야 한다는 생각이 돈을 보호해야 한다는 생각으로 바뀌었다. 환경이 이런데 우리가 어떻게 직장에서 안전함을 느끼겠는가? 리더가 우리에게 헌신하지 않는데 어떻게 우리가 직무에 헌신할 수 있겠는가?

실적 수치나 자원을 직원보다 우선시한다는 생각은 리더라면 응당 조직원을 보호해야 한다고 말하는 인류학의 주장과 완전히 위배된다. 마치 부모가 아이들보다 자동차를 소중히 여기는 일과 비슷하다. 그런 가족이라면 가정의 근간이 흔들릴 것이다. 마찬가지로 리더의 역할을 그런 식으로 재정의한다면 직장 내 인간관계는 물론 사회 전체의 인간관계까지 파괴된다.

공공기관과 산업계는 1980년대부터 본격적으로 이 새로운 경제관에 굴복하고 말았다. 소비재 산업부터 식품 산업, 미디어, 은행, 월스트리트, 심지어 미국 의회에 이르기까지 다양한 업계에서 정도는 다르더라도 이기적인 목적에 우선순위를 두고 조직원을 내쳤다. 권한과 책임이 있는 높은 사람들은 의사결정을 하고 행동할 때 외부 요소에 쉽게 영향받는다. 이들 리더는 외부에서 요구하는 정리해고를 단행함으로써 기대 수익을 냈을지는 몰라도 자기가 지켜야 할 사람들에게 해를 가했다. 장기적인 사고방식은 단기적인 사고방식으로 대체되고 이타심은 이기심으로 바뀌었다. 봉사라는 이름으로 이기적인 행동을 하는 일도 있었다. 물론 이름만 봉사였다.

리더들의 이 같은 새로운 우선순위는 신뢰와 협력을 쌓는 데 필요한 기반 자체를 뒤흔들었다. 자유 시장 경제를 규제해서가 아니다. 숫자만으로 경쟁하느라 사람이 가장 중요하다는 사실을 잊었기 때문이다. 조직이 혁신하고 진보하며 경쟁자를 누르는 데 가장 크게 힘쓸, 살아 숨 쉬는 사람이야말로 가장 가치 있는 자산이라는 사실을 잊었다. 사람보다 성과를 중요하게 여기는 일이 자유 시장 경제에 더 악영향을 미친다.

기업이 고객에게 더 좋은 상품과 서비스, 경험을 선사할수록 그 상품, 서비스, 경험을 향한 수요가 늘어난다. 시장 경제에서 경쟁력을 갖추고자 할 때 수요를 창출하고 공급에 더 큰 통제권을 행사하는 것보다 좋은 방법은 없다. 그리고 이는 모두 직원의 의지에 달렸다. 더 나은 상품과 서비스와 경험은 보통 직원들이 발명하고 혁신하고 공급한 결과다. 우선순위에서 직원들을 두 번째로 밀어내는 순간 차별성은 보편성으로 바뀐다. 그러면 혁신은 줄어들고 가격 인하 같은 단기 전략으로 경쟁해야 한다는 압박이 커진다.

실제로 애널리스트들이 많이 분석하는 기업일수록 혁신이 일어나기 어렵다. 2013년 『금융경제학저널』*Journal of Financial Economics* 에 발표된 한 연구에 따르면 애널리스트 다수가 분석하는 기업이 애널리스트 소수가 분석하는 기업보다 특허 개수가 적고 영향력도 적었다. 기업이 애널리스트들에게 단기 목표를 달성하라고 과도하게 압박받으면 장기적이고 혁신적인 프로젝트를 수행하지 못하게 된다는 주장은 사실이었다. 다시 말해 상장기업의 리더가 외부의 기대에 부응해야 한다는 압박을 많이 받을수록 상품과 서비스 개발 능력을 잃을 확률이 높아진다.

◆ 리더가 마지막에 먹을 때 일어나는 일 ◆

베이비붐 세대가 기업과 정부 기관의 경영을 담당한 이래 주식 시장이 세 차례 대폭락했다. 첫 번째는 1987년 과도한 투기가 계속된 뒤 발생한 대대적인 시장 조정이다. 사람이 직접 투자하지 않고 컴퓨터 프로그램에 지나치게 의존한 것이 화근이었다는 주장도 있다. 두 번째는 2000년 닷컴 버블 사태 직후였다. 그리고 마지막은 2008년 과대평가됐던 부동산 시장이 무너진 뒤 발생한 금융 위기이다. 1920년대의 과잉 생산과 자산의 과대평가로 대공황이 일어난 이래 1987년까지는 한 번도 주식시장이 폭락하지 않았다. 우리가 스스로 불균형을 바로잡지 않으면 항상 자연이 나서서 조정하기 마련이다.

> 오늘날 우리 직장 환경은 직원들이 서로 신뢰하고
> 협력하려는 본능을 저해하는 경우가 너무 많다.

인간은 자원이 희소하고 위험이 큰 시기에 발생한 종이므로 자원이 풍부하고 위험이 크지 않을 때는 서로 나누고 협력하려는 본능이 복잡하게 작용한다. 우리는 가진 것이 적을 때 오히려 가진 것을 기꺼이 나누는 경향이 있다. 아랍이나 몽골의 유목민 가족은 가진 것이 많지 않지만 서로 나누는 일을 행복해한다. 그렇게 해야 이득이 가장 크기 때문이다. 만일 여행하다가 그들과 우연히 마주친다면 그들은 문을 활짝 열고 당신을 환영하며 먹을 것을 주고 잠자리를 마련해줄 것이다. 단지 그들이 좋은 사람이어서가 아니다. 가진 것을 나눠야만 생존할 수 있기 때문이다. 언젠가 자신에게도 여행자로서 음식과 숙소가 필요한 날이 올 수 있다는 사실을 알기 때문이다. 역설적이게도 우리는 가진 것이 늘어날수록 울타리를 키우고, 사람들이 가까이 오지 못하도록 더욱 철저히 보안하며, 가진 것을 나누지 않는다. 더 많이 가지려 욕심내고 다른 사람들과 인간적으로 상호작용하는 일이 줄어들자 현실과 단절되고 현상을 제대로 보지 못하게 됐다.

안타깝게도 오늘날 우리 직장 환경은 직원들이 서로 신뢰하고 협력하려는 타고난 성향을 발휘하도록 장려하는 것이 아니라 저해하는 경우가 많다. 우리 기업과 사회에는 새로운 가치관과 기준이 정립됐다. 서로 협력하며 신뢰와 충성심으로 유대감을 형성하도록 돕는 세로토닌과 옥시토신의 균형 없이 개인 성과로 평가하며 도파민만을 유도하는 성과 체계가 자리 잡았다. 바로 이 화학 물질의 불균형 때문에 주식 시장이 폭락했다. 이렇게 기업 문화가 균형을 잃자 대기업의 안정성이 흔들렸다. (기업 문화의 불균형으로 무너진 '안정적인' 대기업으로는 엔론 Enron, 타이코 Tyco, 월드컴 WorldCom, 리먼브라더스 Lehman Brothers 등 다수가 있다.) 이런 상황을 바꾸려는 노력이 부족한 탓에 화학 물질의 불균형은 점점 더 심해지고 있다. 그렇게 악순환이 계속된다. 우리 건강이 위협받는다. 경제도 위협받는다. 기업의 안정성 역시 위협받고 있다.

베이비붐 세대는 의도치 않게 세상을 불균형에 빠뜨렸다. 그동안 역사가 끊임없이 증명해왔듯 불균형은 우리가 천천히 체계적으로 고쳐나가지 않으면 어느 날 갑자기 제 스스로 격하게 조정되기 마련이다. 즉각적인 만족을 추구하는 요즘 사람들의 성향과 기업 내 약한 안전망으로 미루어볼 때 우리 리더들은 해야 할 일을 할 자신감이나 인내심이 없는 것 같다.

물론 현대 사회의 병폐가 단순히 한 세대만의 탓이라고 할 수는 없다. 특정 산업이나 기업 혹은 CEO를 탓할 수도 없다. 만화에서처럼 세상을 지배하겠다는 야망으로 기업을 경영하는 악당이 있는 것도 아니므로 잘못을 바로잡기 위해 손쉽게 그 악당만 타도하면 되는 상황도 아니다. 하지만 현대 기업 경영 방식에 공감과 인간성이 부족한 것은 사실이다. 기업을 경영하고 체제를 관리하는 똑똑한 경영자는 많지만 사람들을 이끄는 진정한 리더는 확실히 찾아보기 어렵다.

배리웨밀러의 CEO 밥 채프먼은 이렇게 말하기를 좋아한다. "관리자가 나를 관리하는 회사에 출근하고 싶은 사람은 없다. 우리는 리더가 이끌어주는 회사에 출근하고 싶어 한다." 그러려면 우리가 따르고 싶은 리더가 꼭 있어야 한다.

◆ 비인간화 ◆

우리 정신의 구조는 복잡하지만 목적은 간단하다. 인체의 화학 물질 보상 체계는 자원이 희소하고 주변 위험이 크던 시절 소규모 집단을 이루고 살기에 적합하게 만들어졌으며, 우리가 실질적으로 환경에 잘 적응하고 번영하는 데 도움이 되는 방향으로 작용한다. 당시 사람들은 함께 일하고 모여 사는 사람들과 잘 아는 사이였다. 필요한 것을 눈으로 직접 보고 그것을 얻기 위해 힘을 모아 함께 행동했다. 또한 자신을 위협하는 존재를 실제로 보고 그 존재로부터 서로 보호하고자 함께 행동했다.

　문제는 이제 우리가 필요로 하고 갖고 싶어 하는 거의 모든 것이 풍족하게 생산되고 있다는 점이다. 우리는 자원이 풍족한 상황에서 어떻게 행동해야 할지 잘 모른다. 자원이 풍족하면 내면 체계에 혼란이 일어나 사람과 기업 모두 피해를 입게 된다. 풍족함 자체가 우리에게 해로워서가 아니다. 풍족한 상황에서는 사물의 가치가 추상화되기 때문이다. 사람들은 더 많이 가질수록 소중함이 줄어든다고 생각한다. 모든 것이 넉넉해 사물의 가치가 추상화되고 그 가치가 떨어져 인간관계까지 추상화된다면 어떻게 될지 상상해보라.

　오늘날 우리가 영향을 미칠 수 있는 범위는 매우 넓어서 우리 머리로 가늠하기 어려울 정도다. 범위가 넓어지면 자연히 거리감이 생기고, 멀리서 바라보면 인간적인 개념은 의미를 잃는다. '소비자'란 우리가 생산하는 상품을 소비할 사람을 추상화한 개념이다. 우리는 우리가 생산하는 제품을 더 많이 팔기 위해 소비자가 원하는 바를 알아내려 애쓴다. 그렇게 해서 소비자에게 더 많은 제품을 팔면, 생산과 판매 절차를 더 효율적으로 관리할 수 있도록 여러 평가 기준을 세운다. 절차의 효율성이 좋아지고 평가 기준이 늘어나며 생산 규모가 계속해서 커지면 사업을 키우고 성장을 가속화하고자 새로운 기술을 도입한다. 다시 말해 이 모든 상품의 최종 소비자인 인간은 공급자들로부터 거리가 너무 멀어져 단순히 관리해야 할 여러 평가 기준 중 하나가 됐다. 둘 사이의 거리가 멀고 대상을 추상화할수록 상대를 인간으로 바라보기 힘들어진다. 풍족함이 아니라 인간성 추상화를 관리하고 제한해야 한다.

우리는 더 이상 상대를 사람으로 보지 않는다. 고객, 주주, 직원, 아바타, 온라인 프로필, 온라인 닉네임, 이메일 주소, 계산해야 할 비용일 뿐이다. 인간은 정말 가상의 존재가 되었다. 우리는 온통 낯선 사람뿐인 세상에서 어느 때보다 열심히 일하고 살며, 생산성을 높이고, 행복해지고자 노력하고 있다. 문제는 인간성을 추상화하는 일이 우리 경제에 단순히 나쁜 영향을 주는 수준에 그치는 것이 아니라 아주 치명적일 수도 있다는 점이다.

LEADER DIFFERENT

5

'추상적'
이라는 적

13
추상화가 사람을 죽일 수 있다

"여기서 내보내줘! 내보내줘! 내보내달란 말이야!" 창문도 없는 작은 방에 갇힌 남성이 사람들의 주의를 끌기 위해 벽에 머리를 부딪치며 외쳤다. "당신들, 날 여기 가둘 자격 없어!"

그날 자원해 도와주러 온 한 남성이 계기판 앞에 앉아 있었다. 그는 초조해졌다. 다른 방에서 애원하는 소리가 작게 들렸다. 그는 책임자가 상황을 파악하지 못하고 있다는 듯 말했다. "저 사람이 고통스러워하고 있어요."

하지만 책임자는 감정에 아무런 변화도 없었다. 전혀 요동하지 않았다. 그저 이렇게 말할 뿐이었다. "실험이니 계속해야 합니다." 도와주러 온 남성은 계기판 쪽으로 몸을 돌리며 작게 혼잣말했다. "계속해야 해. 계속해야 해." 그는 스위치를 젖혀 방

안에 갇힌 남성에게 다시 전기 충격을 가했다.

"당신들, 날 여기 가둘 자격 없어!" 남성이 다시 소리쳤다. 하지만 아무도 대답하지 않았고 실험은 계속됐다. "내보내줘!" 그는 미친 듯이 비명을 질렀다. "심장이 아파! 날 좀 풀어줘!" 그러다 갑자기 비명이 멈췄고 실험은 끝났다.

제2차 세계대전이 끝나갈 무렵, 나치 정권의 핵심 주동자 아돌프 히틀러Adolf Hitler, 하인리히 힘러Heinrich Himmler, 요제프 괴벨스Joseph Goebbels는 체포를 피하기 위해 자살했다. 다른 전범들은 정의의 심판을 피하지 못했다. 그들은 전쟁 중 일어난 집단 학살에 가담한 죄로 체포되어 법정에 섰다. 체포된 나치 최고위 지도자 24명에게 부과된 죄목 중 하나는 반인륜적 범죄였고, 대부분 각자 저지른 일로 유죄를 판결받았다. 하지만 수차례 거행된 뉘른베르크 재판에 유독 얼굴을 비추지 않은 한 사람이 있었다.

나치 독일 친위대 중령이었던 아돌프 아이히만Adolf Eichmann은 홀로코스트를 조직하는 데 중대한 역할을 했다. 엄청나게 많은 유대인과 기타 학살 대상 집단을 체포해 동유럽 전역의 유대인 거주 지역과 강제수용소로 송환하는 작업을 총괄했다. 또한 무고한 사람들을 남녀노소 가리지 않고 죽음의 수용소로 보내는 과정을 감독했다. 그러고는 전쟁이 끝나자 위조 신분증으로 독일을 빠져나와 아르헨티나로 갔다. 아이히만은 리카르도 클레멘트Ricardo Klement라는 이름으로 비교적 평범하게 교외 지역에서 거주하다 1960년 이스라엘 정보기관 요원들에게 체포됐고, 재판에 출석하기 위해 예루살렘으로 송환됐다.

아이히만이 체포된 뒤 홀로코스트의 발생 과정이 재논란됐다. 단지 못된 사람 몇몇이 모여 그토록 엄청난 규모의 학살을 저지르는 것은 불가능했다. 그런 일을 계획하고 조직하려면 수천 명, 아니 수백만 명이 가담해야 했다. 실제로 이 범죄에는 전 계급의 군인이 참여했고, 독일 민간인 수백만 명이 이를 알면서도 모른 체해야 했다.

몇몇 사람은 집단적인 의도가 있었다고 주장했다. 전 국민이 인간성과 도덕성을 버렸기 때문에 벌어진 일이라는 것이다. 다르게 보는 사람들도 있었다. 전쟁이 끝난 뒤 수많은 나치 당원과 독일인들은 구태의연하게 변명했다. "다른 방법이 없었습니다. 우리는 그저 명령에 따랐을 뿐이에요." 그들은 마치 주문을 외듯 이렇게 말했다. 자신이 한 일을 책임지게 된 고위 관료와 전쟁이라는 대격변 이후 모든 것을 정상화하려 노력한 일반 병사와 민간인은 모두 자신의 행동을 정당화하며 책임을 윗선에 돌리고 면피했다. 그들은 손주들에게도 이렇게 말할 것이었다. "우린 그저 위에서 시키는 대로 했을 뿐이란다."

예일 대학교 심리학과 교수였던 스탠리 밀그램Stanley Milgram은 이 현상을 좀더 자세히 이해하고자 했다. 그는 인간이 자신보다 지위가 높고 권위 있는 사람에게서 도덕성, 즉 옳고 그름을 가르는 기준에 어긋나는 일을 지시받는다면 단순히 명령에 복종할지 궁금했다. 심각하지 않은 일이라면 그럴 수도 있겠지만,

정도가 아주 심하다면 어떨까?

1961년 이스라엘에서 아돌프 아이히만의 재판이 시작된 지 몇 개월 지났을 때, 밀그램은 사람들이 권위에 얼마나 복종하는지 알아보고자 실험을 수행했다. 내용은 비교적 간단했다. 각 회차에 자원자 두 명이 참가했다. 한 명은 교사 역할을 맡고 다른 한 명은 학생 역할을 맡았다. 사실 학생 역할을 맡은 사람은 실험에 관련된 연구자였다. (연구자들은 역할을 나눌 때 진짜 참가자들에게 제비뽑기로 자신이 교사인지 학생인지 알 수 있게 했다. 사실 종이쪽지에는 모두 "교사"라고 적혀 있었다. 참가자가 우연히 그 역할을 뽑았다고 생각하도록 하기 위해서였다.)

연구자들은 신문에 광고를 게재해 기억력과 학습 관련 실험 참가자를 모집했다. 연구에 자원해 교사 역할을 맡은 참가자들은 스위치가 일렬로 달린 계기판 앞에 앉았다. 참가자는 학생에게 일련의 질문을 해야 했다. 학생이 답을 틀리거나 응답을 거부하면 교사는 계기판 스위치를 올려 학생에게 전기 충격을 가했다. 하지만 학생이 실제로 전기 충격을 받지는 않았다. 실험이 진행되는 내내 전기 충격을 가한 경우는 교사에게 전기 충격이 어떤 느낌인지 알려준다며 15볼트의 약한 충격을 느끼게 했을 때뿐이었다.

계기판에는 15볼트부터 450볼트까지 스위치가 30개 있었다. 스위치마다 15볼트씩 커지는 식이었다. 계기판을 본 교사들은 전기 충격의 크기를 극심한 수준까지 올릴 수 있다는 사실을 한눈에 알 수 있었다. 강도가 얼마나 세지는지 이해하기 쉽도록 각 수치 범위 위쪽에 설명이 적혀 있었다. 예를 들어 15볼트부터 75볼트까지는 "미미한 충격", 75볼트부터 120볼트까지는 "보통 충격", 135볼트부터 180볼트까지는 "강한 충격"이라고 표시됐다. 그다음은 차례로 "매우 강한 충격", "극심한 충격", "매우 극심한 충격"이었다. 375볼트부터 420볼트까지는 "위험: 치명적인 충격"이었고, 마지막 구간인 435볼트부터 450볼트까지는 빨간색으로 표시된 채 그저 "XXX"라고 표시되어 있었다. 마지막 스위치가 의미하는 바를 모르는 사람은 없었다.

참가자 160명은 40명씩 네 그룹으로 나뉘어 각기 다른 상황에서 실험에 임했다. 첫 번째 그룹에서는 학생을 연기하는 연구자가 교사 바로 옆에 가까이 앉았고, 교사가 직접 학생의 손을 잡아 충격 전달판에 올려줬다. 다음 그룹에서는 학생과 교사가 같은 방에 있되 서로 떨어져 앉았다. 교사는 학생이 전기 충격을 받을 때마다 어떻게 반응하는지 보고 목소리도 들었다. 자신이 스위치를 올릴 때마다 학생에게 어떤 영향이 가는지 확실히 확인할 수 있었다.

다음 그룹에서는 교사와 학생이 각각 다른 방에 있었다. 교사는 전기 충격의 영향을 직접 볼 수는 없었지만 학생이 저항하며 지르는 비명만큼은 벽을 통해 똑똑히 들었다. 모든 집단에서 학생을 연기하는 연구자는 처음에는 약간의 불편함을 호소하다 마지막에 가서는 제발 실험을 멈춰달라고 소리 지르며 애원하는 모습까지 연출했다. "그만해요! 너무 아파요!" 이렇게 소리치는 식이었다. 마지막 그룹에서도 교사와 학생은 각각 다른 방에 들어갔다. 그런데 이번에는 벽이 쿵쿵 울리는 소리만 들릴 뿐 전기 충격을 받는 학생의 모습을 보거나 소리를 들을 수 없었다.

예상대로 모든 참가자가 우려를 표했다. 그들은 자신이 학생에게 고통을 주고 있다는 생각이 들면 흰 가운을 입고 클립보드를 든 채 옆에 서 있는 연구자를 올려다보며 학생이 고통스러워하는데도 실험을 계속해야 하느냐고 물었다. 실험을 중단하고 싶다거나 더는 지속하지 않겠다는 의지를 최초로 표현하면 연구자는 "계속하십시오"라고 말했다. 재차 실험 중단 의지를 표현해도 연구자는 "실험에 계속 참여하셔야 합니다"라고 답했다.

충격이 점점 세지자 참가자 몇몇은 초조해했다. 식은땀을 흘리고 손을 떨기 시작하는 등 눈에 띄게 불안해하는 모습도 보였다. 극도로 불안해하긴 했지만 대부분은 실험을 계속 진행했다. 참가자가 세 번째로 실험을 중단해달라고 요구해도 연구자는 냉정하게 대답했다. "실험을 꼭 계속해주셔야 합니다." 네 번째 요구에도 "다른 선택권은 없습니다. 계속하셔야 합니다"라고 말했다. 그런데도 참가자가 계속해서 중단을 요청하면 즉시 실험을 중단했다.

당신이라면 어떻겠는가? 다른 사람에게 고통을 얼마나 준 다음에 멈추겠는가? 아마 대부분 상대를 심각한 위험에 빠뜨리기 훨씬 전에 실험을 멈추리라고 말할 것이다. 연구자들도 그런 결과가 나오리라 예상했다. 그들은 실험을 시작하기 전 참가자의 2~3퍼센트만이 가장 강한 충격을 가할 것이며 그 2~3퍼센트에게는 사이코패스 기질이 있으리라고 생각했다. 하지만 실제로는 소름 끼치는 결과가 나왔다.

학생의 손을 잡아 충격 전달판에 올려주며 물리적으로 접촉한 경우 참가자 70퍼센트가 그리 오래지 않아 실험을 관뒀다. 참가자가 학생과 같은 방에 있었지만 물리적 접촉이 없던 경우에는 수치가 약간 낮아져서 60퍼센트를 기록했다. 하지만 학생이 고통받는 모습을 보지 못하고 비명도 듣지 못한 경우 35퍼센트만이 중간에 실험을 멈췄다. 다시 말해 참가자의 65퍼센트가 맨 마지막 스위치까지 올리고 실험을 끝마쳤으며 사실상 누군가를 죽였다는 것이다.

이 실험은 비윤리적이라고 비판받았다. 그럴 만도 했다. 거의 80명에 가까운 사람이 그날 아침에 일어날 때만 해도 자신이 착한 사람이라 믿었는데 저녁에는 살인마가 된 기분으로 집에 돌아갔기 때문이다. 참가자 대부분이 실험 중 우려를 표하고 불안해하며 자신이 어떤 나쁜 영향을 줄지, 얼마나 극심한 영향을 줄지 알면서도 실험을 끝까지 진행했다.

실험이 끝난 뒤 학생이 다치거나 더 끔찍한 일을 당했을지도 모른다는 사실을 알면서도 참가자들은 자신에게 아무 책임이 없다고 주장하며 자기 안위만 걱정했다. 학생이 괜찮은지 걱정하는 사람은 아무도 없었다. 학생의 방을 보여달라고 요청한 이도 없었다. 그저 자기만 걱정할 뿐이었다.

결국 연구자들은 학생을 연기한 연구자가 멀쩡히 살아 있고 다치지도 않았다는 사실을 참가자들에게 확인시켰다. 실제로 누구도 전기 충격을 받거나 고통받지 않았다고 말하며 그들을 안심시켰다. 명령에 복종하고 실험에 끝까지 참여했던 사람 중 일부는 자신이 한 일에 양심의 가책을 느꼈다. 개인적인 책임감을 느끼기도 했다. 반면 다른 일부는 연구자를 탓하며 자기 행동을 정당화했다. 누군가 책임 소재를 묻는다면 자신이 아니라 이 실험을 지시한 사람들이라 주장했다. 자신은 그저 시키는 대로 따랐을 뿐이라 말했다. 심지어 비난의 화살을 학생 쪽으로 돌리는 사람도 있었다. 한 참가자는 자기 행동을 합리화하며 이렇게 말했다. "학생이 너무 멍청하고 고집이 셌어요. 전기 충격을 받아도 할 말 없죠."

흥미롭게도 자신이 누군가에게 고통을 주고 있다는 사실을 깨닫고 실험을 중단한 참가자는 대체로 도덕적 책임감을 훨씬 크게 느꼈다. 종교를 믿는 몇몇을 포함한 모든 이는 바로 옆에 있는 연구자보다 큰 권능을 지닌 존재를 따라야 할 것 같다고 생각했다.

사실 밀그램의 실험은 전 세계 모든 나라의 사무실에서 매일같이 이뤄지고 있다. 밀그램의 실험 결과를 넓은 시각으로 바라보면 현대 자본주의 세계에 추상화 현상이 만연하고 그로 인한 악순환이 반복되고 있다는 사실을 쉽게 알 수 있다. 이제 추상화는 물리적 거리에만 국한되지 않는다. 숫자의 본질까지도 추상적으로 바뀌고 있다. 회사가 커질수록 리더와 직원 혹은 리더와 소비자 사이의 거리가 멀어진다. 지금과 같은 규모라면 사업할 때 단순히 슈퍼마켓 통로를 따라가며 선반 위에 통조림 수프가 몇 개나 남아 있는지 세는 일로는 안 된다. 현대 사회에서 우리는 기업이 얼마나 팔았고 얼마나 벌었는지 숫자로 보여주는 서류에 의존하고 있다. 이런 식으로 수치를 이용해 개념을 추상화함으로써 인간성을 잃는다면 우리 역시 밀그램의 실험 참가자처럼 반인륜적인 행동을 할 수 있다. 실험에서 알 수 있듯 우리가 내린 결정으로 최종적인 영향을 받는 사람과 우리 사이의 물리적 거리가 멀어지면 우리는 그들의 인생에 치명적인 영향을 줄 수 있다. 그들을 볼 수도, 그들의 목소리를 들을 수도 없기 때문이다. 추상적으로 변할수록 우리는 서로 더 심하게 해칠 수 있다.

14
현대에서의 추상적이라 함은

◆ 현실이 된 밀그램의 실험 결과 ◆

2009년 『뉴욕타임스』*New York Times*를 비롯한 주요 언론 대부분은 일제히 살모넬라균 감염으로 사망자가 9명, 환자가 700명 이상 발생했다는 뉴스를 보도했다. 이 사건으로 미국 사상 최대의 식품 리콜 사태가 벌어졌다. 오염원을 알아내기 위해 300곳 넘는 업체에서 제조한 식품을 조사한 결과, 버지니아주 린치버그에 있는 식품업체 PCA*Peanut Corporation of America*에서 공급한 땅콩과 땅콩 가루가 문제였다는 사실이 밝혀졌다. 그렇다면 PCA 대표는 자기 자신과 회사를 신뢰한 사람들이 무사하도록 최선을 다했을까? 안타깝게도 그렇지 않았다.

미국 식품의약청^{FDA} 조사원은 PCA가 오염된 제품을 고의로 유통했다고 결론지었다(PCA는 이 혐의를 부정했다). 또한 경영진이 직원들에게 실적을 무리하게 압박했다는 증거도 속출했다. 법원 문서에 따르면 PCA의 스튜어트 파넬^{Stewart Parnell} 사장은 한 공장 관리자에게 이메일을 보내 "살모넬라 양성 반응이 나오는 바람에 막대하게 손해를 봤으며, 땅콩을 가져다 명세서를 발송하기까지 시간이 엄청나게 지체되고 있다"라고 불평했다. (PCA는 2009년 폐업했다. 4년 뒤 이 책 초판이 제작될 때쯤 연방 검찰은 파넬 사장을 비롯한 경영진을 형사 고발했다.) 리더와 고객의 관계 혹은 리더와 직원의 관계가 추상화되면 사람들은 자연스럽게 눈에 보이는 실질적인 존재를 추구하게 된다. 바로 실적이다. 살아 있는 생명보다 실적을 중요하게 여기는 리더들은 대개 그들이 섬겨야 할 사람들과 물리적으로 멀리 떨어져 있는 경우가 많다.

파넬 사장을 제외하고 위에서 시키는 대로 일했던 나머지 직원은 어떨까? 조직 문화가 약한 기업에서는 직원들이 사장을 볼 때 밀그램의 실험 참가자들이 연구자를 바라보듯 한다. 최종 권한이 있는 사람으로 보는 것이다. 조직 문화가 약한 기업의 리더는 직원들이 옳은 행동을 하도록 자신감을 키워주는 일에 투자하지 않는다. 대신 직원들에게 명령하고 그들을 통제한다. 그러면 기업 분위기는 각자 자기 자신의 이익만 신경 쓰는 방향으로 굳어진다. 명령과 통제의 분위기가 만연하면 직원들은 자신의 미래를 불안해하고, 사일로 현상과 사내 정치가 판치며,

안전망의 개념이 흐려진다. 직원들은 스트레스가 점점 더 심해지고 서로 올바른 인간관계를 형성하지 못해 결국 사내에 보신주의가 팽배한다.

우리 말과 행동이 다른 사람에게 어떤 영향을 주는지 모르면 위험한 상황에 빠질 수 있다. 밀그램의 실험 결과에서 알 수 있듯 우리가 내린 결정이 다른 사람에게 어떤 영향을 미치는지 보지 못할 때, 즉 사람의 생명이 추상화될 때 우리 중 65퍼센트는 살인까지 저지를 수 있다. 내가 해치는 사람을 직접 보거나 그의 소리를 들을 수 없는 상황에서는 자신의 안위를 먼저 생각하고, 그에 따라 결정하게 된다. "명령을 따랐을 뿐"이라 진술하면서 자기 행동을 정당화한 독일군이나 밀그램의 실험에 참가해 "실험은 계속되어야 한다"라고 혼잣말한 참가자처럼 자신이 내린 결정으로 누군가가 해를 입으면 자신을 방어하기 위해 합리화하고 남에게 책임을 떠넘긴다. "법을 어기지는 않았다" 혹은 "윗선의 결정에 따랐을 뿐이다"라고 말하며 자기 행동을 방어하고 "주주 가치를 극대화하기 위해 일했을 뿐이다"라거나 "신의성실의무를 다한 것뿐이다"라고 주장한다.

이 책을 쓰기 위해 자료를 조사하던 중 저녁 식사 자리에서 한 투자 은행가와 언쟁을 벌인 일이 있다. 당시 새롭게 깨달음을 얻은 나는 그에게 "당신이 내리는 결정에 영향받는 사람들은 당신이 책임져야 합니다"라고 이야기하며 계속해서 그를 압박했다. 놀랍게도 그는 밀그램의 실험 참가자와 정확히 똑같이 말해 나를 충격에 빠뜨렸다. "내겐 그런 결정을 내릴 권한이 없어요." 그는 이런 말로 자신을 방어했다. "그건 내가 할 일이 아닙니다. 내가 할 일은 고객에게 최고의 가치를 주는 겁니다." 직장에서 서로 안전함을 느끼지 못하면 우리는 본능적으로 행동을 책임지지 않고 무슨 수를 써서라도 자신을 보호하려 한다.

2008년 은행업계가 초래한 금융 위기에 직면한 상황에서 몇몇 은행가는 모기지 회사들을 탓하는 수준에 그치지 않고 미국의 주택 소유자들을 탓하는 지경에까지 이르렀다. 2010년 JP모건체이스JPMorgan Chase의 CEO 제이미 다이먼Jamie Dimon은 주주들에게 이렇게 말했다. "우리는 자기 집에 살 자격이 있는 사람은 내쫓지 않았다." 밀그램의 실험에서 자신에겐 책임이 없고 학생이 잘못했다고 주장하던 참가자와 비슷한 반응이다.

◆ 비즈니스의 책임 ◆

밀턴 프리드먼은 노벨 경제학상을 받기 6년 전인 1970년 다음과 같이 말했다. "기업의 사회적 책임은 오직 하나다. 바로 기업이 가진 자원을 활용해 사회적 규칙을 지키는 선에서 수익을 극대화하는 것이다." 여기서 프리드먼이 언급한 "규칙"이란 법이었을 것이다. 선의를 지닌 사람이나 정치인들이 좋은 뜻으로 만들었지만 불완전한 것. 우연하거나 정치적인 허점으로 가득한 지침인 법 말이다.

프리드먼의 주장은 현대 미국 자본주의의 표준이 되었다. 그동안 기업들은 자신이 섬겨야 할 사람들에게나 그들이 사업 활동하는 국가·경제에 도덕적 책임을 다하기보다는 이익을 추구하기 위해 법을 문자 그대로 준수하려는 모습을 보여왔다. 밀그램의 실험에 빗대 표현하자면 오늘날 리더 중에는 높은 도덕적 책임을 따르기보다 연구자에게 복종하기를 선호하는 이가 매우 많다. 그들은 법이 제정된 원래 의도를 무시한 채 그저 자기 행동을 법의 테두리 안에서 정당화한다.

애플은 아일랜드에 자회사를 세워 수백억 달러 세금을 회피했다. 아일랜드에서는 법인세를 부과할 때 법인 설립을 허가받은 지역을 기준으로 한다(애플의 법인 설립 허가지는 미국이다). 반면 미국에서는 법인이 수익을 내는 지역이나 벌어들인 자금을 보관하는 지역을 기준으로 한다(애플은 벌어들인 자금을 모두 아시아와 아일랜드에 두고 있었다). 애플은 이러한 국가 간 세법 차이를 이용해 2009년부터 2012년까지 미 국세청의 손이 닿지 않는 곳에 740억 달러를 보관하며 그에 따른 납세 의무를 피했다. 애플은 이를 부인하지 않았다. 현시대의 위대한 혁신 기업인 애플이 미국에 내야 하는 세금을 피하고자 아일랜드의 자회사와 네덜란드 그리고 카리브해로 수익을 빼돌리는 방법을 선도하자 다른 회사들도 이를 따라 했다. 하지만 프리드먼의 사고방식에 따르면 애플은 어떤 규칙도 어기지 않았다.

우리는 반드시 신뢰 관계를 맺어야 한다. 생존이 달렸기 때문이다. 그러기 위해 원시적인 우리 뇌는 다른 사람의 말과 행동을 볼 때와 똑같은 방법으로 기업의 말과 행동을 끊임없이 평가한다. 생물학적인 차원에서 보면 신뢰란 상대에 관계없이 만들어진다. 우리는 상대가 하는 말이나 행동을 신뢰하지 못하면 그와 거리를 둔다. 단순히 법만 지키면 된다고 생각한다면 연인이 바람을 피우더라도 신뢰해야 한다. 그들이 법을 어기지는 않았기 때문이다. 사회적 동물인 우리에게는 도덕성 역시 중요하다. 법과 상관없이 우리(또는 회사)가 옳고 그름을 판단하는 관념은 사회적인 차원에서 중요하다. 이것이 시민 사회의 가장 기초가 되는 토대다.

애플의 CEO 티머시 쿡Timothy Cook은 의회 청문회에서 이 문제의 책임 소재가 어디에 있는지 의문을 제기하며 이렇게 말했다. "안타깝게도 세법이 디지털 시대를 따라가지 못하고 있습니다." 법의 사각지대를 없애지 못한 정부 당국의 책임일까, 아니면 기업에도 일부 책임이 있을까? 애플은 정부에게 더 잘하라고 요구하며 시민 불복종 행위에 나선 것일까? 애플은 교육 분야에 기부하는 등 선행을 베푼다는 면에서 좋은 기업이다. 하지만 애플의 세금 회피 소식을 들은 사람은 대부분 애플이 어떤 선행을 베푸는지 모르므로 이 소식은 기업의 신뢰도에 영향을 미친다. 이보다 큰 문제도 있다. 법의 사각지대를 악용하는 일이 오늘날 비즈니스의 표준이 되었다는 점이다. 이런 행동은 법이 개정되지 않는 한 계속된다. 만약 이렇게 하는 것이 정말 옳다면 오셔닉스팀네비게이션컴퍼니^{Oceanic Steam Navigation} Company가 내린 결정에 이의를 제기할 수 있는 사람은 아무도 없을 것이다.

◆ 법의 테두리 안에서 ◆

20세기에 접어들기 전까지 가장 큰 배는 대부분 페리였다. 당시 페리는 연안을 따라 수많은 사람을 여기저기로 수송했다. 자연스럽게 페리를 기준으로 선주의 책임 범위를 정하는 법규가 제정됐다. 1912년 타이태닉^{Titanic}호가 출항할 때까지도 이 규정은 아직 신종 원양 항해선에 맞게 개정되지 않은 상태였다(이 신종 원양 항해선은 티머시 쿡이 말한 "디지털 시대"에 상응하는 개념이다). 타이태닉호는 법에서 규정하는 대로 구명보트를 16대만 싣고 항해 길에 올랐다. 문제는 타이태닉호가 당시 법적 기준으로 가장 큰 선박보다 네 배 컸다는 사실이다.

타이태닉호 선주였던 오셔닉스팀네비게이션컴퍼니는 구식이 된 기존 규정을 따랐다(고무보트 네 대를 더 싣긴 했다). 모두 알고 있듯 1912년 4월 14일, 첫 항해를 떠난 지 나흘 만에 타이태닉호는 심해 한가운데서 빙산에 충돌했다. 구명보트는 탑승자 전원을 살리기엔 턱없이 부족했고 결국 승객과 승무원 2,224명 중 1,500명 이상이 목숨을 잃었다. 법적 기준으로 가장 큰 선박보다 네 배나 크면서도 실제로 필요한 구명보트 수의 4분의 1밖에 싣지 않았으니 전체 인원의 4분의 1가량만 목숨을 구한 것은 당연한 일이었다.

당시 해운업계에서는 기존 규정이 바뀌리라는 것을 모두 잘 알고 있었다. 실제로 타이태닉호에는 승선원 수에 맞게 구명보트를 준비하라는 규정이 새로 생길 때에 대비해 갑판에 추가 공간이 마련되어 있었다. 하지만 구명보트는 비쌌다. 관리 비용이 드는 데다 선박 안정성에도 영향을 줄 수 있었다. 그래서 오셔닉스팀네비게이션컴퍼니의 임원들은 법이 개정될 때까지 구명보트를 추가하지 않기로 했다. 승선원 수에 비해 구명보트가 턱없이 부족했는데도 오셔닉스팀네비게이션컴퍼니는 법을 전혀 위반하지 않은 셈이었다.

납세를 피하려는 애플과 구명보트를 추가하지 않은 타이태닉호 선주의 불안한 상관관계는 거기서 그치지 않는다. 20세기 초반 해운업계 관계자들은 수많은 구명보트를 갑판에 잘 보이게 두면 승객들이 선박을 불안하게 생각해 사업이 타격받을 것이라며 법 개정을 막아달라고 로비했다. 이와 마찬가지로 애플을 비롯한 몇몇 기업은 실제 납세 의무를 전부 이행하면 기업 경쟁력을 잃을 것이라고 주장한다. (참고로 이는 1950년대 안전벨트 의무화가 논의될 때 자동차 제조업자들이 주장한 바와 같다. 그들은 차에 안전벨트가 있으면 사람들이 차를 안전하지 않다고 생각할까 봐 두려워했다.)

2011년 미국 개인 납세자들의 납세액이 약 1조 1,000억 달러였던 데에 비해 법인 납세액은 총 1,810억에 그쳤다는 미 의회

예산국의 발표에 주목할 필요가 있다. 수많은 기업이 벌이고 있는 이 속임수로 사람 목숨이 위험에 처하는 일은 없었지만 생물학적으로 엄밀히 따져보면 사람들은 그렇게 행동하는 기업을 진정으로 신뢰하지 못한다. 도덕성 높은 기업이 되는 것은 도덕성 높은 사람이 되는 것과 같다. 법으로 가려내기는 어렵지만 누구라도 그 차이를 쉽게 느낄 수 있다.

오늘날 수많은 기업이 활동하는 규모를 고려하면 대기업 리더들은 어쩔 수 없이 그들의 결정에 최종적으로 영향받는 사람들과 완전히 동떨어진 채 스프레드시트와 컴퓨터 화면만으로 경영을 펼칠 수밖에 없다. 밀그램의 실험 결과가 현실에 그대로 적용된다면 포천 선정 1000대 기업의 리더 1,000명 중 650명은 자기 판단이 사람들 목숨에 미치는 영향을 고려하지 않고도 결정을 내릴 수 있다.

이는 우리가 인간이라는 동물로서 가장 바람직하게 행동할 수 있는 조건으로 다시 연결된다. 밀그램의 실험에 비춰 보면 우리가 결정을 내릴 때 개념이 추상화됨으로써 발생하는 파괴적인 영향을 줄이기 위해서는 더 크고 위대한 권능을 지닌 존재가 꼭 필요하다. 다시 말해 주주나 고객, 시장 수요가 아닌 신, 대의명분, 설득력 있는 비전, 높은 도덕관념이 있어야 한다. 리더가 올바른 대의를 실현하는 데 우리를 동참시키고, 우리가 왜 함께 일해야 하는지 설득력 있는 목적이나 이유를 제시하며, 우리보다 오래 존속할 중요한 가치를 추구하도록 초대한다면 우리는 필요할 때 옳은 일을 할 힘이 생긴다. 심지어 단기적으로 안위를 포기해야 하더라도 그렇다. 리더가 실적 수치보다 사람을 중시해야 한다는 책임을 느끼면 사람들은 리더를 따르고, 문제를 해결하며, 올바르고 안정적인 방법으로 리더의 비전을 실현하도록 최선을 다한다.

좋은 사람인지 나쁜 사람인지의 문제가 아니다. 밀그램의 실험 참가자처럼 우리는 자신이 내리는 결정에 영향받는 사람들을 보지 못한 상태로 일할 때가 많다. 다시 말해 옳은 일을 하기에 상당히 불리한 환경에서 일한다는 뜻이다(여기서 옳은 일이란 합법적인 일과는 다르다). 조니 브라보를 상기해보자. 지상에 있는 특수부대가 보이지 않는 상공에서 그는 자신이 지켜야 할 사람들을 위해 강하해야겠다고 생각했다. 상황을 눈으로 직접 확인하고자 지상 가까이 강하하는 대신 구름 위에 머무르며 들려오는 정보에만 의존한다면 도덕적으로 옳은 결정을 내리기 어려울뿐더러 옳은 결정을 내리지 못했을 때 책임지기는 더욱 어려워진다. 하지만 다행히도 개념의 추상화를 막고 안전망을 튼튼하게 지키는 방법이 몇 가지 있다.

15
어떻게 구체적 현실에 집중할 수 있을까

◆ 사람이 많아지면 사람이 아니라 숫자가 된다 ◆

이오시프 스탈린^{Joseph Stalin}은 이렇게 말했다고 한다. "한 사람의 죽음은 비극이지만 수백만의 죽음은 통계다." 스탈린은 통계를 아는 사람이었다. 1922년부터 1952년까지 소련 공산당 서기장이었던 그는 수백만 명을 숙청했다고 알려져 있다. 숙청당한 사람은 대부분 소련 인민이었다. 독재자들이 흔히 그렇듯 그역시 자신을 신처럼 떠받드는 무리를 거느렸고, 극악무도한 행보를 보였으며, 사람을 잘 믿지 못했고, 피해망상이 아주 심했다. 하지만 그는 한 사람에게 일어난 비극과 수십만 혹은 수백만 명에게 일어난 비극을 사람들이 어떻게 다르게 인식하는지 정확히 이해했다.

이를 설명하기 위해 두 가지 사례를 들려주고자 한다. 두 이야기는 전부 사실이다.

먼저 첫 번째 이야기다. 내가 이 책을 쓸 당시 시리아는 내전으로 분열되고 있었다. 주변 지역을 휩쓸었던 아랍의 봄에 영향을 받은 시리아 국민은 바샤르 알 아사드$^{Bashar\ al-Assad}$의 독재에 저항해 들고일어났다. 그의 독재는 아버지 시절부터 이어져왔다. 그의 아버지 하페즈 알 아사드$^{Hafez\ al-Assad}$ 역시 29년간 잔악한 독재 정치를 펼쳤고, 그 자리를 바샤르 알 아사드에게 넘기고 사망했다. 아사드 부자가 독재 정권을 이어나간 40년, 세대가 한 번 바뀌는 시간 동안 시리아 국민은 세상이 어떻게 돌아가는지 전혀 모른 채 살았다. 시리아 정부가 주변국의 혁명 소식을 계속해 통제하려 애썼으나 미디어 시대가 도래해 그 소식이 널리 퍼졌다. 하지만 평화롭게 혁명을 이룩한 튀니지와 달리 시리아는 아사드 정부의 극단적인 잔혹함에 시달렸다.

아사드 정권이 군대를 총동원해 오합지졸에 불과한 혁명군을 진압하는 동안 세계 여론은 정권에 아무런 영향도 미치지 못했다. UN 추산에 따르면 2013년을 기준으로 시리아 군대의 공격에 사망한 국민은 10만 명이 넘는다. 화학 무기 공격 단 한 차례로 1,500명가량이 사망하기도 했다. 사망자 대다수는 무고한 시민이었다.

두 번째 이야기다. 캘리포니아주 샌클레멘테 거리 한복판에 열여덟 살 소녀가 쓰러져 있었다. 열일곱 살 소녀가 운전한 차에 치인 상황이었다. 한쪽 다리가 부러져 부자연스러운 각도로 옆을 향해 쓰러진 채 의식을 잃은 소녀의 상태는 심각했다. 차를 타고 우연히 근처를 지나가던 육군 예비군 캐미 요더^{Cami Yoder}는 소녀를 돕고자 길가에 차를 세웠다. 캐미는 쓰러진 소녀 옆에 무릎을 꿇고 앉아 생사를 확인했다. 호흡이 없고 맥박은 희미했다. 캐미는 소녀를 살리기 위해 즉시 심폐소생술과 인공호흡을 실시했다. 얼마 지나지 않아 구급차가 도착했고 구급대원이 소녀를 맡았다. 구급대원은 소녀의 상태를 안정시킨 다음 병원으로 이송했다.

며칠 뒤 캐미는 소녀의 소식이 궁금해졌다. 그녀는 인터넷에서 이 사고를 다룬 기사를 찾았고 소녀가 어떻게 됐는지 알아냈다. 소녀는 결국 사망했다. 앞길이 구만리 같던 소녀가 세상을 떠나고 말았다.

둘 중 어느 이야기에 마음이 더 크게 움직이는가? 첫 번째인가 두 번째인가? 숭고한 뜻을 세우고자 들고일어난 수십만 명이 자기 나라 군대에 당하는 이야기는 한 사람이 사망한 이야기만큼 감정적으로 큰 영향을 주지 못한다. 우리는 소녀 한 명이 죽은 이야기에는 크게 공감하며 피해자를 애도하지만 무수한 사람이 무의미하고 잔인하게 희생당한 이야기에는 그만큼 공감하지 못하는 듯하다.

이것이 바로 사람을 숫자로 나타냈을 때의 단점이다. 어느 순간에 이르면 숫자는 사람과의 연관성을 잃고 그저 아무 의미 없는 숫자가 된다. 우리는 주로 시각에 의존하는 동물이다. 그러므로 눈으로 볼 수 있는 것을 추구한다. 도움이 필요한 사람이 눈에 보이면 바로 달려가서 도울 수 있다. 지금보다 밝은 앞날을 향한 명확한 비전이 있다면 그런 미래를 만들기 위해 노력할 수 있다. 물론 실적상의 숫자를 다른 숫자로 바꾸는 일도 할 수 있다. 하지만 눈에 보이는 것이 오직 숫자뿐이라면 멀리 떨어진 곳에 우리 결정이 어떤 영향을 미칠지 인식하는 능력은 약해진다.

큰 숫자가 돈이나 상품을 나타낼 수 있다고 하자. 하지만 큰 숫자가 사람을 나타낸다면 스탈린이 말했듯 공감 능력이 떨어지는 결과를 낳는다. 만약 가장인 당신의 여동생이 실직한다면 조카들은 매우 크게 영향받을 것이다. 여동생은 물론 여동생 가족이나 당신까지 막대한 부담을 느낄 것이다. 하지만 어느 대기업에서 스프레드시트만 보고 직원 4,000명을 해고하겠다고 결정하는 상황이라면 실체를 느끼기 어려우며, 그저 목표를 달성하기 위해 해야 할 일이라고 생각할 것이다. 이때 숫자는 가족을 먹여살리는 가장이 아니라 단순히 계산해야 할 추상적인 개념이 된다.

정치인이든 회사원이든 우리가 직업적으로 책임을 다해야 할 사람들을 진정으로 섬기고 싶다면 그들에게 해줄 수 있는 가장 가치 있는 일은 그들과 개인적으로 아는 사이가 되는 것이다. 모두를 알 수는 없겠지만 우리가 상품이나 서비스 혹은 정책으로 돕고자 하는 사람의 이름은 무엇인지, 그의 인생이 어떤 모습인지 알게 된다면 서비스나 법안이 확연히 달라진다. 연구 결과나 도표를 실체가 있는 개념으로 바꿔 바라볼 수 있을 때, 통계나 여론조사 자료가 진짜 살아 숨 쉬는 사람으로 바뀔 때, 추상적인 개념을 인간적인 결과로 해석할 때, 우리의 문제 해결 능력과 혁신 능력은 놀라우리만큼 발전할 것이다.

◆ 규칙 1 ◆

사람들을 불러 모아라

오늘날 기업을 경영한다면 숫자나 규모가 나타내는 추상적인 개념뿐 아니라 복잡한 가상 세계까지 고려해야 한다. 인터넷은 경외심을 불러일으키는 존재가 됐다. 인터넷만 있으면 소규모 업체는 사업을 확장할 수 있고 사회 운동가는 아이디어를 더 수월하게 전파할 수 있다. 또한 쉽게 사람들을 찾고 인간관계를 맺을 수 있다. 상거래 속도도 놀라울 정도로 빨라졌다. 모두 좋은 일이다. 하지만 화폐가 만들어져 물물교환하지 않고도 값을 치르고 더 신속하고 간단하게 거래하게 된 것처럼 인터넷을 사용해 의사소통이나 인간관계를 촉진하고 단순화하는 일이 늘어났다. 하지만 돈으로 사랑을 살 수 없듯 인터넷으로 신뢰에 기초한 진짜 인간관계를 형성할 수는 없다. 이렇게 말하면 믿기 어렵고 논란의 여지가 있어 보이는데, 온라인으로 맺은 인간관계도 진짜처럼 느껴지기 때문이다.

사진이나 페이지, 게시물로 '좋아요'를 받거나 각종 순위가 올라가는 것을 보면 실제로 우리 안에서 세로토닌이 폭발한다. 가상 세계에서 '좋아요'를 많이 받고 팔로워 수가 늘어날 때 드는 뿌듯함은 부모가 아이들을 보거나 코치가 운동선수를 볼 때 느끼는 감정과는 다르다. 큰 희생 없이 얻은 '좋아요' 개수를 사람들에게 공개적으로 드러냈을 뿐이다. 이는 지위를 상징하는 새로운 개념이다. 간단히 말해 사랑받는 느낌은 진짜 같을지 모르지만 그 관계는 여전히 가상이다. 인간관계가 온라인으로 시작될 수는 있지만 그 관계를 진짜로 만들려면 반드시 실제로 만나야 한다.

페이스북을 비롯한 온라인 커뮤니케이션 채널이 청소년 따돌림 현상에 어떤 영향을 주는지 생각해보라. 미국 전체 10대 청소년 중 4분의 1은 '사이버불링(cyberbullying, 온라인상에서 한 사람을 집단적으로 따돌리는 일−옮긴이)'을 당한 적 있다고 말한다. 개념이 추상화된 상황에서는 사람들이 비윤리적인 행동을 하고도 책임이 없는 것처럼 행동할 수 있다는 사실을 앞서 살펴봤다. 온라인 커뮤니티에서는 수줌음이 많은 사람도 발언할 기회를 얻을 수 있다는 장점이 있지만, 반대로 현실 세계에서 절대 하지 않을 일을 할 수 있다는 단점도 있다. 사람들은 실제로 만나서는 절대 하지 못할 끔찍한 말을 온라인에서는 쉽게 한다. 서로 거리가 멀고 익명성까지 완벽히 보장되므로 인간으로서 지켜야 할 도리를 어기기도 쉬워진다. 물론 온라인상에서 사람들을 만날 때도 긍정적인 감정이 들 수 있지만, 우정과 신뢰를 바탕으로 한 진짜 친구 관계와 달리 접속을 끝낸 뒤에는 감정이 오래가지 않는다.

소셜미디어가 얼마나 훌륭하든 간에 소셜미디어상에서는 사람들이 실제로 만났을 때만큼 강한 신뢰감을 형성할 수 없다고 말하면 논란이 되는 듯하다. 소셜미디어에 열광하는 사람들은 자기가 온라인으로 친한 친구를 얼마나 많이 만들었는지 자랑하려 할 것이다. 소셜미디어가 그렇게 중요하다면 왜 매년 3만 명이 넘는 블로거와 팟캐스터가 라스베이거스에서 개최되는 블로그월드BlogWorld라는 성대한 행사에 대거 몰릴까? 왜 그들은 온라인으로 만나지 않을까? 우리 같은 사회적 동물에게 직접 만나는 일을 대체할 수 있는 것은 아무것도 없기 때문이다. 공연장에 직접 가서 공연을 보는 것이 DVD로 보는 것보다 낫고, 경기장에 직접 가서 경기를 보는 것이 TV 중계를 보는 것보다 낫다. 심지어 TV 화면으로 보는 쪽이 더 잘 보이는데도 그렇다. 우리는 자신과 비슷한 사람들끼리 모이기를 좋아한다. 소속감이 생기기 때문이다. 화상회의가 출장을 대체할 수 없는 이유도 바로 이 때문이다. 신뢰는 모니터가 아니라 테이블을 사이에 두고 형성된다. 사람들이 결속하려면 악수해야 한다. 이를 대체할 기술은 아직 나오지 않았다. 가상 신뢰라는 것은 있을 수 없다.

블로그월드 행사 NMX 웹사이트에는 사람들이 이 행사가 얼마나 좋은지 이야기하는 홍보 영상이 올라와 있다. 이 행사의 장점을 묻는 말에는 "아이디어를 공유할 수 있다"라는 응답이 많다. "수많은 사람을 만날 수 있다", "모두 함께 모일 수 있다", "같은 일을 하는 사람을 만날 수 있다"라고 답하는 사람도 많다. 행사에 참여한 많은 블로거를 팔로우하는 어떤 사람이 한 말이 나는 참 마음에 들었다. "그들과 악수했는데 기분이 정말 좋았어요!" 유명 블로거들까지도 블로그 세상과 관련된 아이디어를 공유하기 위해 온라인상이 아니라 실제 세상에 모여 이야기한다. 이 역설적인 사실을 블로거들도 인정할 수밖에 없다.

사람들은 실제로 만나 상호작용 해야만 소속감과 신뢰감이 생기며 서로 공감할 수 있다. 혁신도 그런 방식으로 이뤄진다. 재택근무하는 사람은 사무실로 출근하는 사람만큼 팀의 일원이라는 소속감을 강하게 느끼지 못한다. 이메일을 얼마나 많이 주고받고 업무를 얼마나 자주 보고하든 재택근무하는 사람은 사교 활동이 줄어들고 사소한 차이와 뉘앙스를 조금씩 놓친다. 사람 사이에서 느껴지는 인간성을 온전히 느끼지 못한다. 하지만 경기가 어려워져 기발한 아이디어가 어느 때보다 절실히 필요할 때 사람들은 어떻게 하는가? 출장비를 삭감하고 화상회의나 웨비나Webinar로 대체한다. 비용이 적게 들기 때문이다. 단기적으로는 효과가 있을 수도 있다. 하지만 소셜미디어가 등장한 지 그리 오래되지 않았다는 사실을 고려할 때, 이 모든 비인간화 현상이 장기적으로 어떤 영향을 초래할지 아직 잘 알 수 없다. 1980년대와 1990년대에 사람보다 수익을 우선시하느라 시행된 정책이나 관습으로 어떤 결과가 나왔는지 지금에야 느껴지는 것처럼, 현대 사회에서 진짜 상호작용을 가상 상호작용으로 대체하려는 편향성이 정확히 어떤 영향을 가져올지는 한 세대가 바뀔 때쯤 드러날 것이다.

◆ 규칙 2 ◆
관리할 수 있는 만큼만 유지하라

화학기업 듀폰DuPont에서 일하던 빌 고어Bill Gore는 폴리테트라플루오로에틸렌polytetrafluoroethylene, 즉 PTFE의 가능성을 믿고 1958년 회사를 그만뒀다. PTFE는 폴리머의 일종으로 오늘날 테플론으로 널리 알려진 물질이다. 같은 해 그는 아내 비브와 함께 집 지하실에 고어앤어소시에이츠W. L. Gore & Associates를 설립했다. 회사 분위기는 우호적이었으며 모든 구성원이 서로 잘 알았다. 하지만 아들 밥이 ePTFEexpanded polytetrafluoroethylene라는 새로운 폴리머를 발견한 이후 빌과 비브가 세운 이 회사의 운명은 영원히 바뀌었다. 고어텍스GORE-TEX라는 이름으로 유명한 ePTFE는 의료계, 섬유, 산업용품 분야에서 무궁무진하게 쓰일 수 있었다. 가족 중심의 작은 사업체로 출발한 회사가 금세 지하실에 수용할 수 없을 만큼 크게 성장해 공장으로 본사를 옮겼다. 사업은 호황이었고 수요가 증가하면서 공장이 커졌으며 직원도 늘었다.

　그러던 어느 날, 빌 고어는 공장 밖으로 걸어나가다 문득 모르는 직원이 너무 많다는 사실을 깨달았다. 사업이 매우 커져 이제 어떤 직원들이 자기 밑에서 일하는지조차 알지 못하게 되었다. 그는 이런 상태가 자기 자신이나 직원들, 회사 전체에 좋지 않을 것이라 직감했다. 공장을 원활히 작동시키는 데 꼭 필요한 동료애와 팀워크를 유지하려면 직원이 150명쯤 되어야 한다는 계산이 섰다.

　고어는 기존 공장의 규모를 키워 억지로 효율을 높이는 대신 새로운 공장을 지었다. 기존 공장 바로 옆에 지을 때도 있었다. 각 공장에서 일하는 직원 수는 150명으로 제한했다. 고어의 생각이 맞았다. 150은 마법의 수였다. 이 모델로 사업은 호황을 이어나갔다. 직원들도 긴밀하고 협조적인 관계를 유지했다. 여전히 상장하지 않은 채 오너 기업으로 남아 있는 이 회사는 연 매출 약 32억 달러에 전 세계 1만 명이 넘는 직원을 둘 만큼 성장했지만 지금까지도 한 공장이나 사무실에 근무하는 직원 수를 150명 정도로 제한하고 있다.

　빌 고어는 직접 관찰한 바를 바탕으로 직감을 따랐을 뿐이지만 그가 직원 수를 150명으로 제한하겠다는 결론에 이른 것은 우연이 아니다. 영국 인류학자이자 옥스퍼드 대학교 실험심리학과 교수인 로빈 던바Robin Dunbar도 같은 결론을 내렸다. 던바 교수는 사람들이 친밀한 관계를 유지할 수 있는 상한선이 약 150명까지라는 사실을 밝혀냈다. 그는 자주 이렇게 말한다. "우연히 술집에서 만나 합석하더라도 어색하지 않은 사람은 150명까지라는 뜻이죠."

수렵 채집 생활을 한 초기 호모 사피엔스도 100명에서 최대 150명까지 부족을 이루고 살았다. 아미시(Amish, 현대 문명을 거부하고 옛날 방식대로 전통을 지키며 사는 북미의 개신교 교파—옮긴이)와 후터라이트(Hutterites, 사회주의와 비슷하게 물질을 서로 나누며 집단 거주하는 북미의 개신교 교파—옮긴이) 공동체 구성원도 약 150명이다. 남아프리카 원시인과 아메리카 원주민 역시 최대 150명 정도 모여 살았다. 심지어 해병대 중대도 150명으로 구성된다. 이 마법의 수는 우리가 타고난 능력으로 관리할 수 있는 친밀한 관계의 최대 숫자를 나타낸다. 엄격한 사회 제도 혹은 효율적인 계층제나 관료제로 대규모 집단을 관리하지 않는 경우에는 150이라는 숫자를 넘기면 문제가 발생한다. 그러므로 고위직 관리자는 반드시 중간 관리자를 신뢰해야 한다. 강한 신뢰감과 협력이 필요한 상황에 혼자서 많은 사람을 효과적으로 관리하기란 불가능하기 때문이다.

구성원이 150명을 넘지 않을 때 집단이 가장 잘 돌아가는 이유는 조금만 생각해봐도 알 수 있다. 첫 번째 이유는 시간이다. 시간은 고정값이다. 하루는 24시간뿐이다. 우리가 아는 사람이 너무 많아 한 사람에게 2분밖에 시간을 낼 수 없다면 그들을 잘 알기도 어려울 뿐더러 깊은 신뢰감을 형성할 수도 없을 것이다.

두 번째 이유는 뇌 용량이다. 우리는 모든 사람을 기억하지 못한다. 그래서 '던바의 수'Dunbar's Number가 약 150이다. 그보다 많이 기억하는 사람도 있고 더 적게 기억하는 사람도 있으나 평균은 150 정도다. 게다가 던바 교수의 연구 결과에 따르면 사람들은 집단이 150명 이상으로 커지면 그 이하일 때보다 덜 열심히 일하고 서로 덜 돕는 경향이 있다. 수많은 기업이 비용 효율성에만 초점을 맞추고 인간관계의 효율성에는 관심을 두지 않는 현 상황에서 이 연구 결과는 의미가 크다. 대규모 조직을 관리하는 힘은 결국 인간관계에서 나온다.

인터넷이 도입되면서 앞으로 던바의 수는 의미 없어지리라고 예측하는 사람이 많았다. 이제 더 효율적으로 더 많은 사람과 소통할 수 있으니 인간관계를 유지하는 능력 역시 커지리라는 생각이었다. 하지만 이는 사실이 아니라고 드러났다. 역시 인류학적인 이유였다. 페이스북 친구가 800명이 넘는다 해도 그들을 모두 개인적으로 잘 알지는 못하며 그들 역시 당신을 잘 알지 못할 확률이 높다. 언론인 릭 랙스Rick Lax가 『와이어드』Wired.com에 기고한 내용처럼 진득하게 자리에 앉아 모든 페이스북 친구에게 개인적으로 연락한다고 생각해보라. 던바의 수가 분명히 사실임을 바로 깨달을 것이다. 랙스는 2,000명이나 되는 '친구' 중 실제로 자신이 잘 아는 사람이나 자신을 잘 아는 사람이 너무 적다는 사실에 깜짝 놀랐다고 한다.

모든 구성원이 서로 알 수 있는 작은 조직에서는 다른 사람을 돌보기 훨씬 쉽다. 당연히 우리가 개인적으로 잘 모르는 사람보다는 잘 아는 사람을 도울 확률이 높다. 공장에서 일하는 기계공이 회계사를 잘 알고 회계사도 기계공을 잘 안다면 서로 도울 가능성이 커진다.

리더가 모든 조직 구성원을 개인적으로 잘 안다면 그들을 돌보는 일은 개인적인 책임이 된다. 리더는 자신이 책임져야 할 사람들을 가족처럼 여기기 시작한다. 마찬가지로 구성원들도 리더가 자기 사람이라고 표현하기 시작한다. 예를 들어 해병대 소대는 약 40명으로 구성되는데 소대원들은 장교를 "우리" 중 위님이라고 부른다. 반면 더 멀리 있어 자주 못 보는 장교에게 는 단순히 "그" 대령님이라고 부른다. 리더와 구성원 양쪽이 서로 자기 사람이라고 생각하던 결속감이 무너지고 비격식적이던 분위기가 격식적으로 바뀐다면 그 집단은 효율적으로 이끌기에 너무 커졌다는 뜻이다.

다시 말해 큰 조직의 경우 규모를 관리하고 안전망을 튼튼하게 유지하려면 위계 구조에 의존할 수밖에 없다. CEO는 직원들이 추상적인 개념일 때도 이론적으로는 그들을 보살필 수 있지만, 진정으로 직원들을 돌보려면 추상적인 개념이 실질적인 개념으로 바뀌어야만 한다. 규모가 큰 조직을 제대로 관리하는 단한 가지 방법은 계층별 관리자들에게 권한을 주는 것이다. 계층별 관리자를 그저 직원들을 조종하고 통제하는 사람으로 봐서는 안 된다. 그들은 권한을 지닌 리더가 되어야 한다. 즉, 자신이 맡은 직원들을 보살피고 보호할 책임을 마땅히 져야 하며, 마찬가지로 상부에서 자신을 지켜주리라 믿어야 한다.

던바 교수가 깨달은 바에 의하면 직원 수백 명 혹은 수천 명을 거느린 대기업에서 직원을 150명 이하의 작은 집단으로 나누지 않은 경우, 직원들은 직장 안보다 밖에서 친구를 많이 만드는 경향이 있었다. 함께 일하는 집단의 규모가 클수록 그 안에서 서로 신뢰하는 관계를 만들지 않을 가능성이 커진다.

캘리포니아주 북부에 있는 한 대형 소셜미디어 기업의 건물 투어에 참가해 오래된 사무실을 구경한 적이 있다. 사무실은 복층 구조의 넓고 개방된 공간이었고 직원들은 옆으로 줄지어 앉아 일하고 있었다. 사무실을 개방형으로 만든 이유는 직원들이 서로 열린 의사소통을 하고 아이디어를 자유롭게 공유하도록 장려하기 위해서였다. 투어를 안내한 매니저는 던바의 연구 결과에 비춰 볼 때 아주 흥미로운 말을 했다.

이 회사가 성장한 배경에는 직원들의 뛰어난 협업 능력과 아이디어 공유, 열린 의사소통이 큰 역할을 했다는 설명이었다. 회사 사람들은 이 모든 것이 가능했던 이유로 개방형 구조를 갖춘 사무실을 꼽았다. 그래서 회사의 규모가 커져도 같은 구조를 유지했다. 내가 본 바로 그 구조였다. 하지만 이상하게도 회사는 계속 성장하는 반면 협업이나 개방적인 의사소통은 그리 활발해지지 않았다. 매니저가 실토하길 예전보다 나빠졌다고 했다. 여기서도 던바의 논리가 옳았음이 증명되었다.

◆ 규칙 3 ◆

당신이 돕는 사람을 만나라

펜실베이니아 대학교 경영전문대학원 와튼스쿨Wharton School of
Business at the University of Pennsylvania 교수이자 『기브앤테이크』Give and Take
의 저자인 애덤 그랜트Adam Grant는 2010년, 그가 속한 대학교 기
금 모금 부서의 모금 성공률을 연구해 기금을 모으는 데 어떤
방법이 효과적이고 어떤 방법이 그렇지 않은지 알아보고자 했
다. 기금 모금 부서가 하는 일은 간단했다. 직원들이 졸업생들에
게 전화를 걸어 대학 등록금을 내지 못하는 뛰어난 후배들을 위
해 돈을 기부해달라고 설득하는 것이었다. 기금 모금 담당자들
은 대학 재정 상황이 곤경에 처했다는 사실과 예비 수혜자들이
뛰어난 성과를 보이고 있다는 점을 중심으로 설득하도록 교육받
았다. 차세대 리더를 키우기 위해 대학에서 컴퓨터공학이나 경
영학 같은 분야에 투자를 늘릴 필요가 있다고 말하는 식이었다.
학생들은 신경제의 노동력이 될 꿈나무라는 이야기도 빼놓지
않았다. 어느 면으로 봐도 긍정적이고 설득적인 내용이었다.

하지만 기금 모금 담당자들이 최선을 다했는데도 성공률은
중간 수준에 머물렀다. 불경기로 대학 예산이 줄었다고 호소해
도 성과는 개선되지 않았다. 게다가 기금 모금 담당자라는 직업
은 매우 지루했다. 반복적인 업무에 가만히 앉아서 일하는 시간
이 긴 데다 때로 무례한 사람들의 불쾌한 태도도 견뎌야 했다.

말할 필요도 없이 기금 모금 부서의 이직률은 무척 높았고, 직원들의 사기는 더욱 떨어졌다. 이런 이유로 그랜트 교수는 기금 모금 담당자의 성공률을 제고할 아이디어를 떠올렸다. 단 5분밖에 걸리지 않았다.

그랜트 교수는 기금 모금 담당 직원을 세 집단으로 나눴다. 그리고 첫 번째 집단이 기존에 장학금을 받은 학생들을 만나게 했다. 그들을 사무실로 불러다 장학금을 받은 뒤 인생이 어떻게 변했는지 기금 모금 담당자들에게 5분간 설명하도록 했다. 학생들은 기금 모금 부서의 노력에 매우 감사하고 있다고 말했다. 기금 모금 담당자들이 하는 일에 영향받은 학생들이 잠시 왔다 갔을 뿐인데 놀라운 결과가 나왔다. 그다음 달 주 평균 모금액이 400퍼센트 이상 증가한 것이다. 이와 비슷한 다른 연구에서도 전화 모집자들의 통화 시간이 평균 142퍼센트 증가했고, 기금 모금액은 171퍼센트 증가했다.

사회적 동물인 우리는 자신이 들인 시간과 노력으로 어떤 결과가 나왔는지 눈으로 확인할 수 있어야만 일에서 의미를 찾을 수 있으며 더 잘하려고 노력하게 된다. 이 논리는 밀그램의 실험 결과와도 일치하는 듯하다. 다만 이 경우는 긍정적인 해석이라는 차이가 있다. 우리는 자신의 일이나 결정으로 어떤 긍정적인 영향이 생기는지 물리적으로 볼 수 있을 때 일에서 가치를 느낄 뿐 아니라 더 많은 일을 하고 노력을 기울일 힘을 얻는다.

두 번째 집단, 즉 학생들을 만나지 않은 통제 집단에는 통화

시간이나 모금액이 늘어나지 않았다. 세 번째 집단 역시 학생을 만나지 않았고 단순히 학생에게 장학금이 얼마나 의미 있었는지 상사에게 전해 들었다. 그들 역시 성과가 개선되지 않았다. 우리가 하는 일이 얼마나 의미 있는지 상사가 아무리 떠들어봐야 그 영향을 눈으로 직접 확인할 때의 효과 발끝에도 미치지 못했다.

웰스파고 은행Wells Fargo Bank의 대출 담당 부서도 비슷한 일을 경험했다. 그들은 은행에서 대출받은 고객을 초대해 대출을 받은 뒤 인생이 얼마나 달라졌는지 설명하도록 했다. 고객은 내 집을 마련했다거나 다른 빚을 갚았다거나 하는 식의 이야기를 직원들에게 들려줬다. 그러자 놀랍게도 은행 직원들은 다른 고객에게도 같은 도움을 주고자 하는 의욕이 극적으로 상승했다. 자신이 하는 일이 누군가의 인생에 어떤 영향을 주는지 직접 확인했기 때문이다. 직원들은 이후 자기 직업을 예전과 전혀 다르게 인식하게 되었다. 우리가 하는 일에 목적의식을 느끼는 것은 아주 중요하다. 원래는 대출 상품을 팔려고 출근했던 직원들이 이제 사람들을 도우려고 출근한다. 일부러 그렇게 생각한 것이 아니라 자연히 그렇게 되었다. 다른 연구에서도 일의 결과와 사람을 연결 지어 바라볼 때 업무 질이 향상된다는 사실이 드러났다. 연구에서는 방사선사에게 환자의 사진을 보여주는 것만으로도 진단 정확도가 극적으로 상승했다.

애덤 그랜트는 지역 레크리에이션 센터 수상 구조 대원을 상대로 또 다른 실험을 했다. 그는 구조 대원들을 두 집단으로 나눠 각기 다른 글을 읽게 했다. 두 글 모두 다른 수상 구조 대원들이 쓴 글이었다. 첫 번째 집단은 구조 대원들이 개인적인 목표를 달성하는 데 자신의 직업이 크게 도움 되었다는 내용을 읽었다. 두 번째 집단은 물에 빠진 사람의 목숨을 실제로 구한 경험담을 읽었다. 결과적으로 인명을 구한 이야기를 읽은 집단이 개인적인 목표를 달성한 이야기를 읽은 집단보다 훨씬 크게 의욕을 느꼈고, 수영하는 사람들을 돕고자 더 많은 시간을 헌신했다.

이런 연구 결과에도 별로 놀라지 않는 사람이 많을 것이다. 결과가 당연해 보이기 때문이다. 하지만 정말 그럴까? 그랜트 교수는 기업 임원 수천 명을 상대로 시행한 설문조사에서 응답자들에게 업무에서 가치를 느끼는 일이 얼마나 중요하느냐고 물었다. 그 결과 기업 임원 중 1퍼센트만이 중요하다고 답했다. 직원들에게 그들의 일이 얼마나 가치 있는 일인지 직접 보여줘야 한다고 응답한 사람은 1퍼센트에 불과했다. 회사는 대개 우리가 하는 일이 다른 사람에게 어떤 이익이 되는지가 아니라 우리 자신의 인생에 어떤 가치를 줄지, 목표를 달성하면 어떤 혜택을 얻을 수 있는지만 설명한다. 그리고 그 혜택이 다른 사람들은 누리지 못하는 특별한 것이라고 강조한다. 하지만 인간의 생물학적 특성을 떠올려보라. 우리는 천성적으로 자신이 다른 사람에게 도움이 될 때 생물학적으로 의욕을 얻고 동기가 부여되는 협력적인 동물이다.

그래서 나는 채리티:워터^{charity:water}라는 자선 단체를 좋아한다. 이곳에서는 깨끗한 물을 얻을 수 없는 7억 명의 사람들에게 식수를 제공한다. charitywater.org에 접속해 기부하면 그 금액은 전부 도움이 필요한 사람들에게 쓰인다. 이 외에도 자신이 기부한 돈으로 만들어진 우물의 실제 사진과 GPS 좌표를 받는다. 아프리카에 가서 그 사람들을 직접 만나는 것이 훨씬 좋겠지만 사진과 GPS 좌표만으로도 자신이 낸 기부금이 실제로 어떤 결과를 낳았는지 확인할 수 있어 제법 효과가 강력하다.

유감스럽게도 우리 대부분은 자신이 하는 일이 다른 사람들 인생에 어떤 영향을 주는지 실제로 보지 못한다. 우리가 '볼 수 있는' 결과와 가장 비슷한 것은 스프레드시트상의 수치나 리포트에 소개된 '고객'의 선호도 정도다. 그래프의 직선이 상향하면 상부에서는 우리에게 잘했다고 칭찬하며 우리가 세운 업적을 자랑스럽게 여겨도 된다고 말한다. 그들은 우리가 숫자를 볼 때는 감정을 느끼고 사람을 볼 때는 이성적으로 생각하길 바란다. 하지만 생물학적으로 우리는 그 정반대로 하려고 한다. 즉, 사람을 볼 때는 감정을 느끼고 숫자를 볼 때는 이성적으로 생각한다. 사회적 동물로서 우리의 목적의식은 항상 인간을 향한다.

◆ 규칙 4 ◆

사람들에게 시간과 에너지를 쏟으라

당신이 새집으로 이사한다고 가정해보자. 한 친구가 당신을 돕고자 이사 비용을 내줬다. 아주 관대하게 5,000달러나 주고 갔다. 다른 친구는 집에 와서 당신을 도왔다. 이삿짐을 싸고 트럭에 짐을 싣고 내리고 푸는 일까지 모든 과정을 당신과 함께했다. 2주 뒤 같은 날에 두 친구 모두 당신에게 도와달라고 요청해왔다. 둘 중 누구를 더 돕고 싶겠는가? 돈을 내준 친구인가 아니면 시간과 에너지를 써준 친구인가?

돈이란 실체가 있는 자원이나 인간의 노력을 추상화한 개념이다. 미래에 재화나 서비스로 바꿀 수 있는 일종의 약속 어음이다. 사람들이 뭔가에 시간과 노력을 쏟는 일과 달리 돈의 가치는 돈이 나타내는 의미에서 나온다. 돈은 추상화된 개념으로서 원시적인 우리 뇌는 돈에서 '진짜' 가치를 느끼지 못한다. 우리 뇌는 음식이나 집 혹은 다른 사람이 자신을 안전하게 보호하려는 행위에서만 진짜 가치를 느낀다. 뇌가 인식하기에 나를 보호해줄 대상은 내게 큰돈보다 시간과 에너지를 기꺼이 쏟는 사람이다. 아무리 큰돈을 주더라도 보호의 관점에서는 시간과 에너지를 바치는 일보다 반드시 더 가치 있지는 않다.

부족, 즉 생활 공동체와 직장에서 안전감을 느끼기 위해 집착하는 인간의 성향으로 봤을 때, 우리는 본능적으로 자신에게 시간과 에너지를 쏟아주는 사람들에게 훨씬 크게 가치를 느낀다. 돈은 상대적인 가치를 지니는 반면(같은 100달러라도 대학생에게는 큰돈이지만 백만장자에게는 적은 돈이다) 시간과 노력은 절대적인 가치를 지닌다. 부유하든 가난하든 언제 어디에서 태어났든 누구에게나 하루는 24시간이고 1년은 365일이다. 누군가가 우리에게 어떤 것과도 교환이 불가하고 양이 유한한 자원을 기꺼이 내어준다면 우리는 더 큰 가치를 느낀다. 돈을 낭비했다면 다시 벌면 된다(특히 현대 사회에선 더욱 그렇다). 하지만 시간은 그렇지 않다. 회의에 참석하거나 영화를 보면서 한 번쯤 시간이 아깝다고 생각해봤을 것이다. 어쩌면 이 책을 읽으면서도 그렇게 생각했을지 모르겠다. 여기에서 그만둔다면 앞으로 시간을 더 낭비하지는 않겠지만 지금까지 들인 시간을 내가 돌려줄 수는 없다. 미안하다.

시간만 그런 것이 아니다. 우리가 쏟는 에너지 역시 중요하다. 아이의 축구 경기를 보러 간 부모가 다들 한창 응원하는 와중에 스마트폰만 보고 있다고 생각해보자. 그 부모는 시간을 냈을지는 몰라도 에너지를 쏟지는 않았다. 아이는 부모가 경기 내내 고개를 푹 숙이고 문자나 이메일을 보내는 모습을 볼 것이다. 의도가 무엇이든 부모가 경기에 집중하지 않으면 부모도 아이도 사실상 시간을 낭비하는 것이다. 회사에서 동료가 내게 말하는데 내가 그저 이메일을 읽거나, 한창 회의 중 한쪽 눈으로 스마트폰을 본다면 상대가 어떻게 생각하겠는가? 아무리 상대방이 하는 말을 다 듣고 있다 해도 그는 내가 듣지 않는다고 여길 것이며, 신뢰를 얻거나 직원들을 아끼는 리더로 보일 기회는 날아간다.

부모가 사랑을 구매해 아이에게 선물할 수 없듯 회사도 급여나 상여금으로 직원의 충성심을 살 수 없다. 충성심, 즉 다른 회사에서 돈을 더 준다고 해도 지금 회사에 충성하겠다는 비합리적인 의지는 리더가 직원들을 위해 필요하다면 기꺼이 시간과 에너지를 바칠 때 생기는 감정이다. 우리는 단순히 목표를 달성했을 때 상여금을 주는 상사보다는 업무 시간이 끝난 뒤에도 직원들을 도와주기 위해 시간을 내는 리더를 더 가치 있게 여긴다.

만일 직장 동료가 주말에 자선 단체에 500달러를 기부했다고 이야기하면 당신은 어떻게 생각하겠는가? 그가 좋은 일을 했다고 여기겠지만 왜 그 이야기를 하는지 의문스러울 것이다. 상이라도 받고 싶은 건가? 반면 다른 동료가 주말에 취약 계층이 사는 지역의 학교에서 페인트칠 봉사를 하고 왔다고 말한다면 어떻게 받아들이겠는가? '와, 좋은 일이다. 나도 그런 일을 좀 해봐야 하나'라고 생각할 것이다. 우리는 단순히 누군가 타인을 위해 시간과 에너지를 썼다는 이야기를 듣기만 해도 그런 일을 하고 싶다는 의욕이 생긴다(옥시토신을 기억하라).

돈을 기부하는 일로도 기분이 좋아지는 화학 물질이 분비되지만 이는 오래 지속되지 않으며, 이런 일을 했다고 다른 사람들이 나를 다시 보지는 않는다. 워커톤(walk-a-thon, 모금을 위한 걷기 대회-옮긴이)에 직접 참가하는 사람은 단순히 워커톤에 기부금을 내는 사람보다 개인적인 성취감을 많이 느끼고 워커톤의 위상도 더욱 높일 수 있다. 시간과 에너지를 쏟는 일은 돈을 내는 것보다 강한 인상을 준다. 그래서 평판이 좋지 않은 CEO가 기부금을 냈다고 해서 바로 이미지가 회복되지는 않는 것이다. 우리는 기부금을 내는 일이 가치 있는 행동이라고 생각하지 않는다. 직원을 진정으로 보호하는 CEO가 가끔 실수하거나 잘못된 결정을 내리더라도 직원들은 관대하게 받아들이는데, 이 역시 같은 이유에서다.

조직 리더가 중간 관리자들에게 단순히 급여만 준다고 해서 그들이 아래 직원들을 보살피는 것은 아니다. 리더는 자신이 돌봐야 할 중간 관리자들에게 시간과 에너지를 쏟아야 한다. 그러면 중간 관리자들은 그 보답으로 부하 직원들에게 시간과 에너지를 더욱 기꺼이 쓰려 할 것이다. 직원들은 또 그 보답으로 직속상관에게 시간과 에너지를 더 쏟으려 할 것이다. 그리고 이 사슬 끝에 있는 직원, 즉 고객들과 만나는 직원들은 고객에게 더 친절히 대하게 된다. 생물학적인 원리가 그렇다. 다른 사람이 우리를 위해 시간과 에너지를 쓰면 우리는 옥시토신과 세로토닌이 분비되며 기분이 좋아지고, 우리 역시 다른 사람들을 위해 헌신하고 싶다는 의욕이 생긴다. 기업은 인간이 움직이는 조직이다. 그래서 기업을 'company'라 부르는지도 모른다. 회사는 여러 사람이 모인 집단이기 때문이다. 회사에서 가장 중요한 것은 사람이다.

◆ 규칙 5 ◆

기다릴 줄 알라

최근 어떤 여성과 첫 데이트를 했다. 정말 멋진 데이트였다. 우리는 거의 8시간을 함께했다. 브런치를 먹고 도심 지역을 돌아다녔다. 박물관을 돌아보고 저녁도 먹었다. 우리는 데이트 내내 끝없이 이야기를 나눴다. 둘 다 얼굴에 미소가 가득했고 낄낄 웃기도 했으며 몇 시간 뒤에는 손도 잡고 다녔다. 이렇게 멋진 데이트를 끝낸 결과, 우리는 결혼하기로 했다. 당연히 우리 둘은 무척 신난 상태다.

이 글을 읽으며 마지막쯤 움찔하지 않았는가? 정상적인 반응이다. 우리는 이런 이야기를 들으면 바로 "미친 거 아냐?"라고 반응한다. 하지만 당신은 우리 데이트가 어땠는지 못 보지 않았는가. 맹세코 우리는 서로 사랑한다.

한 번 데이트했다고 혹은 일주일간 만났다고 해서 강한 신뢰감이 생기지는 않는다는 사실을 우리 모두 본능적으로 알고 있다. 반대로 내가 연인과 7년째 만나고 있는데 아직 결혼하지 않았다고 말한다면 당신은 이렇게 생각할 것이다. '뭐가 문제지?'

첫 데이트를 멋지게 끝낸 이후나 채용 면접에서 마음에 쏙 드는 지원자를 만난 뒤에 드는 강한 긍정적인 감정은 사랑이나 신뢰가 아니다. 이는 보통 도파민이 폭발적으로 분비되어 그동안 찾아 헤매던 것을 이제야 발견했다고 느끼는 감정이다. 기분이 아주 좋기 때문에 이를 견고한 감정으로 착각할 때가 있다. 쌍방이 같은 감정을 느꼈다고 해도 견고한 감정이 되지는 않는다. 첫 데이트에서 사랑에 빠진 사람들이 얼마 지나지 않아 헤어지는 이유도 이 논리로 설명할 수 있다. 면접 때는 완벽해 보였던 직원에게 몇 달 일을 시켜보니 조직에 잘 맞지 않는 사람이었다는 이야기도 같은 논리다. 그 사람을 정말 신뢰해도 되는지 알 수 있을 만큼 충분한 시간을 함께 보내지 않았기 때문에 이런 일들이 발생한다. 느낌이 좋다고 해서 곧장 뛰어든다면 도박과 다를 바 없다. 좋은 결과가 나올 수도 있지만 그렇지 않을 확률이 더 높다. 소속감이 들지 않는 곳에 너무 오래 머무는 것 역시 좋지 않다. 7년 동안 다닌 회사에서 더는 소속감을 느끼지 못한다면 다른 곳으로 떠날 때가 됐는지도 모른다.

우리는 본능적으로 자신을 기꺼이 도와줄 사람을 찾는다. 그리고 안전망 안에 들어가기 위해 사람들이 모인 세상을 탐색한다. 한 사람을 잘 알게 되고 개인적이든 직장에서든 관계를 유지하는 데 필요한 신뢰감이 만들어지려면 시간이 걸린다.

우리는 조급한 세상에 살고 있다. 즉각적인 만족감을 추구하는 세상이다. 도파민이 지배하는 세상이다. 구글은 우리가 원하는 답을 즉시 준다. 온라인으로 물건을 사고 원하는 것을 지금 당장 가질 수 있다. 필요한 정보를 바로바로 주고받는다. 좋아하는 프로그램을 보기 위해 일주일을 기다릴 필요도 없다. 우리는 원할 때 바로 갖는 일에 익숙해졌다. 모두 좋은 일이고 영화를 보거나 온라인 쇼핑을 즐기는 데 도움이 된다. 하지만 궂은 일에도 끄떡없는 강한 신뢰감을 만드는 데는 그다지 도움이 되지 않는다. 그런 신뢰감을 형성하려면 시간이 걸리며 그 속도를 빠르게 해주는 앱 같은 건 없다.

우리가 누군가를 신뢰하기까지 정확히 시간이 얼마나 걸리는지 연구한 자료는 없다. 다만 그 기간이 7일보다는 길고 7년보다는 짧으리라는 것은 안다. 좀더 빠른 사람도 있고 좀더 오래 걸리는 사람도 있을 것이다. 얼마나 걸릴지는 아무도 알 수 없지만 참을성 있게 기다려야 한다는 점만큼은 확실하다.

16
균형이 깨진 조직

우리는 자원이 비교적 희소한 환경에 살도록 설계된 동물로서 무엇이든 너무 많이 가지면 행동을 관할하는 요소에 문제가 생길 수 있다. 4만 년 동안 우리는 주로 자급자족 형태로 살았다. 필요한 양보다 훨씬 많이 가진 적이 거의 없었다. 불과 1만 년 전에야 수렵 채집 생활을 끝내고 농경 생활을 시작했으며 그때부터 잉여 경제로 들어섰다. 물자를 필요한 양보다 많이 생산할 수 있게 되자 부족은 구성원을 150명 이상으로 늘릴 수 있게 되었다. 이제 잉여 생산물을 다른 사람들과 교환할 수도 있었다. 이전 시대에 빠듯하게 먹고살았던 양보다 많은 양을 낭비하기 시작했다. 상비군을 둘 여유가 생기고 지식인과 지배 계층도 등장했다.

집단이 자급자족 경제에서 잉여 경제로 넘어가면 지배 계층, 즉 잉여분을 가장 많이 가진 계층은 사회를 자신들이 원하는 방향으로 만들고자 노력한다. 여기서 문제가 발생한다. 그들은 잉여 자원을 이용해 사회 전체에 좋은 방향으로 변화를 추구하는가, 아니면 그저 자기 배만 불리려 하는가? 돈 많은 기업에서 이해관계에 따라 특정 규제를 만들어달라거나 없애달라고 국회의원들에게 로비하는 모습은 그리 놀랍지 않다. 그들에게는 사용 가능한 자원과 지켜야 할 금액은 물론 앞으로 축적할 부가 많다. 이런 조직에서는 문화를 적절하게 관리하지 않으면 불균형에 빠질 수 있다.

나는 이 불균형의 상태를 '파괴적 풍요'Destructive Abundance라고 이름 지었다. 이는 이기적인 목적 추구와 이타적인 목적 추구 사이의 균형이 깨질 때 나타나는 현상이다. 도파민을 보상으로 받을 수 있는 행동이 다른 화학 물질로 받을 수 있는 사회적 보호보다 훨씬 강하게 나타날 때, 결과물을 지키는 것이 그 결과물을 만들어낸 사람을 보호하는 일보다 우선시될 때, 선수들이 경기를 왜 시작했는지 잊어버린 채 오로지 점수에만 집중할 때에도 파괴적 풍요가 발생한다.

파괴적 풍요를 겪은 기업에는 뚜렷한 양상이 나타난다. 조직 문화가 제대로 관리되지 않았다는 점이다. 그런 기업의 리더는 대개 리더로서의 책임을 진정으로 받아들이지 않았다. 파괴적 풍요가 시작되면 도덕적 원칙이 사라지고, 협력 대신 사내 정치가 판을 치며, 직원들을 전기세 청구서처럼 처리해야 할 과제로 바라보게 된다.

파괴적 풍요는 도전이 사라지고 유혹이 시작될 때 일어난다.

LEADER
DIFFER-
ENT

6
파괴적
풍요

17
리더십 레슨 1: 기업 문화가 제일 중요하다

◈ 희생된 문화 ◈

"장기적 탐욕." 골드만삭스Goldman Sachs의 명망 높은 고위 임원이었던 거스 레비Gus Levy가 회사의 경영 방식을 묘사할 때 쓴 표현이다. 때는 1970년, 골드만삭스는 고객과 회사에 가장 좋은 일만 하고 파트너십을 신뢰하는 신사적인 기업이었다. 지금 그들의 명성이 어떤지 생각하면 우습지만, 당시 골드만삭스 은행가들은 항상 고객들에게 옳은 일만 하고자 노력한다는 뜻에서 '억만장자 보이스카우트'로 알려져 있었다. 장기적 탐욕이란 고객을 돕기 위해서라면 때로는 단기적인 타격도 견딜 가치가 있다는 뜻이었다. 그로써 충성심과 신뢰감이 형성된다면 미래에 훨씬 큰 이익이 되어 돌아올 것이기 때문이었다. 실제로도 그랬다.

기업 문화가 강한 다른 수많은 기업처럼 골드만삭스도 경쟁사가 고전하고 실패하는 동안 성장했다. 1970년대부터 1990년대 초반까지 골드만삭스는 나쁜 짓이라곤 절대 할 수 없는 기업 같았다. 언론인이자 『골드만삭스의 자취를 쫓다』*Chasing Goldman Sachs* 저자인 수잰 맥지*Suzanne McGee*는 이렇게 썼다. "1990년대까지 그들의 명성은 매우 높았다. 골드만삭스가 주관하는 기업 공개라면 사실상 그 주식에는 '최고의 주식'이라는 인증 마크가 붙은 것과 다름없었다."

골드만삭스의 문화를 미화해서는 안 되지만 당시 그들의 문화가 월스트리트의 표준이었다는 사실에는 의심할 여지가 없다. 기업 문화가 강한 기업들이 보통 그렇듯 골드만삭스에 입사하기란 무척 힘들었다. 여기에서 '힘들었다'라는 말은 학력이 좋아야 했다는 말이 아니라 그보다 어려웠다는 뜻이다. 학력이 매우 뛰어난 지원자조차 골드만삭스에 들어가는 일이 보장되지 않던 시절이 있었다. 그곳에 입사하려면 조직 문화와 잘 맞는 사람이어야 했다. 자기 자신보다 회사에 필요한 일을 하는 사람이어야 했다. 고위 임원들은 회사에 돈을 많이 벌어다줄 직원보다 신뢰할 수 있는 직원을 원했다. 직원들은 그 보답으로 장기적 탐욕의 정신에 따라야 했다. 이렇게 높은 기준으로 문화가 만들어진 덕택에 골드만삭스는 어려운 시기도 잘 버틸 수 있었다. 다른 회사 직원들은 제 살길을 찾느라 동료들과 함께 올라탄 배를 버리기도 했지만, 골드만삭스 직원들은 똘똘 뭉쳐 거친 파도를 극복해냈다.

그러다 일이 벌어졌다. 1990년대부터 기미를 보이더니 1999년 기업 공개를 한 뒤로 확실히 파트너십 문화가 무너지고 있다는 증거가 나오기 시작했다. 새로운 사고방식이 골드만삭스를 장악했다. 하버드 법학전문대학원 로런스 레시그 Lawrence Lessig 교수는 CNN 온라인 칼럼에 이렇게 썼다. "골드만삭스의 공모주가 발행될 때쯤 그동안 금융계를 재미없게 만들었던 규제가 거의 폐지됐다. '금융계의 혁신'이라는 이름으로 과감하고 때로는 무모하기까지 한 실험이 시작되자 골드만삭스 같은 기업들은 막대한 수익을 낼 기회가 생겼다."

이런 분위기 속에서 빠르게 성장한 골드만삭스는 새로운 유형의 트레이더를 받아들였다. 이들은 기존에 회사 고위직을 차지했던 투자 은행가들보다 성향이 확실히 더 공격적이었다. 이제 신입 직원을 뽑을 때도 기업 문화에 적합한지보다 학력 수준과 화려한 경력을 기준으로 삼았다.

그동안 자신들이 일궈온 회사와 인생을 바쳐 지켜온 조직 문화에 자부심을 느끼던 기존 직원들은 새로운 브로커들이 들어오자 분노했다. 곧 회사는 구 골드만과 신 골드만의 두 진영으로 나뉘었다. 한쪽은 충성심과 장기적 탐욕을, 다른 한쪽은 수치와 단기 목표를 기반으로 형성된 문화였다. 한쪽은 사회성을 촉진하는 화학 물질이 균형을 이룬 상태였고, 다른 한쪽은 도파민

쪽으로 완전히 기울어 균형을 잃은 상태였다.

골드만삭스에는 회사나 고객의 장기적 이익을 희생해서라도 개인적인 이익을 극대화하고 자기 지위를 높이는 데만 집착하는 직원들이 점점 많이 들어왔다. 그럴수록 기업 문화는 망가졌고 회사의 전체적인 평판이 추락했으며 결국 회사가 내리는 결정에도 부정적인 영향을 미쳤다.

윌리엄 코핸William Cohan은 저서『돈과 권력: 골드만삭스는 어떻게 세상을 지배하게 됐는가』Money and Power: How Goldman Sachs Came to Rule the World에서 다음 같이 강조했다. "골드만삭스가 사실상 최초의 정리해고, 즉 개인 실적 문제가 아니라 회사가 어렵다는 이유로 직원들을 해고한 시기는 1990년대 초반이었다. 당시 이 사건은 상당히 충격적이었다." 생각해보라. 1990년대 이전에는 골드만삭스에 정리해고라는 개념이 없었다는 것이다. 뭐가 바뀌어도 한참 바뀐 것이 분명했다.

골드만삭스는 서브프라임 모기지 사태로 빚어진 금융 위기에 가담하고, 정부 구제금융을 받은 지 단 한 달 만에 거액의 성과급 잔치를 벌여 이미 더럽혀진 평판이 바닥까지 추락하고 말았다. 더는 월스트리트에서 가장 신뢰받는 회사가 아니라 오만과 탐욕의 상징이 됐다. 심지어 골드만삭스의 CEO 로이드 블랭크파인Lloyd Blankfein이 사과문까지 발표했다. 그는 2009년 11월 이렇게 말했다. "저희는 분명히 잘못을 저질렀고 이를 후회하고 있으며 마땅히 사과드려야 한다고 생각합니다." 하지만 사과하기에는 이미 너무 늦은 데다 이를 성의 없다고 느끼는 사람도 많았다. 이제 사람들은 골드만삭스의 리더들에게 보이스카우트라고 부르지 않으며 그들을 거의 사기꾼처럼 여긴다. 이런 일이 골드만삭스에서만 일어나는 것은 아니다. 모든 산업에 걸쳐 엄청나게 많은 회사에서 일어나고 있는 일을 보여주기 위해 골드만삭스를 예로 들었을 뿐이다.

모든 문화에는 고유한 역사와 전통, 언어, 상징이 있다. 우리는 자신이 속한 문화와 자신을 동일시할 때 소속감을 겉으로 드러내며 집단에서 공유하는 가치관과 신념을 자기 것으로 받아들인다. 국적의 문화나 자기가 속한 집단의 문화로 자기 자신을 정의하기도 한다. "나는 미국인이다" 혹은 "나는 해병대다"라는 것처럼 말이다. 매일 상기하지는 않지만 소속 집단에서 멀리 떨어져 있거나 집단이 외부의 위협을 받으면 우리 문화적 정체성은 더욱 중요해진다. 가장 중요하게 생각하는 관심사가 되기도 한다. 9·11 사태 이후 온 미국 국민이 하나로 뭉친 일을 기억하는가?

기업 문화가 건강한 곳에서는 직원들이 회사에 애정을 느낀다. 그들은 아주 개인적인 방식으로 회사와 자신을 동일시한다. 미국 사우스웨스트항공Southwest Airlines과 비슷하게 파격적인 행보로 인기를 끌고 있는 캐나다 항공사 웨스트제트WestJet 직원들은 자신을 웨스트제트 직원이라고 말하지 않는다. 그러면 그저 그곳에서 일하는 사람이 되기 때문이다. 그들은 스스로를 웨스트제터^{WestJetters}라고 부른다. 정체성이다. 소속감이 없으면 회사 로고가 찍힌 티셔츠를 잘 때나 페인트칠할 때 입는다. 하지만 소속감이 있으면 사람들이 보는 앞에서 자랑스럽게 입고 다닌다.

> 조직 문화가 약한 곳에서는 '옳은 일'이 아니라
> '나에게 이익이 되는 일'을 한다.

성향이나 가치, 신념을 기준으로 하던 문화가 실적이나 수치처럼 도파민적인 비인간성을 기준으로 하는 문화로 바뀌면 우리 행동을 이끄는 화학 물질은 균형을 잃으며 서로 신뢰하고 협력하려는 의지를 잃는다. 그러면 문화는 물 탄 우유처럼 희석되어 바람직하고 건강한 요소를 잃고, 겉보기에는 우유 같지만 맛은 잘 느껴지지 않는 상태가 된다. 역사의식과 과거를 책임지겠다는 마음이 없어지고 전통을 잃는다. 소속감에도 신경 쓰지 않게 된다. 이렇게 조직 문화가 약한 곳에서는 '옳은 일'이 아니라 '나에게 이익이 되는 일'을 한다.

한때 골드만삭스에서 일하는 것은 의미 있었다. 단지 일하는 장소가 어디인지만을 뜻하지는 않았다. 골드만삭스의 조직 문화에 딱 맞는 직원들에게 골드만삭스에서 일한다는 것은 내가 어떤 사람인지 말해주는 것이었다. 그들에게 무엇을 기대할 만한지 세상에 널리 알리는 일이었다. 그리고 그들에게 기대할 수 있는 것은 대부분 긍정적인 일이었다. 그들은 그곳에 속했다는 사실을 자랑스러워했다. 하지만 리더들은 그렇게 오랜 시간에 걸쳐 쌓은 문화를 지켜주지 않았다.

19세기의 사상가 괴테는 이렇게 말했다고 한다. "자기에게 아무것도 해줄 수 없는 사람을 어떻게 대하는지 보면 그 사람의 성격을 쉽게 알 수 있다." 한 사람의 성격에 따라 그의 생각과 행동이 정해진다면, 조직은 문화에 따라 한 집단으로서 구성원들의 생각과 행동이 정해진다. 성격이 뚜렷한 회사는 단순히 월급을 주는 사람이나 현재 돈을 벌어다주는 사람뿐 아니라 모든 사람에게 잘 대하는 분위기를 만든다. 이런 문화에서는 직원들이 리더들에게 보호받는다고 느끼며 동료들이 뒤를 지켜주리라 믿는다. 성격이 흐릿한 회사에서는 사내 정치를 하거나 혼자 힘으로 성공을 거두고 자기 뒤는 자기가 지키는 식으로 스스로 보호하는 수밖에 없다. 성격이 어떤지에 따라 우리가 가치 있는 친구가 될 수 있는지 없는지 결정되는 것처럼, 회사 문화에 따라 그 회사를 아는 사람들에게 회사가 가치 있는지 없는지 결정된다. 성과는 좋을 때도 있고 나쁠 때도 있다. 우리가 의존할 수 있는 것은 조직 문화에서 나오는 힘뿐이다.

사람들이 자기 직업을 스스로 어떻게 생각하는지 말할 때 어떤 단어를 택하는지 자세히 들여다보면 흥미진진하다. '사랑'이나 '자부심' 같은 단어는 각각 옥시토신과 세로토닌에서 나오는 감정과 관련 있다. 골드만삭스에는 그 감정이 없었다. 현재 골드만삭스에 근무하는 한 여성이 나에게 이렇게 말했다. "안전하다고 느껴지지 않아요. 저는 언제든지 잘릴 수 있어요. 골드만삭스는 피도 눈물도 없다니까요." 자기 회사를 향해 "피도 눈물도 없다"라고 말한 이유는 조직 문화에 공감이 부족하다는 사실을 느꼈기 때문이다. 공감 능력이 부족한 환경에서는 공격성이 커지고 불안감이 조성되는 등 파괴적인 행동과 감정이 지배적으로 나타난다.

2000년대, 즉 골드만삭스의 기업 문화가 한창 바뀌던 시기 그곳에서 근무한 한 남성에 따르면 당시 골드만삭스는 관리자들이 프로젝트나 고객을 서로 차지하려고 팀끼리 싸움을 붙이는 등 분위기가 무자비했다. 신뢰나 상호 존중이 전혀 없었고, 무엇보다 일이 잘못되면 아무도 책임지려 하지 않았다. 고객은 말할 것도 없고 동료를 짓밟고서라도 무조건 이겨야 하는 분위기였다. 결국 기존 직원들과 그의 동료들은 2년 안에 거의 모두 회사를 떠났다. 골드만삭스가 존경받는 기업이었을 때부터 그곳에서 일하며 얻은 지위까지 전부 포기하고 떠났다. 성공은 고사하고 제정신으로 행복하게 살기만 원한다고 해도 인간으로서 견딜 수 없는 환경이었다. 하지만 리더들은 이 문화가 계속되도록 놔뒀다.

당시 골드만삭스 이사였던 그레그 스미스Greg Smith는 2012년 3월 14일 『뉴욕타임스』에 글을 실었다. 그는 기고문에 자신이 12년간 일해온 골드만삭스에서 즉시 사임하겠다고 밝혔다. 그는 이 글에서 회사의 '맹독성' 문화를 설명했다.

"이 회사가 143년 동안 고객의 신뢰를 쌓으며 위대한 기업으로 성장한 비법은 바로 조직 문화였다. 그저 돈만 버는 것이 아니었다. 돈을 버는 일만으로는 한 회사가 이렇게 오랫동안 살아남을 수 없다. 이 회사의 문화는 자부심과 신념이었다. 여기에서 수년간 일해오면서 내가 회사를 사랑한 이유는 그 문화 때문이었는데 오늘날 주위를 둘러보면 슬프게도 그 흔적조차 남아 있지 않다. 이제 더는 자부심을 느낄 수 없으며 신념도 사라졌다. 예전에는 아이디어를 내고 모범을 보이며 옳은 일을 해야 리더가 될 수 있었다. 오늘날에는 그저 회사에 돈만 많이 벌어다주면 (그리고 도끼를 들고 살인을 저지르지만 않으면) 영향력을 행사할 수 있는 자리로 승진한다. (……) 역사책에 골드만삭스가 등장한다면 현 CEO 로이드 C. 블랭크파인과 게리 D. 콘 Gary D. Cohn 최고운영책임자는 훌륭했던 기업 문화를 임기 중에 없앤 리더로 기록될 것이다."

근무 환경은 우리가 자신의 직업을 어떻게 느끼는지에 매우 큰 영향을 미친다. 업무만으로 결정되지 않는다. 직원들이 즐겁게 일하던 회사에서 그저 원하는 것을 얻으려고 일하는 회사로 조직 문화가 바뀌면 그 책임을 묻는 화살은 경영자들을 향한다. 사람들은 자신이 일하는 환경에 영향을 받는다. 어떤 환경을 만들지는 리더가 결정한다. 최측근 주변으로 소수의 핵심층을 형성할 것인가, 아니면 조직 가장 바깥쪽까지 안전망을 넓힐 것인가?

골드만삭스 직원들에게 사악하고 못됐다고 비난하는 사람도 있지만 사실 그들 대다수는 나쁜 사람도 악마도 아니다. 골드만삭스의 리더들이 조성한 근무 환경에서는 누구라도 나쁜 짓을 할 수 있다. 인간의 행동은 환경에 상당히 큰 영향을 받는다. 그 행동이 긍정적이든 부정적이든 늘 그렇다.

2008년 11월, 자동소총으로 무장한 테러범 집단이 인도 뭄바이 지역의 여러 장소를 공격해 사망자가 160명 이상 발생했다. 타지마할 팰리스 호텔Taj Mahal Palace Hotel도 피해 장소 중 하나였다. 그런데 이 호텔에서는 목숨 걸고 투숙객을 구한 직원들의 이야기가 유독 돋보였다.

안전하게 탈출한 전화 교환원들이 투숙객을 대피시키기 위해 전화를 걸려고 호텔로 다시 돌아왔다. 주방 직원들은 테러 현장을 탈출하는 동안 스스로 인간 방패가 되어 투숙객을 보호했다. 그날 호텔에서 사망한 31명 중 절반가량이 호텔 직원이었다.

이 사건을 조사한 하버드 경영대학원 로히트 데시판데Rohit Deshpandé 교수가 호텔 고위 임원에게 직원들이 어떻게 그처럼 용감한 행동을 했는지 묻자, 임원은 이유를 설명하지 못했다. 하지만 그 이유는 명백했다. 리더가 쌓아온 조직 문화 때문이었다. 세계 유수의 특급호텔인 타지마할 팰리스 호텔은 직원에게 회사의 이익이 아니라 고객의 이익을 먼저 생각하라고 지시한다. 실제로 그렇게 하는 직원에게 보상을 주는 일도 흔하다.

오늘날의 골드만삭스와 달리 타지마할 팰리스 호텔은 직원 채용 시 학력과 성적을 중요하게 보지 않는다. 그들은 일류 경영

대학원 졸업생이 이류 경영대학원 졸업생보다 못한 경우를 숱하게 봐왔다. 사람들에게 더 친절하게 대하는 쪽도 이류 경영대학원 졸업생이었다. 그래서 그들은 이류 경영대학원 출신을 선호한다. 재능, 기술, 자기계발 의지보다 존중과 공감을 가치 있게 여긴다. 직원이 들어오면 그런 성향을 강화하고 장려함으로써 단순히 규정만 따르게 하는 것이 아니라 상황에 따라 다르게 행동하더라도 서로 신뢰할 수 있는 강한 문화를 만든다. 타지마할 펠리스 호텔은 직원들이 자신에게 이익이 되는 일이 아니라 옳은 일을 하리라는 것을 잘 안다. 직원들은 그런 문화를 따라간다.

대형 투자은행의 CEO가 자기 회사에 로그 트레이더, 즉 개인적 이익이나 명예만을 추구하느라 회사에 큰 손실을 입히는 사람이 있었다는 사실을 알고 충격받는 모습을 보면 놀라울 따름이다. 이기적인 행동을 보상하고 장려하는 문화에서 무엇을 기대하겠는가? 이런 환경에서 직원들이 옳은 일을 해주기를 바라는 것은 도박이나 다름없다. 하지만 일을 이 지경으로 만든 것은 직원들이 아니라 리더다.

◆ 나쁜 문화는 나쁜 리더를 낳는다 ◆

킴 스튜어트는 독성 강한 문화에 시달린 수많은 직원 중 하나였다. 그녀는 씨티그룹Citigroup에서 일한 첫날부터 회사 문화에 문제가 있다는 사실을 알아챘다. "그날 퇴근하고 집에 와서 남편에게 한 말이 생각나네요. '여기서는 너무 똑똑해 보이면 안될 것 같아'라고 이야기했죠."

상사나 동료들이 멍청해서가 아니라 그들이 위협을 느끼기 때문이었다(안전망이 약한 조직에서 늘 나타나는 감정이다). 사무실에는 항상 의심과 불신의 기운이 가득했다.

그녀는 2007년 투자은행 부서에 처음 들어간 직후, 회사에서 어떤 식으로 특정 거래를 체결하는지 알아냈다. 그러고는 상사에게 찾아가 자신이 업무 절차를 잘 이해했는지 확인해달라고 부탁했다. 상사는 그렇다고 대답했다. 그런데 그녀가 체결한 첫 거래는 재앙으로 끝나고 말았다. 왜일까? 그녀가 일을 너무 잘하면 자기 자리가 위험해진다고 생각한 상사가 거래 체결에서 가장 핵심적인 부분을 일부러 설명하지 않아서였다. 자신의 성과를 더욱 돋보이게 하려고 그녀의 거래를 망친 셈이었다.

스튜어트는 이렇게 말한다. "씨티그룹에서는 모두 이렇게 생각했어요. '내 자리를 뺏기지 않으려면 누구도 나보다 똑똑해선 안 된다'라고요." 이것이 바로 보신주의적인 행동이다. 정보를 공유해야 다른 부서와 회사 전체에 이로운 상황에서도 개인이나 부서의 이익만을 추구하기 위해 가치 있는 정보를 서로 숨기는 문화, 코르티솔이 엄청나게 분비되도록 유도하며 안전감을 주지 않는 문화에서 나타나는 전형적인 현상이다. 스튜어트에 따르면 씨티그룹에서는 모두 동료에게 뒤처질까 봐 두려워했다. 안전하다고 느끼는 사람은 아무도 없었다. 회사에서 대규모로 인원을 감축한다고 발표해서 그런 것이 아니다. 그저 문화가 그랬기 때문이다.

이듬해 회사는 막대한 재정 손실을 입고 연방 정부의 구제금융을 받았다. 직원들이 서로 정보를 공유하지 않고 숨긴 탓이 컸다. 만약 금융계 조직 문화가 직원들을 위협하지 않고 화학 물질의 균형이 잘 잡힌 건강한 분위기였다면 금융 위기가 어떻게 전개됐을지 자못 궁금해진다.

물론 결국에는 인원을 감축했다. 2008년 11월, 씨티그룹은 역사상 모든 산업을 통틀어 가장 규모가 큰 정리해고를 단행했다. 한 번에 회사 전체 직원의 약 20퍼센트인 5만 2,000명을 해고했다. 스튜어트가 속했던 부서에서는 총 인원 190명 중 절반이 넘는 95명이 해고됐고 상여금이 삭감됐다. 사태가 진정된 뒤 씨티그룹 리더들이 좀 겸손해졌을까?

오히려 분위기가 더 나빠졌다. 금융 위기 이후 몇 년이 지난 2011년 말 회사가 흑자 전환했을 때, 스튜어트의 부서에 상무이사가 새로 부임했다. 그는 직원들에게 자기를 소개하며 자신이 관심 있는 건 세 가지뿐이라고 말했다. 그것은 매출, 순익, 비용이었다. 그리고 스튜어트에게 따로 이렇게 말했다. "내가 멘토가 되어주거나 커리어에 관해 조언해주길 바란다면 큰 착각이에요." 직원은 리더를 따라갈 수밖에 없다.

◆ 보호받는 문화 ◆

포스트잇을 모르는 사람은 없을 것이다. 하지만 포스트잇이 어떻게 발명됐는지 아는 사람은 많지 않을 것이다. 보통 회사에서는 먼저 신제품을 상상하고 그대로 개발하는 방식을 따르지만 3M에서는 딱 한 가지 간단한 요소로 포스트잇을 비롯한 수많은 제품을 개발했다. 바로 공유하는 조직 문화다.

미네소타주에 본사를 둔 3M의 과학자였던 스펜서 실버Spencer Silver는 포스트잇의 발명에 기여한 사람이다. 사실 그가 개발하려던 제품은 초강력 접착제였지만 안타깝게도 성공하지 못했다. 그런데 그 과정에서 우연히 아주 약한 접착제를 만들었다. 담당 업무 측면에서만 보면 실패였다. 하지만 실버는 자신의 '실패'를 부끄러워하며 쓰레기통에 버리지 않았다. 해고당할까 두려워 실수를 비밀에 부치거나 이 약한 접착제로 언젠가 이득을 볼지 모른다고 여기며 혼자서만 간직하지도 않았다. 그는 우연히 이 접착제를 발명했다는 사실을 동료들과 공유했다. 누군가 미래에 이 접착제를 활용할 방법을 찾을지 모른다는 마음에서였다.

그리고 정말 그런 일이 일어났다. 몇 년 뒤, 3M의 또 다른 과학자 아트 프라이Art Fry가 교회에서 성가대 연습을 하고 있었다. 책갈피가 악보책에 고정되지 않고 자꾸 보면대와 바닥으로 떨어져 짜증스러웠다. 그때 실버가 발명한 약한 접착제가 떠올랐고 그 접착제를 책갈피용으로 쓰면 꼭 맞겠다는 생각이 들었다! 역사적인 발명품 가운데 하나로 인정받는 포스트잇은 그렇게 탄생했고 지금까지 4,000종이 넘는 다양한 상품으로 100여 개국에서 사랑받고 있다.

3M의 혁신은 직원들의 높은 학력과 기술적 전문지식에서 나오지 않았다. 혁신은 서로 협력하고 공유하는 기업 문화에서 나온다. 몇몇 투자은행 리더들의 생각과 완전히 다르게 3M은 직원들이 함께 일하고 아이디어를 공유하고 프로젝트를 수행하며 동료에게 편히 도움을 요청할 수 있을 때 최고의 효과가 나온다는 사실을 안다. 3M에 '내 것'이라는 개념은 없다.

실버가 다른 회사에 다녔더라면 그의 실패한 공식이 프라이의 손에 끝내 들어오지 못했을 것이다. 하지만 3M에서는 그렇지 않았다. 프라이는 이렇게 말했다고 한다. "3M에는 아이디어가 넘친다. 우리는 어떤 아이디어도 폐기하지 않는다. 언젠가 누군가에게 필요할지도 모르기 때문이다." 각기 다른 분야의 아이디어를 접합하고 서로 다른 제품군 간에도 공유를 강조함으로써 협업하는 분위기가 만들어졌고 직원들은 자신의 가치를 인정받는 느낌이 들었다. 3M에는 '상호 교류로 혁신을 만든다'라는 모토가 있다. 이에 걸맞게 회사에서는 직원들에게 테크 포럼이라는 사내 정기 모임에서 각기 다른 부서의 직원들을 만나 서로 아이디어를 공유하도록 권장한다. 실제로 직원들이 활발히 협업하고 있다는 것을 보여주는 확실한 증거도 있다. 발명가가 두 명 이상 참여한 특허가 3M의 전체 특허 중 80퍼센트 이상이라는 사실이다.

이런 문화는 3M이 어떤 산업에 속해 있는지와는 전혀 관련이 없다. 오히려 3M은 제품이나 서비스 특성상 다른 산업보다 협업할 일이 적은 분야인데도 공유 가치로 혜택을 톡톡히 누리고 있다. 이렇게 업무를 단순히 새로운 시각으로 바라보는 일만으로도 상당히 진전할 수 있다. 다른 사람이 문제를 어떻게 해결했는지 들으면 자신의 문제를 해결하는 데 도움이 된다. 자신의 지식을 다른 사람에게 전하는 것, 이것이 바로 학습 아닐까?

3M이 개발한 제품을 살펴보면 그들이 얼마나 유연하게 이 분야 저 분야를 넘나들며 혁신을 일으키는지 입이 떡 벌어진다. 3M 연구소에서 자동차 관련 제품을 개발하는 과학자들은 자동차 정비사들이 찌그러진 부분을 수리하는 데 사용하는 충전재를 만들었다. 이들이 사용한 기술은 치과용 제품을 만드는 3M 연구소에서 나온 것으로, 치아를 본뜰 때 쓰는 물질을 활용했다. 또한 고속도로 표지판을 빛나게 하는 데 사용하는 기술을 활용해 고통 없이 주사할 수 있는 마이크로니들패치를 개발하기도 했다. 각기 다른 분야의 아이디어를 접합함으로써 사람들이 당혹스러워할 만한 혁신을 이뤘다.

3M은 특허를 2만 개 넘게 보유하고 있으며 2012년 한 해에만 500회 이상 출원했다. 2009년 극심한 불경기가 한창이던 시절, 다른 회사들이 비용을 줄이기 위해 R&D에 예산을 삭감하

는 동안에도 3M은 신제품을 1,000개 이상 내놓았다. 3M의 제품은 눈에 잘 띄지는 않지만 어디에서나 쓰이고 있다. 그리고 항상 당연하게 여겨진다. 컴퓨터에 '인텔 인사이드' 스티커가 붙어 있듯 일상적으로 쓰이는 3M의 모든 제품에 '3M 인사이드'라는 스티커가 붙어 있다면 소비자들은 하루에 그 스티커를 60~70번쯤 볼 것이다. 3M이 성공한 이유는 가장 똑똑한 최고의 직원을 고용해서가 아니라 서로 돕고 배운 것을 공유하도록 장려하며 그렇게 하는 직원에게 보상을 주는 기업 문화가 있기 때문이다. 물론 3M도 그들만의 문제점이나 관료주의를 지녔겠지만 협업하는 문화를 육성하기 위해 매우 열심히 노력하고 있다는 점만은 틀림없다.

안전망 안에서 사람들이 서로 신뢰하고, 자신의 성공과 실패를 공유하며, 아는 것과 모르는 것을 함께 나눌 때 혁신이라는 결과가 나온다. 그것은 당연한 일이다.

18
리더십 레슨 2:
기업 문화는 리더가 결정한다

◆ 너보다는 내가, 우리보다는 내가 ◆

그는 책임을 맡고 싶었다. 리더가 되고 싶었다. 그를 방해할 사람은 아무도 없었다. 현 리더도 그를 막을 수 없었다. 사담 후 세인Saddam Hussein은 이렇게 이라크에서 권력을 잡았다. 그는 권력을 얻기 전부터 자신의 지위를 강화하고 상승시켜줄 사람들과 전략적 동맹 관계를 맺었다. 권력을 잡은 뒤에는 동맹의 '충성 심'을 지키기 위해 그들에게 엄청난 부와 높은 지위를 주었다. 그는 자신이 국민의 편이라고 주장했으나 사실은 달랐다. 그는 자기 자신과 자신의 영광, 명예, 권력, 재력을 위해 리더 자리에 올랐다. 봉사하겠다는 약속은 모두 전략적인 행동에 불과했다.

정권이 이런 식으로 변화할 때 문제는 불신과 피해망상의 문화가 형성된다는 점이다. 독재자가 권력을 잡은 동안에는 모든 것이 제대로 돌아가지만 그가 축출된 뒤에는 나라 전체가 몇 년 동안 흔들린다. 불안정한 국가에서 독재자가 정권을 잡을 때나 드라마 같은 데서 나오는 이야기가 아니다. 현재 수많은 기업에서도 비슷한 일이 벌어지고 있다. 그 한 예가 2001년 메릴린치 Merrill Lynch에서 권력을 잡은 스탠리 오닐Stanley O'Neal의 이야기다.

오닐은 베이비붐 시대가 절정이던 때 앨라배마주 동부 웨도위Wedowee라는 작은 도시에서 태어났다. 할아버지가 노예 출신이었지만 오닐은 GMGeneral Motors에서 장학금을 받아 하버드 경영대학원에 갔다. 졸업 후 GM에 취직해 재무부서에서 급속도로 승진했다. 하지만 그의 시선은 더 큰 곳을 향했다. 증권 중개업에 큰 관심도 없고 경험도 없었는데도 월스트리트로 옮겨갔다. 그 뒤로 아프리카계 미국인으로서는 손꼽힐 정도로 금융계 최고 자리까지 올랐다. 어쩌면 오닐은 미국에서 어떤 일을 할 수 있는지 보여주는 상징으로서 오늘날 유수의 리더가 됐을지도 모른다. 하지만 그는 다른 길을 택했다.

그는 1986년 메릴린치에 들어갔고 몇 년 지나지 않아 정크본드 담당 본부장이 됐다. (아이러니하게도 1990년 마이클 밀컨Michael Milken이 증권 사기죄를 인정한 이후 오닐이 이끄는 부서는 가장 큰 정크본드 운영 본부가 됐다. 마이클 밀컨은 정크본드의 대부라 불리는 인물로, 지금은 사라진 투자은행 드렉설버넘램버트Drexel Burnham Lambert의 정크본드 총괄 고위 임원이었다.) 오닐은 규모가 매우 컸던 중개 사업부를 넘겨받으며 메릴린치의 최고재무관리자가 됐다. 인터넷 버블이 터진 1990년대 말, 그는 빠르게 직원 수천 명을 해고하는 대담함을 보임으로써 당시 상사였던 CEO 데이비드 코만스키^{David Komansky}에게 깊은 인상을 줬지만 인정사정없는 관리자라는 평판을 굳히고 말았다. 2001년 중반, 오닐은 코맨스키의 도움으로 경쟁자들을 몰아내고 최고운영책임자가 됐다. 하지만 거기서 그치지 않았다.

오닐은 메릴린치의 직원 중심적인 문화를 장애물로 보고 없애기를 바랐다. 메릴린치는 원래 '마더 메릴'^{Mother Merrill}이라는 애칭으로 알려져 있을 정도로 일하기 좋은 회사였다. 오닐은 그런 문화를 대놓고 혐오했다. 유약하고 목표가 불분명하며 자신의 앞길을 막는 문화라고 여겼다. 그는 건강한 기업 문화를 육성하는 데는 아무런 관심도 없이 그저 경쟁하고 또 경쟁하는 문화를 만들었다. 외부 경쟁자가 아니라 직원들끼리 맹렬히 경쟁하는 문화였다.

지금까지 여러 번 말했듯 조직 분위기는 항상 리더가 결정한다. 오닐은 남들보다 자기 자신을 우선하는 분위기를 조성했다. 9·11 사태가 터졌을 때 메릴린치는 직원 수백 명이 부상당하고 세 명이 사망하는 큰 타격을 입었다. 이후 1년 동안 충격받은 마음을 미처 추스르기도 전에 오닐은 월스트리트의 다른 여러 기업에서와 마찬가지로 직원 수천 명을 해고하고 사무실을 닫았다.

2002년 오닐은 라이벌을 모두 물리치고 게임을 끝냈다. 메릴린치 이사회는 오닐의 오랜 친구이자 CEO였던 코만스키를 조기 사퇴시키고 오닐을 이사회 의장 겸 CEO 자리에 앉혔다. 사교적인 코만스키마저 떠나자 기업 문화의 변혁은 거의 완성됐다. 코만스키는 완벽하지는 않지만 가끔 직원 식당에 내려와 직원들과 함께 식사하던 사람이었다. 오닐은 그렇게 할 가치가 전혀 없다고 생각했다. 직원들과 어울리는 데는 관심이 없었다. 그는 30층에 있는 자기 사무실까지 전용 엘리베이터를 타고 다녔다. 직원들은 복도에서 오닐과 마주쳐도 그에게 말 걸지 말라고 교육받았으며 그가 근처를 지나가면 길을 비켜줘야 했다. 오닐은 자신이 받을 수 있는 혜택은 하나도 빠뜨리지 않기 위해 주말이면 회사 제트기를 타고 마서스비니어드^{Martha's Vineyard}섬에 있는 본인 집에 갔다.

우리는 우리에게 의욕을 불어넣어주는 리더의 비전을 추구하려 하는 한편 우리를 통제하려 드는 독재자를 끌어내리고자 한다. 리더가 독재하는 집단에서 늘 그렇듯 오닐을 가장 위협하는 존재는 내부에서 나올 것이 뻔했다. 신뢰가 사라졌으니 당연한 일이었다. 안전망 안에서는 직원들이 리더를 보호하려 애쓴다. 그들 역시 리더에게 보호받으므로 자연히 그렇게 된다. 오닐이 이끌던 메릴린치에서는 그런 일이 없었다. 오닐의 직속 부하는 오닐을 끌어내리고자 배후에서 이사회에 압력을 가하기 시작했다. 오닐은 낌새를 알아차리고 반항의 움직임을 짓눌렀다. 직원들을 도파민에 중독시키고 코르티솔에서 비롯된 두려움과 피해 망상에 시달리게 하는 문화를 만든 오닐은 머지않아 회사 꼭대기에 고립될 것처럼 보였다. 마더 메릴은 사라진 지 오래였다.

당시 경영진은 고위험 채권을 만드는 데 혈안이 되어 있었고, 이는 나중에 모기지 시장이 떠오르고 붕괴되는 데 큰 역할을 하게 된다. 이런 회사라면 눈앞에 닥쳐올 위기를 제대로 피하지 못할 것이 당연하지 않은가? 2006년 여름 최고투자책임자 제프 크론탈Jeff Kronthal은 오닐에게 미리 위험성을 경고했다. 오닐은 크론탈과 협력하거나 회사에 도움이 될 안전장치를 마련하는 대신 크론탈을 해고했다. 그는 앞으로 문제가 생기더라도 자신이 해결할 수 있으리라 믿었고 모든 통제권을 더욱 꽉 움켜쥐고자 안간힘을 썼다.

2007년 10월 회사는 3분기에 손실이 22억 달러 이상 발생했으며, 투자 실패로 84억 달러를 손실 처리 한다고 발표했다. 결국 오닐의 통치는 갑작스럽게 불명예스러운 최후를 맞았다. 그는 이사회와 먼저 의논하지도 않고 와코비아Wachovia에 연락해 합병 가능성을 이야기하며 직원들과 이사회로부터 완전히 스스로를 고립시켰다. 더는 어떤 지지도 받을 수 없었다. 회사를 그렇게 경영한 가치는 얼마나 될까? 오닐은 퇴직금으로 1억 6,000만 달러 이상 챙겨 메릴린치를 불명예스럽게 떠났다.

성과에 따른 금전적 보상 체계를 신봉하는 CEO들이 회사를 지지부진하게 만들고 떠나가면서 두둑한 퇴직금을 바라는 역설적인 모습을 보면 실소가 절로 나온다. 왜 주주들과 이사회 이사들은 CEO가 불명예스럽게 회사를 떠나면 퇴직금을 한 푼도 주지 않겠다는 내용을 계약서에 쓰지 않는가? 그렇게 해야 최소한 일관성이라도 갖추고 회사와 주주의 이익을 극대화하는 것 아닌가? 이야기가 잠깐 옆으로 샜다.

오닐은 월스트리트를 장악한 사고방식의 극단적인 예를 보여 줬고 끝내 몰락을 자초했다. 그는 자기가 이끄는 조직원들에게서 스스로 고립됐으며 내부 경쟁을 심화시킴으로써 같은 팀이었던 사람들마저 등 돌리게 했다. 앞서 설명한 대로 회사의 경영 방식 자체가 문제는 아니다. 문제는 조직 구성원들이 어떤 인간관계를 맺고 있는지다. 그리고 그 시작은 리더부터다.

리더가 부나 권력에 집중할수록 리더다운 모습은 점점 사라지고 독재자 같은 행동이 나타나기 시작한다. 마크 보던^{Mark Bowden}은 잡지『애틀랜틱먼슬리』^{Atlantic Monthly}에 사담 후세인을 주제로 훌륭한 글을 기고했다. 그는 "독재적인 리더는 오로지 자신의 부와 권력을 지키기 위해 존재한다"라고 말했다. 이것이 문제다. 보던은 이어 다음처럼 설명했다. "권력은 독재자를 서서히 세상에서 고립시킨다." 이미 논의한 바와 같이 거리가 멀어지면 개념이 추상화되고 머지않아 피해망상이 시작된다. 독재자는 세상을 적대적으로 바라본다. 그럴수록 사람들을 점점 심하게 차단하고 핵심층 주변을 더 엄격하게 통제한다. 독재자가 고립될수록 조직은 점점 더 고통받는다.

상부로부터 보호받지 못하는 조직원들은 협력하지 않는다. 경쟁만이 성공을 향한 최고의 길이 된다. 조직 내 개인의 성공은 축하가 아니라 질투를 부른다. 리더가 완전히 악마이거나 핵심층에 들어갈 방법이 전혀 보이지 않으면 반란의 씨앗이 싹튼다. 반면 핵심층에 들어갈 가능성이 있거나 언제 늑대에게로 던져질지 모르는 상황이라면 아예 움직이지 못한다. 풀이 바스락거리는 소리가 들리거나 위험이 도사리고 있다는 느낌이 들면 혈관에 코르티솔이 흐르기 시작한다. 이 물질 때문에 우리는 피해망상에 시달리고 자기를 보호하는 데 집중한다. 방금 언급한 고립된 리더와 마찬가지다. 오닐이 메릴린치에서 한 일이 바로 이것이었다. 그는 모든 조직원을 확실하게 보호하던 문화를 보호가 불확실한 문화로 바꿔놓았다. 그러자 이라크가 무너졌듯 회사가 스스로 살아남을 단단한 기반이 모두 사라졌다. 신뢰가 바닥났기 때문이다.

오닐의 흥망성쇠는 단순히 한 사람의 야망이 회사를 무너뜨린 이야기가 아니다. 결국 환경이 이렇다면 모든 사람이 고통받으며 모든 것이 망가진다. 통제권이 최상단에 집중된 조직에서 나오는 결과는 최후의 붕괴뿐이다.

◆ 진정한 힘 ◆

데이비드 마르케David Marquet는 미 해군 잠수함 장교였다. 해군

사관학교를 우수한 성적으로 졸업했으며 아주 똑똑했다. 그가 해군에서 높은 계급까지 오르는 데에는 똑똑하다는 점도 한몫했다. 옳은 답이 무엇인지 알아 지시와 명령에도 능했다. 그는 자신이 통제권을 쥐고 있으니 스스로 리더라고 생각했다.

많은 조직에서 그렇듯 해군에서도 똑똑하고 목표 지향적인 사람이 인정받고 진급한다. 마르케도 조직의 인정을 받아 진급을 거듭했다. 그 결과 해군 장교로서 잠수함 지휘관이 되는 영예를 얻게 되었다. 그는 로스앤젤레스급 핵 추진 잠수함 USS 올림피아Olympia함의 함장이 될 예정이었다. 해군에는 핵미사일을 탑재하고 발사할 수 있는 거대 잠수함 '부머'Boomer가 있다. 부머보다 작고 날렵하며 고속 공격이 가능한 올림피아함은 상대편의 부머를 수색하고, 상대편이 접근하면 그쪽에서 미사일을 발사하기 전에 먼저 그 잠수함을 파괴하도록 설계되었다. 지구의 대양 곳곳에서는 이렇게 치밀한 추격전이 벌어진다. 마르케는 이 추격전의 핵심 플레이어가 될 참이었다.

마르케는 이 중대한 임무를 수행하기 위해 1년간 올림피아함 구조를 공부하고 승조원들을 조사했다. 늘 그래왔듯 최대한 많이 알려고 노력했다. 그는 올림피아함에 있는 모든 전선, 파이프, 스위치를 하나하나 빠짐없이 익혔다. 승조원들에 대해서도 최대한 많이 파악하고자 인사 기록을 꼼꼼히 살폈다. 통제권을 손에 쥔 사람들이 보통 그렇듯 그는 믿음직한 리더가 되려면 최소한 승조원만큼의 업무 지식은 갖춰야 한다고 생각했다. 그가 맡은 새로운 직책의 중요성과 영예를 고려하면 이번 일 역시 적당히 할 수 없었다.

마르케가 올림피아함의 지휘권을 넘겨받기로 한 날까지 2주도 채 남지 않은 시기, 그는 상관에게 예상치 못한 연락을 받았다. 계획에 변경이 생겼다는 내용이었다. 그는 올림피아함을 이끌지 못하게 되었다. 대신 올림피아함보다 신형인 로스앤젤레스급 잠수함 USS 샌타페이Santa Fe함을 맡았다. 올림피아함과 샌타페이함에는 차이가 한 가지 있었다. 샌타페이함 승조원들이 임무 수행 준비 태세나 이탈 가능성 평가의 거의 모든 항목에서 최하점을 기록했다는 점이다. 올림피아함은 최고 중의 최고인 데 반해 샌타페이함은 꼴찌 중의 꼴찌에 핵 추진 잠수함계의 문제아였다. 하지만 마르케는 똑똑한 사람이었고 이런 변화를 새로운 도전으로 여겼다. 자아가 강하고 영리한 여느 고위 임원들처럼 그는 자신이 임무를 맡아 전세를 역전시킬 수 있다고 믿었다. 그가 잘 통솔하면 잠수함도 잘될 것이고 그가 훌륭히 통솔하면 잠수함도 훌륭해지리라 확신했다. 일단 그의 계획은 그랬다.

그렇게 1999년 1월 8일, 마르케 함장은 진주만 부두에서 20억 달러짜리 잠수함 샌타페이함에 올랐다. 미식축구 경기장보다 길이가 약간 더 긴, 승조원 135명이 집이라고 부를 잠수함이었다. 함대에서 가장 신형인 샌타페이함의 장비는 마르케 함장이 공부한 올림피아함의 장비와 많이 달랐다. 통제권을 행사하는데 익숙해진 사람은 상황을 정확히 이해하지 못할 때도 자신이 잘 모른다는 사실을 전혀 알아차리지 못하는 경우가 많다. 심지어 자신의 권위를 의심받을까 봐 두려워하며 모른다는 사실을 숨기는 일도 있다. 마르케 함장은 잘 모르는 부분이 많을 테니 승조원들에게 도움받아야 한다는 사실을 잘 알았지만 그 점을 아무에게도 밝히지 않았다. 기술적 지식이야말로 그가 리더로서 지닌 권위의 기반이었기 때문이다. 다른 수많은 리더와 마찬가지로 그도 자신의 지식이 부족하다는 사실이 탄로 나면 승조원들의 존경을 잃을까 봐 두려워했다.

역시 오래된 습관은 좀처럼 바뀌지 않았다. 직원들에게 질문하고 가르쳐달라고 요청하는 대신 자신이 가장 잘 아는 대로 통솔하려 했고 명령을 내리기 시작했다. 일단 효과가 있는 듯했다. 상황이 잘 돌아가는 것처럼 보였다. 명령하기만 하면 승조원들은 즉시 "예, 알겠습니다"라고 말하며 따랐다. 누가 봐도 마르케 함장이 제일 높은 사람이었다. 마르케 함장의 혈관에는 세로토닌이 흘렀고 좋은 느낌이 들었다.

다음 날, 바다 한가운데를 지나던 중 마르케 함장은 훈련을 시행해보기로 했다. 그는 원자로를 강제로 멈추고 원자로가 고장 나는 상황을 연출했다. 이런 일이 발생하면 승조원들이 어떻게 대처할지 궁금했다. 얼마간은 모든 것이 순조로웠다. 승조원들은 필요한 것들을 확인하고 예방 조치를 했으며 배터리를 동력원으로 하는 모터, 즉 EPM(비상 추진 모터)으로 전환했다. EPM은 원자로만큼 강력하지는 않지만 잠수함을 저속으로 움직일 수 있었다.

마르케 함장은 승조원들이 어떻게 반응하는지 보기 위해 그들을 더욱 밀어붙이기로 했다. 그래서 잠수함 항해사이자 함 내에서 가장 경험이 많은 장교인 갑판사관에게 "전방으로 3분의 2"라고 명령했다. 전기 모터를 최대 속력의 3분의 2로 가동하라는 뜻이었다. 그러면 잠수함 속력은 빨라지지만 배터리가 급속히 소모될 것이었다. 원자로를 다시 가동해야 한다는 긴박감이 더욱 커질 터였다.

갑판사관은 복명복창하며 조타수에게 속도를 올리라고 지시했다. "전방으로 3분의 2." 하지만 아무 일도 일어나지 않았다. 잠수함 속도는 그대로였다.

마르케 함장은 잠망경 뒤에서 명령을 수행해야 할 어린 병사를 바라봤다. 그는 당황한 표정으로 계기판 앞에 앉아 있었다. 마르케 함장이 그를 불렀다. "조타수, 문제 있나?" 조타수가 대답했다. "3분의 2로 설정이 안 됩니다, 함장님." 마르케 함장이 지금까지 탔던 다른 잠수함과 달리 신형인 샌타페이함은 배터리 동력으로 항해할 때 3분의 2로 맞출 수 없었다.

마르케 함장은 2년 넘게 이 잠수함을 탄 갑판사관에게 3분의 2로 설정할 수 없다는 사실을 알았느냐고 물었다. "네, 알고 있었습니다, 함장님." 그가 대답했다. 마르케 함장은 어안이 벙벙해진 채 물었다. "그럼 왜 그렇게 명령했나?"

갑판사관은 이렇게 대답했다. "함장님이 그렇게 명령하셨기 때문입니다."

순간 마르케 함장은 자신이 처한 상황의 현실을 깨달았다. 승조원들은 상관의 지시에 무조건 따르도록 훈련받았고, 자기 자신은 다른 잠수함을 지휘하도록 훈련받았다는 것이었다. 그가 책임자라는 이유만으로 승조원 모두 그의 명령을 맹목적으로 따른다면 끔찍한 일이 벌어질지 몰랐다. 마르케 함장은 나중에 이렇게 썼다. "상명하달식 문화에서 리더가 틀리면 어떻게 될까? 모두 절벽 아래로 떨어진다." 그가 성공하려면 자신보다 최하급 병사를 믿어야 했다. 다른 방법은 없었다.

핵 추진 잠수함은 회사와는 다르다. 회사에서는 문제가 생기면 단순히 직원을 교체하거나 더 좋은 기술을 도입하면 된다. 수많은 기업의 리더가 이를 이득이라고 여긴다. 나갈 만한 직원이므로 내보내는 것이고 뽑을 만한 직원이니 뽑는다고 생각한다. 만약 마르케 함장이 잠수함을 통솔한 방식으로 회사를 운영하면 어떻게 될까? 마르케 함장은 해안가로 돌아가 승조원을 더 나은 사람으로 교체하거나 더 익숙한 잠수함으로 바꿔 탈 수 없었다. 이것이 바로 그가 마주한 도전 과제였다. 아는 것도 많고 똑똑했으나 지금까지 그가 생각해온 리더십은 전부 틀렸다. 더는 승조원들에게 자신의 명령에 무조건 따르라고 할 수 없었다. 참담한 결과가 나올지도 몰랐기 때문이다. 이제 모든 승조원에게 무조건 명령에 따를 것이 아니라 스스로 생각하라고 지시해야 했다.

마르케 함장은 이렇게 설명한다. "최상단에서는 모든 권한을 가지고 있지만 정보가 전혀 없다. 최하단에서는 모든 정보를 가지고 있지만 권한이 전혀 없다. 정보가 없는 사람들이 권한을 나눠주지 않으면 조직은 원활하게 돌아갈 수 없고 성장 속도가 늦춰지며 잠재력을 극대화할 수 없다." 마르케 함장은 당시 통제하는 일에 중독되었다고 말한다. 또 잘못된 위계질서를 따르는 수많은 조직에서 그렇듯 승조원들은 명령에 무조건 복종하도록 훈련받았다. 자신의 행동을 책임지는 사람이 없는 조직에서는 어느 순간 좋지 않은 일이 발생한다. 게다가 그 좋지 않은 일이란 충분히 예방할 수 있는 일이었을 확률이 높다.

조직 내 이기적인 소수가 내린 결정으로 고통받는 회사를 다시 떠올려보자. 몇몇 사람이 비도덕적인 일을 벌이거나 범죄를 저지르고 회사의 이익에 반하도록 행동해도 그들 자신이나 리더 누구도 그 일을 책임지지 않는다. 대신 다른 사람에게 화살을 돌린다. 일이 잘 풀리지 않으면 공화당은 민주당을 탓하고 민주당은 공화당을 탓한다. 2008년 금융 위기 때도 모기지 회사와 은행은 서로 책임을 물었다. 이들이 핵 추진 잠수함 책임자가 아니라는 사실이 얼마나 감사한지 모른다.

마르케 함장은 리더란 소리 지르며 명령하거나 임무의 성패를 전적으로 책임지는 사람이 아니라는 사실을 깨달았다. 리더란 승조원 각자의 성공을 책임지는 사람이다. 그들을 잘 훈련시키고 그들에게 할 수 있다고 용기를 주는 사람이다. 그들이 임무를 책임지고 완수하도록 권한을 넘겨주는 역할이다. 함장이 방향을 제시하고 그들을 보호하기만 한다면 승조원들은 임무를 완수하기 위해 필요한 일을 알아서 해낼 것이었다. 마르케 함장은 저서 『턴어라운드』*Turn the Ship Around*에서 윗선보다 업무를 많이 아는 직원들, 즉 실무를 담당하는 직원들에게 스스로 의사결정을 하도록 권한을 줘야 한다고 주장한다. 그리고 어떤 조직이라도 따라 할 수 있도록 자신이 그런 환경을 만들기 위해 어떤 절차를 밟았는지 상세히 설명한다.

마르케 함장은 우선 허가를 요청하는 문화에서 의도를 표시하는 문화로 바꿨다. 그는 샌타페이함에서 '허가'라는 단어 사용을 금지했다.

"함장님, 잠수 허가를 요청합니다."

"허가한다."

"예, 알겠습니다. 잠수합니다."

기존에 이런 식으로 진행되던 방식을 다음처럼 단순하게 바꿨다.

"함장님, 잠수하겠습니다."

지휘 계통은 그대로 유지했다. 차이점이라면 심리적인 요소뿐이었다. 이제 일을 수행하는 사람은 명령받은 일을 하는 것이 아니라 그 일을 직접 책임지고 수행하게 되었다. 그는 이 의도의 문화를 어디까지 밀고 나갔는지 설명하며 자신이 위임할 수 없는 일이 딱 세 가지 있었다고 말한다. "내 법적 의무, 인간관계, 지식은 위임할 수 없었다. 하지만 그 외 모든 것은 다른 사람에게 책임을 맡길 수 있었다."

이 방식이 뛰어난 이유와 이 세 가지 의무에서 중요한 사실은 그 의무를 다른 사람 손에 아예 넘길 수는 없어도 여러 사람이 서로 나눌 수는 있다는 것이었다. 훌륭한 리더라면 그렇게 한다. 그들은 자신의 지식을 사람들과 공유하고, 임무를 수행할 때 지식이 해박한 사람들에게 도움을 요청하고, 자신의 인맥 안에서 새로운 인간관계가 형성되도록 사람들을 소개해준다. 무능한 리더는 자신이 가치 있는 이유가 지식, 지위, 인간관계 덕분이라는 믿음으로 이 모든 것을 혼자 간직한다. 이는 잘못됐다. 안전망을 튼튼하게 형성한 조직에서는 리더뿐 아니라 조직원 모두 기꺼이 지식을 공유한다. 다시 강조하지만 리더가 분위기를 선도한다.

리더가 잘 모르는 것이 있을 때나 실수했을 때 그 사실을 숨기지 않는다면 우리는 기꺼이 그를 도우며 우리 역시 실수하거나 일이 잘못됐을 때 망설이지 않고 사람들과 공유하려 한다. 안전망 안에서라면 실수는 두려움의 대상이 아니다. 안전망이 빈약한 조직에서는 자신을 보호하기 위해 실수나 문제를 숨기려 든다. 하지만 실수나 문제를 덮어두면 더욱 심각해지다 결국 제어하기 어려운 수준에 이르러서야 드러나게 된다.

마르케 함장은 경험으로 이 사실을 알았다. 그는 기존 방식이 틀렸다고 깨닫고 절망했다. 이런 환경에서는 사람들이 절대 최선을 다할 수 없었다. 그 뒤에야 초점의 방향을 완전히 틀고 새로운 노력을 기울이게 됐다. 마르케 함장은 통제하려 드는 자신의 본능을 억제했다. 이제 그는 즐거운 마음으로 사람들에게 책임을 맡기며, 그들이 주어진 임무를 완수하고 성장하는 모습을 흐뭇하게 지켜본다. 승조원들은 굳건한 사이가 되었고, 신뢰와 협력의 문화가 극적으로 향상됐다. 이처럼 엄청난 발전을 이룬 덕에 한때 미 해군 함대 전체에서 꼴찌였던 샌타페이함 승조원들은 마르케 함장의 통솔 아래 해군 역사상 가장 훌륭한 점수를 기록했다.

마르케 함장은 이렇게 설명한다. "리더의 목표는 명령을 내리지 않는 것이다. 리더는 방향성과 의도만 제시하고 구체적으로 무엇을 어떻게 할지는 조직원에게 맡겨야 한다. 하지만 우리 사회는 조직원이 지시를 따르도록 훈련시킬 뿐 그들에게 스스로 생각할 기회를 주지 않는다." 이는 많은 조직에서 극복해야 할 과제다. 사람들에게 무조건 시키는 대로만 하라고 명령한다면 그들이 자기 행동에 책임지기를 기대할 수 없다. 지휘 계통은 명령을 위한 체계이지 정보를 위한 체계가 아니다. 시키는 대로 하는 것은 책임이 아니라 복종일 뿐이다. 책임은 스스로 옳은 행동을 할 때 생긴다.

마르케 함장은 꼴찌 함대를 일등 함대로 만드는 데에서 멈추지 않았다. 그런 일회성 성과에 그쳤다면 조직의 장기적인 성공에는 큰 의미가 없었을 것이다. 이는 마치 분기나 연간 실적만 달성하고 10년 계획은 무시하는 일과 다름없다. 마르케 함장은 인간의 행동에 보상을 주는 화학 물질의 균형을 잡아주는 환경을 만들었다. 그는 샌타페이함에서 단순히 복종하고 성취하는 사람이 아니라 신뢰하고 협력하는 사람에게 보상하는 방식을 택했다. 승조원들의 옥시토신과 세로토닌 수치가 증가하면서 자부심이 커지고 서로를 향한 마음이 깊어졌으며 그로써 함대 전체가 성공을 거뒀다. 사회성을 촉진하는 화학 물질이 분비되면서 함께 문제를 해결하는 능력도 크게 향상됐다.

스탠리 오닐이 이끌었던 메릴린치 직원들과 달리 샌타페이함 승조원들은 명령이 떨어지기만을 기다리고 자신만 보호하기 위해 애쓰던 모습에서 서로를 위해 희생하고 전체에 이익이 되는 일을 하는 모습으로 탈바꿈했다. 그들은 함장을 끌어내리려 하지 않았다. 오히려 함장이 자신들을 자랑스럽게 여겨주기를 바랐다. 그렇게 하는 것이 모두에게 이익이 되는 일이었다.

마르케 함장이 부임한 이후 3퍼센트에 불과했던 재입대율이 33퍼센트까지 올라갔다(해군 전체 평균은 15~20퍼센트다). 잠수함 한 척에서 지휘관으로 선발되는 장교는 평균 두세 명 정도다. 하지만 샌타페이함의 경우 장교 14명 중 9명이 지휘관으로 선발되어 직접 자기 배를 이끌게 됐다. 샌타페이함은 단순히 발전하기만 한 것이 아니라 리더까지 양성해냈다.

물리학에서는 힘을 에너지의 전달이라고 본다. 전구의 힘은 와트로 측정한다. 와트 수가 클수록 빛과 열로 전달되는 전기량이 많아지고 전구는 더욱 밝아진다. 조직과 리더도 이와 똑같이 움직인다. 실무를 맡은 직원들, 즉 매일매일 일어나는 업무를 가장 잘 아는 직원들에게 조직 최상단에서 에너지를 더 많이 전달할수록 조직 전체와 리더는 더욱 강력해진다.

19
리더십 레슨 3:
무조건 솔직하게 행동하라

◆ 참호 테스트 ◆

대령은 회의에 몇 분 늦었다며 사과했다. 그의 말에 따르면 그는 사건을 해결하고 있었다. 위엄이 넘치는 대령은 어느 모로 보나 해병대원이었다. 꼿꼿한 자세. 넓은 어깨. 날씬한 허리. 완벽히 다림질된 제복에서 자부심이 묻어나는 듯했고 높이 든 고개에서는 자신감이 뿜어져 나왔다. 그는 버지니아주 콴티코에 있는 해병대 장교후보생학교를 총괄하는 장교로서 이 책임을 아주 진지하게 여겼다.

해병대 장교후보생학교는 원칙적으로 장교를 훈련하는 학교지만 사실상 장교를 선발하는 곳에 가까웠다. 신병 훈련(자원입대한 해병대원이 받는 기초 훈련)에서 탈락하는 일은 거의 없었지만 해병대 장교후보생학교에서 리더가 되기 위한 기준을 충족하지 못하면 장교가 될 수 없었다. 단순히 리더가 되고 싶어 하고 열심히 하겠다는 의지를 보여주는 일만으로는 부족했다. 일을 잘하는 사람에게 리더의 자리를 보상으로 주는 민간 조직과 달리 해병대에서는 리더를 뽑을 때 체력, 지능, 성과뿐 아니라 성격도 중요한 요소였다.

그날 장교 후보생 한 명에게 어떤 일이 일어나 대령이 온 신경을 집중하고 있었다. 그 일이 얼마나 심각했던지 후보생을 퇴교시키는 일까지 고려하고 있었다. 나는 호기심이 발동해 도대체 그가 무슨 일을 저질렀느냐고 물었다. 해병대 장교 커리어를 끝장낼 만한 상황이라면 중대한 일이 분명했다.

대령은 이렇게 말했다. "당직 중 잠들었습니다."

내가 대답했다. "그게 답니까? 생각보다 엄격하군요." 이 후보생은 잠들었다. 전투 중은 아니었다. 사람의 생명을 위험에 빠뜨리지도 않았다. 버지니아의 숲 속에서 잠든 것뿐이었다. 나는 이렇게 생각했다. '그 정도 일로 해병대에서 쫓겨난다고?'

대령이 말했다. "잠든 것이 문제가 아닙니다. 우리가 그에게 잠들었느냐고 묻자 그는 부인했습니다. 다시 물어봤는데 또 부인하더군요. 반박할 수 없는 증거를 들이밀자 그제야 이렇게 말했습니다. '제 행동에 책임지겠습니다.' 자기 행동을 책임진다는 건 그 행동을 할 때 책임지는 것이지 발각되고 난 뒤에 책임지는 것이 아닙니다. 그래서 문제가 된 겁니다."

　그는 해병대에서 신뢰와 정직은 삶과 죽음만큼이나 중요한 문제라고 설명했다. 만약 이 후보생이 소대장이 됐는데 그가 주는 정보가 좋든 나쁘든 중립적이든 온전히 신뢰하지 못한다면 대원들은 그의 결정에 의문을 품고 망설일 것이며, 팀 전체가 단결하지 못할지도 모른다. 그렇게 되면, 즉 우리를 책임져줄 사람을 우리가 믿지 못하면 좋지 않은 일이 발생한다. 해병대의 경우 사람이 죽을 수도 있다.

　소대장에게 복종하라고 교육받는 대원들이 소대장을 조금이라도 의심하면 어떻게 될까? 대원들이 보기에 소대장이 자기 실수를 덮고, 좋아 보이지 않는 일을 숨기기 위해 진실을 회피하며, 자기 행동을 책임지지 않는다는 의심이 들면 어떻게 될까? 안전망이 좁아져 해병대 전체에 효율이 떨어지고 조직의 근간마저 흔들릴 것이다. 해병대는 크고 힘세고 용감하지만 그들이 훌륭한 일을 할 수 있는 이유는 그것뿐이 아니다. 서로 깊이 신뢰하고, 계급과 상관없이 내 옆에 있는 동료들이 옳은 일을 하리라고 굳건히 믿기 때문이다. 바로 이런 이유로 해병대가 한 집단으로서 그처럼 효율적일 수 있다.

　이는 다른 모든 조직에도 적용된다. 의사결정에 따라 생사가 걸린 조직이 아니라도 마찬가지다. 리더가 자기 자신이나 회사를 실제보다 나아 보이도록 꾸며 말하거나 굴욕이나 책임을 피하고자 거짓말한다면 그들을 향한 신뢰감이 흔들린다. 자연스러운 반응이다. 우리 뇌는 모든 정보를 생존과 연관 지어 해석한다. 리더가 개인적인 이익을 추구하고자 진실을 왜곡한다는 의심이 들면 우리는 무의식적으로 그와 참호에 들어가기 싫어한다.

해병대 장교후보생학교의 다른 후보생도 같은 훈련 중 잠들었다. 그는 즉시 자신의 잘못을 모두 자백하고 합당한 처벌을 받았다. 리더십의 관점에서 이 후보생은 전혀 문제가 없었다. 그는 실수를 저질렀다. 그건 괜찮다. 그는 정직했고 즉시 자기 행동을 책임졌다. 해병대가 생각하는 리더십은 항상 옳은 일만 하는 것이 아니다. 리더십은 옷깃에 달린 계급장 표시가 아니다. 성격적 특성에 따라 크게 좌우되는 책임이다. 리더십은 정직함, 솔직함, 책임감, 즉 신뢰의 모든 구성 요소에서 나온다. 리더는 우리가 듣고 싶은 말을 해주는 사람이 아니라 우리가 '들어야 할' 말을 해주는 사람이다. 진정한 리더가 되고 싶다면, 깊은 신뢰와 충성심을 불러일으키고 싶다면, 우선 솔직해야 한다.

◆ 신뢰를 형성하지 않는 법 ◆

CEO는 이렇게 말했다. "정직은 우리 조직의 기반입니다."

『메리엄웹스터사전』*Merriam-Webster's Collegiate Dictionary*은 '정직' integrity 이라는 단어를 '도덕적 혹은 예술적 가치의 규범을 확고히 따름'이라고 정의한다. 정직한 행동에는 법을 지키는 일보다 엄격한 기준이 적용되기도 한다는 뜻이다. 비슷한 말로는 '청렴결백'incorruptibility이라는 단어가 제시된다. 정직은 각 회사에서 핵심 가치로 정해놓은 여러 항목보다 한 단계 높은 개념이다. 이는 우리가 서로 신뢰하는 이유가 된다. 앞 CEO의 말을 빌리자면 신뢰의 "기반"이다.

우리는 다른 사람, 특히 리더에게서 좋은 정보를 얻든 나쁜 정보를 얻든 그 정보가 진실인지 아닌지 알아야 한다. 누군가 어떤 말을 하면 그것이 진심인지 아닌지 알아야 한다. 우리가 상대방의 정직성을 의심한다면 자신이나 사랑하는 사람의 인생을 걸고 그를 신뢰할 수는 없다. 그리고 그와 함께 참호에 들어가야 한다면 망설일 것이다. 우리 뇌는 집단 구성원의 정직성을 삶과 죽음이 걸린 문제라고 인식한다.

사회적 동물로서 우리는 주변 사람들이 주는 정보와 그들의 행동을 끊임없이 평가하는 본능이 있다. 이 과정은 지속적으로 일어난다. 누군가 정보를 하나 줬다고 해서 그를 신뢰할 수는 없다. 그 정보가 진실이라도 그렇다. 사람이나 조직이 정직하다는 근거가 충분히 쌓여야만 신뢰가 생긴다. 그러므로 정직성은 단순히 마음의 상태가 아니라 행동으로 나타나야 한다. 정직이란 말과 행동이 일치하는 것이다. 정직하지 않은 행동은 잘해야 위선이고 나쁘게 보면 거짓이다. 오늘날 비즈니스 세계에서 흔히 보이는 부정직한 행동은 조직의 리더가 진실이 아니라 사람들이 듣고 싶어 하는 말을 하는 것이다.

같은 이유로 우리는 정치인을 신뢰하지 않는다. 정치인의 길고 긴 공약을 하나씩 살펴보며 모두 동의할 수는 있을 것이다. 하지만 그 약속이 진심인지 알기 어렵기 때문에 그들을 신뢰하지는 않는다. 우리는 아무리 친한 친구와 가족이라도 그들의 말이나 신념에 전부 동의하지는 않는다. 그러므로 어떤 정치인이 주장하는 모든 내용이 우리 생각과 완전히 일치한다면 그는 정직하지 않다고 볼 수 있다.

정치인은 선거철이면 거리에서 우리와 악수하며 우리를 더 잘 알려고 노력한다. 하지만 그들이 진심으로 우리를 생각한다면 선거철뿐 아니라 1년 내내 우리와 악수하고 함께 시간을 보내야 한다. 2012년 대선 후보자였던 론 폴Ron Paul이 펼친 의견은 국민에게 큰 인기를 얻지 못했다. 하지만 어떤 후보보다 신뢰가 갔다. 당선에 도움이 되지 않을 것을 알면서도 그 점에 개의치 않고 개진했기 때문이다. 게다가 주장한 내용이 그가 과거에 한 이야기와 일치했다. 나는 개인적으로 론 폴의 의견에 동의하지 않고 그에게 투표하지도 않을 것이다. 하지만 참호에 함께 들어가야 하는 상황이라면 내가 찍은 어떤 후보보다 그를 신뢰할 것이다. 이유는 단 하나다. 그가 정직하기 때문이다.

정직이란 우리가 다른 사람들과 생각이 같을 때 솔직하게 행동하는 일만 뜻하지는 않는다. 우리가 다른 사람들과 생각이 다를 때, 나아가 실수하거나 잘못했을 때도 똑같이 솔직하게 행동하는 일을 의미한다. 다시 말하지만 사회성을 중시하는 우리 뇌의 관점에서 서로 신뢰하는 관계를 형성하는 것은 삶과 죽음을 가르는 문제다. 오늘날의 서구식 삶에서는 안전감, 안도감, 보호받는 느낌과 고립감, 위험함을 가르는 문제다. 우리는 같은 집단에 속한 사람들이 자신감을 잃고 흔들릴 때 체면을 지키기 위해 꾸며 말하거나 진실을 숨기지 않고 자신의 감정을 인정하길 바란다. 조금이라도 이야기를 꾸며내는 것은 이기적인 행동이며, 그런 동기 때문에 위험이 닥쳤을 때 집단 전체가 해를 입을 수 있다. 당연한 일이다.

리더에게 정직은 특히 더 중요하다. 우리는 리더가 나아가는 방향이 리더뿐 아니라 실제로 모든 이에게 좋은 방향이라고 믿을 수 있어야 한다. 우리는 집단의 일원으로서 소속감을 느끼고 보호받고 지지받고 싶은 마음으로 리더가 우리에게 이익이 되는 일을 하리라 믿으며(혹은 바라며) 맹목적으로 그들을 따를 때가 많다. 그렇게 하기로 리더와 약속했기 때문이다. 우리는 리더의 비전이 실현되도록 집단 안에서 열심히 일하고, 리더는 그 과정에서 우리를 보호하며 정직하게 평가하고 조언한다. 우리는 리더가 진심으로 우리에게 신경 써주기를 바란다. 위에 언급한 CEO가 말한 바처럼 말이다.

글로벌보상위원회Global Compensation Committee의 CEO 겸 운영책임자, 이사, 이사회 의장이자 월마트Walmart 경영관리위원회 위원장이었던 마이클 듀크Michael Duke는 주주에게 이렇게 말했다. "정직은 우리 조직의 기반입니다. 우리가 누구인지는 우리 조직 문화가 말해줍니다. 우리에게 문화는 본사 벽이나 매장 뒤 사무실 게시판에 걸려 있는 단어 이상입니다. 우리는 조직 문화 덕분에 특별한 존재가 됐습니다. 이 문화 덕분에 경쟁자와 확실히 구별됩니다. 그리고 사람들은 우리 문화를 매력적으로 여깁니다. 우리가 어디를 가든 어떤 변화를 이루든 조직 문화를 강하게 유지해야 합니다. 소매기업 중에서도 개인을 존중하는 기업, 고객을 우선시하는 기업, 탁월해지기 위해 노력하는 기업, 신뢰받는 기업이 미래를 얻으리라 확신합니다."

나는 미래의 가치를 믿는 리더를 존경한다. 사람을 첫 번째로 꼽는 리더를 존경한다. 그리고 정직이 조직의 기반이라고 믿는 사람에게 깊은 충성심이 든다. 리더에게 이런 신념이 있어야 조직 구성원들이 동료와 조직을 위해 헌신하는 강한 문화가 형성된다. 사람을 우선하고 정직을 중요시하는 문화는 미 해병대와 배리웨밀러에서 핵심이 된다.

듀크는 정직을 운운한 주주총회에서 '성장'이 자신의 최우선 순위라고 말했다. 그 말을 들으면 어떤 생각이 드는가? 나는 당연히 고객에게 이로운 방향으로 성장하는 것을 의미한다고 생각했다! 듀크는 분명 조직 구성원이 공유하는 가치와 신념의 총체를 나타내는 조직 문화가 그저 벽에 걸린 말이 아니라 그 이상이라고 말하지 않았는가?

2011년 월마트 공시 자료에 따르면 듀크는 그해 1,810만 달러를 벌었다. 그런데 그 자료에 듀크의 성과급을 계산하는 방식이 달라졌다는 사실은 공시되지 않았다. 월마트는 그동안 CEO의 성과급을 측정할 때 동일 매장 매출을 기준으로 했는데, 듀크가 이끄는 이사회에서 그 기준을 총 매출로 바꿨다. 결과적으로 달성하기 더 쉬운 목표가 되었다. 동일 매장 매출은 2년째 하락하고 있었으므로 기존 방식대로였다면 듀크의 성과급이 줄어들었을 것이다. 하지만 해외 매장을 총괄하는 월마트인터내셔널Walmart International의 매출이 늘어난 덕에 총 매출도 함께 늘었고, 바뀐 규정으로 그의 '성과' 평가는 이익을 보게 됐다.

위스콘신주 커노샤Kenosha에 사는 월마트 직원 재키 괴벨Jackie Goebel 역시 듀크와 마찬가지로 매년 회사 성과를 기반으로 성과급을 받는다. 2007년 동일 매장 매출을 기준으로 그녀의 성과급은 1,100달러가 넘었다. 하지만 듀크와 달리 그녀의 성과급 계산 방식은 바뀌지 않았고, 그 결과 듀크가 성과급으로 1,810만 달러를 받은 그해 괴벨은 41.18달러밖에 받지 못했다. 조직의 모든 사람에게 이익이 되도록 규정을 바꾼 것이 아니었다. 오로지 최상단에 있는 한 사람만을 위해 바꾼 것이었다.

듀크와 이사회는 어느 집단에 가서는 이것이 우리 우선순위라 말하고, 다른 집단에 가서는 이것이 우리 우선순위가 아니라 말한 셈이다. 그들이 정직의 정의와 정반대로 행동하기는 했지만 이것이 온전히 그들만의 잘못은 아니다. 문제는 그들이 자신의 결정으로 다른 사람들이 어떤 영향을 받는지 스프레드시트상의 숫자만 보고 배웠다는 것이다. 이것이 바로 파괴적 풍요의 부작용 중 하나다. 그렇게 거대한 규모로 사업을 벌이면서 자신이 실제로 잘 아는 사람들인 고위 임원들과 자신뿐 아니라 다른 사람들까지 모두 포함하는 안전망을 만드는 일이 실제로 가능할까?

개념이 추상화된 상황에서 일하는 리더는 자연스럽게 다른 사람보다 자기 자신의 이익을 우선시하게 된다. 더 넓은 안전망보다 핵심층을 우위에 두게 된다. 그리고 그렇게 행동하는 것이 회사 전체에 본보기가 된다. 리더가 자기 이익만 지키고자 한다면, 특히 그러기 위해 다른 사람들을 희생시킨다면 다른 사람들에게 당신들도 똑같이 해도 된다고 말하는 것과 같다. 그러므로 듀크는 정직성에 금이 가게 한 행동을 반드시 책임져야 했고, 충분히 그럴 수 있었다.

기업의 리더는 직원들의 분위기를 형성하고 그들에게 방향을 제시한다. 위선적이고 거짓말하며 이기적인 리더는 똑같이 위선적이고 거짓말하고 이기적인 직원으로 가득한 문화를 만든다. 반면 솔직한 리더는 똑같이 솔직한 사람들의 문화를 만든다. 로켓 공학처럼 어려운 이야기가 아니라 당연한 이야기다. 우리는 리더를 따라간다.

2005년부터 2009년까지 랄프로렌^{Ralph Lauren} 아르헨티나 현지 법인 대표가 직원들과 함께 상습적으로 공무원들에게 뇌물을 제공한 사실이 드러났다. 화물을 빠르게 처리하고 무역 규제를 피할 목적이었다. 직원들은 관세사를 거쳐 뇌물을 전달했고,

추적을 피하기 위해 가짜 청구서까지 만들었다. 그들은 가짜 상표를 만든 뒤 하역 및 운송 비용, 세금 등으로 위장해 뇌물을 줬다. 아르헨티나 현지 법인 직원들은 세관 공무원들에게 현금, 보석, 고가 의류를 선물하고 소매가가 1만 달러 이상인 핸드백을 주는 등 물량 공세를 폈다.

수많은 국제 무역 관련 법을 위반한 범죄를 알게 된 랄프로렌의 리더들은 경종을 울리는 결정을 내렸다. 사실 그들은 회사에 문제가 생기는 것을 방지하기 위해 범죄를 은폐하거나 유능한 홍보 전문가를 고용해 이야기를 교묘하게 바꿀 수도 있었다. 하지만 그렇게 하지 않았다. 뇌물 사건을 알고 며칠 뒤, 랄프로렌의 임원은 당국에 연락해 자신들이 알아낸 범죄 관련 정보를 제공하고 앞으로도 관련 조사에 협력하겠다고 밝혔다.

솔직하기만 하면 신뢰를 형성할 수 있다.

범죄가 드러나기 전까지 제공한 총 뇌물 액수는 약 60만 달러에 이르렀다. 결국 랄프로렌은 벌금으로 법무부에 약 88만 2,000달러, 증권거래위원회에 73만 2,000달러를 내게 됐다. 하지만 벌금을 낼 가치가 있었다. 훈련 중 잠들었지만 책임지고 합당한 처벌을 받은 해병대 장교후보생처럼 랄프로렌은 다시 신뢰받을 수 있다는 사실을 보여줬다. 이를 위해 리더가 한 일은 솔직하게 말한 것뿐이었다. 벌금으로 총 약 160만 달러를 내야 했지만 그들이 솔직하지 않았더라면 회사는 명성을 잃었을 것이고, 그동안 함께 일한 수많은 사람과 쌓아온 신뢰도 사라졌을 것이다. 그들에게는 이익보다는 정직성이 훨씬 가치 있었다.

솔직하기만 하면 신뢰를 형성할 수 있다. 그게 전부다. 더 복잡한 공식은 없다. 어떤 이유에서인지 수많은 사람과 조직의 리더들은 솔직하게 말하지 않거나 뭔가를 꾸며내며 아무 잘못도 없는 척하려 한다. 다시 말하지만 모든 것을 생존의 관점에서 판단하는 원시적인 우리 뇌는 그것을 꿰뚫어 볼 수 있다. 우리가 정치인이나 대기업을 신뢰하지 않을 때가 많은 이유도 이 때문이다. 정치나 기업 경영 자체와는 아무 관련도 없다. 정치인이나 기업의 리더가 우리에게 진실을 말하는지 아닌지에 달린 문제다.

우리는 모두 자신이 다니는 회사의 관리자나 리더를 보며 이렇게 자문해봐야 한다. "내가 저 사람과 함께 참호에 들어갈 수 있을까?" 그리고 우리의 노력에 의존하는 관리자와 기업의 리더는 반대로 이렇게 자문해야 한다. "그 질문의 대답이 '아니요'라면 우리 회사는 얼마나 강하다고 말할 수 있을까?"

◆ 기업이 솔직해야 하는 이유 ◆

노스캐롤라이나주에 본사를 둔 미국의 대표적인 상업은행 뱅크오브아메리카Bank of America는 앞으로 직불카드 사용 수수료를 매월 5달러씩 부과하겠다고 발표했다. 고객들은 이 새로운 규정에 거세게 반발했지만 뱅크오브아메리카 CEO 브라이언 모이니핸^{Brian Moynihan}은 회사에 이익을 취할 권리가 있다고 주장했다.

하지만 그 말로 전국에 있는 뱅크오브아메리카 고객들의 분노가 풀리지는 않았다. 그들은 집회를 열고 은행에 항의하는 의미로 계좌를 해지했다. 로스앤젤레스와 보스턴에서 시위가 벌어졌고, 워싱턴의 한 여성은 이 은행에 반대하는 사람들의 연대를 보여주기 위해 30만 명에게 반대 서명을 받기도 했다. 게다가 수수료 부과 대상에서 고액 자산가 고객들은 제외됐다는 사실이 알려지자 사람들은 더욱 크게 분노했다. 가장 크게 영향받을 사람들은 그날 벌어 그날 먹고살며 평범한 입출금 계좌를 이용하는 고객들이었다.

뱅크오브아메리카의 리더들은 새로운 규정이 발표된 뒤 해지 계좌가 평균치보다 늘었는지 밝히기를 거부했다. 하지만 새로운 규정이 발표된 지 정확히 33일 뒤인 2011년 11월 1일, 그들은 새로운 규정을 시행하지 않기로 했다고 공식 발표했다.

대기업 리더들은 결정을 내린 뒤에 마음 바꾸기를 밥 먹듯 한다. 우리는 사람이든 회사든 실수하고 잘못된 선택을 하기도 한다는 점을 인정하고 관대하게 받아들인다. 사람과 사람 사이 그리고 사람과 조직 사이에 신뢰를 형성하려면 항상 옳은 결정만 내려야 하는 것은 아니다. 신뢰를 만들려면 솔직해야 한다. 그런데 뱅크오브아메리카는 수수료를 폐지하기로 했을 때 정직하지 않게 행동했다.

뱅크오브아메리카는 처음 수수료 부과 계획을 세웠을 때 재계 핵심층 의견만 들었다. 게다가 동기와 목적도 명확했다. 금융 위기 이후 은행 수수료에 제한선을 두도록 하는 도드-프랭크법Dodd-Frank Act이 제정됐는데, 뱅크오브아메리카는 다른 은행들보다 이 법안에 더 반대했다. 뱅크오브아메리카의 홍보 관계자는 이렇게 말했다. "최근 변경된 규제로 직불카드 서비스 제공에 따른 경제적 효과가 달라졌습니다." 이 새로운 수수료의 목적이 무엇인지는 명백하게 널리 알려졌다. 손실을 채우려는 것이었다. 사실 많은 은행에서 수수료 부과를 고려하고 있었다. 뱅크오브아메리카에서 가장 먼저 시행했을 뿐이다.

뱅크오브아메리카가 재계에 말한 내용과 대중에게 말한 내용은 서로 달랐다. 정식으로 계획을 내놓으며 그들은 앞으로 고객이 사기 예방과 같은 추가 혜택을 모두 누리게 하기 위해 수수료를 부과한다고 밝혔다. 심지어 잘 둘러대지도 못했다. 마치 GM이 새로 나온 자동차의 엄청난 기능을 소비자들이 모두 즐기도록 하기 위해 그들에게 하루에 5달러씩 받겠다고 말하는 것과 다름없었다. 뱅크오브아메리카 고객들은 그 말을 믿지 않았다. 대중의 분노에 맞닥뜨린 그들은 말을 바꿨다. 그리고 몇 문장으로 간단하게 작성된 공식 자료를 발표하며 자초한 화를 피하고자 했다.

뱅크오브아메리카, 직불카드 수수료 없앤다

뱅크오브아메리카는 고객의 반응과 경쟁적으로 변화하는 시장 상황에 맞춰 앞으로 직불카드 수수료를 부과하지 않기로 했다.

공동 최고운영책임자 데이비드 다넬은 이렇게 말했다. "지난 몇 주간 고객 여러분의 의견을 자세히 들은 결과 직불카드 수수료를 둘러싼 우려가 크다는 사실을 깨달았습니다. 고객의 소리는 저희에게 매우 중요합니다. 이에 따라 저희는 현재 직불카드 수수료를 부과하지 않고 있으며, 앞으로도 부과하지 않을 것입니다."

— 『비즈니스와이어』*Business Wire* 2011년 11월 1일, 노스캐롤라이나주 샬럿

'고객의 의견을 듣는' 행위는 보통 결정을 내리기 전에 하는 일이지 내린 후에 하는 일이 아니다. 또한 뱅크오브아메리카 임원들이 들은 소리는 고객의 소리가 아니었다. 그들을 비난하는 TV 뉴스 멘트와 사무실 밖에서 피켓을 들고 소리치며 시위하는 소리였다. 그리고 계좌 해지 건이 평소보다 늘어 총 예치금이 급격히 줄어든 것을 확인했을 뿐이다.

뱅크오브아메리카가 고객과 월스트리트에 신뢰를 주기 위해 해야 했던 단 한 가지 일은 솔직하게 말하는 것이었다. 만일 그들이 수수료 규정을 다시 바꿨다는 보도가 다음과 같았다면 어땠을까?

뱅크오브아메리카, "반발 이렇게 거셀 줄 몰랐다"

뱅크오브아메리카는 고객의 거센 항의와 언론의 부정적인 반응에 대응해 앞으로 직불카드 수수료를 부과하지 않기로 했다.

공동 최고운영책임자 데이비드 다넬은 이렇게 말했다. "저희는 예전보다 심한 경영 위기를 겪고 있습니다. 그래서 매출을 신장하려고 직불카드 사용에 수수료를 부과했습니다. 어느 정도 반발이 있으리라 예상했지만 이렇게까지 거셀 줄은 몰랐습니다. 이에 저희는 모든 고객에게 직불카드 사용에 따른 어떤 수수료도 부과하지 않을 것입니다. 근시안적인 결정을 내린 점 진심으로 사과드립니다. 이번 사건으로 고객 여러분이 저희에게 얼마나 소중한지 깨달았으며, 저희 재무 상황이 고객 여러분께 얼마나 지대한 영향을 받는지 알게 됐습니다."

— 2011년 11월 1일, 노스캐롤라이나주 샬럿

그들이 고객의 이익에 반하는 결정을 내렸다는 사실은 변하지 않지만 단순히 솔직하게 말하기만 해도 신뢰를 형성하는 데 도움이 된다. 사실 뱅크오브아메리카는 진실을 있는 그대로 말하기만 했더라도 명성을 높일 수 있었을 것이다. 조직을 향한 신뢰감은 개인 사이에서와 마찬가지로 만들어진다. 어떤 사람을 볼 때 그 사람이 나와 사회적 유대감을 형성할 만한지, 약점을 드러내고 약한 모습을 보여도 될지 아니면 등을 돌려야 할지 판단하려면 그 사람에게 무엇을 기대할 수 있는지 알아야 한다. 이는 이기고 지는 문제가 아니다. 우리가 알고 싶은 것은 이 사람과 함께 참호에 들어가도 안전할지 그렇지 않은지다.

불안하게도 현대 비즈니스 세계에서는 잘못이 발각된 뒤에야 책임지겠다고 말한 해병대 장교후보생의 행동과 비슷한 행동이 인기를 끌고 있다. 회사가 잘못된 행동을 하다가 들키면 리더들은 처벌을 완화하거나 피할 방법을 논의해야 하는가, 아니면 윤리성과 정직성 그리고 높은 도덕적 기준에 따라 무엇이 옳은 일인지 논의해야 하는가? 랄프로렌의 리더들과 달리 뱅크오브아메리카의 리더들은 명백히 자기 이익만 챙기면서도 고객을 생각하는 것처럼 보이려고 이야기를 꾸몄다.

당신 직장에서 가장 큰 거래처를 잃었다고 가정해보자. 상사 말에 따르면 회사를 재편하는 동안 당신을 비롯한 모든 부서원의 월급이 삭감될 예정이고, 일시적으로 해고될 수도 있다. 물론 잠깐은 힘들겠지만 회사에 남는다면 상황이 좋아진 뒤에 보상받을 것이라 말한다. 이런 말을 누가 하는 것이 더 믿음직스럽겠는가? 뱅크오브아메리카의 임원인가 아니면 랄프로렌의 임원인가? 선불교에는 이런 말이 있다. "하나를 보면 열을 안다."

20
리더십 레슨 4:
가까워지는 게 먼저다

◆ 이기거나 봉사하거나 ◆

1990년대 초 어느 날, 조지아주 하원 6선거구 공화당 의원이 었던 뉴트 깅그리치Newt Gingrich는 수십 년간 민주당이 하원을 장악해왔다는 사실에 속이 타들어갔다. 그는 이제 공화당이 다수당이 되어 권력을 잡을 때가 됐다고 생각했다. 문제는 그가 크게 이상 없는 체계를 뒤흔들었다는 것이다.

사실 그동안 양당은 아주 잘 지내왔다. 민주당이 의회의 다수당이기는 했지만 오늘날과 달리 각 당의 목표는 의회를 주도하는 것이 아니라 일을 더 잘해내는 것이었다. 다수당이 어느 쪽이든 상대 당의 도움이 필요하다는 사실을 잘 알았으므로 민주당은 성과를 이뤘을 때 그 공을 독차지하지 않았다. 양당 모두 승리를 주장하고 각 지지층에 호소할 수 있도록 막후 협상이 이뤄지기도 했다. 이어지는 선거에도 민주당이 자연스럽게 다수당 자리를 유지했지만 그들 자체가 더 낫기 때문은 아니었다. 의회를 주도하는 것이 주된 목표가 아니었을 때 모든 것이 순조롭게 돌아갔고 양당은 힘을 합쳐 필요한 일을 해냈다.

당시 의회 의원들은 당선된 뒤 가족과 워싱턴 D. C.로 이사하는 것이 관행이었다. 그리고 의회 일정 중 시간이 나는 대로 관할 지역 사무실에 돌아가곤 했다. 워싱턴에서 그들은 정당과 상관없이 가까운 동네에 살았고 가족들은 같은 교회와 같은 학교에 다녔다. 민주당과 공화당은 낮에는 의회에서 논쟁하고 토론하고 비판했지만 일이 끝난 뒤에는 함께 학교 행사에 참석하고 뒷마당에서 바비큐 파티나 칵테일파티를 즐겼다. 그들은 서로 달랐지만 관계를 맺고 신뢰를 쌓으며 협력했다.

전 뉴스 앵커이자 하버드 존 F. 케네디 공공정책대학원Harvard's John F. Kennedy School of Government 연구원이었던 찰스 깁슨Charles Gibson에 따르면 조지 맥거번George McGovern 사우스다코타주 민주당 상원 의원과 밥 돌 Bob Dole 캔자스주 공화당 상원 의원은 의회에서는 상대의 정책을 맹렬히 비난하다가도 어느 날에는 둘도 없는 친구처럼 보였다. 또 다른 예로 거침없는 성격의 민주당 소속 하원의장 팁 오닐Tip O'Neill과 공화당 대표 밥 마이클Bob Michael은 정기적으로 모임을 마련했다. 그들은 함께 노력했다.

1980년대 초반 레이건 대통령의 세금 인하 정책이 논의되던 때, 깁슨은 오닐이 의회에서 이렇게 말했다고 기억한다. "(대통령은) 이 나라 국민을 걱정하지 않고 배려하지 않으며 신경 쓰지도 않는다." 이에 대한 응답으로 레이건 대통령은 오닐을 "순전한 선동가"라고 비난했다. 이후 대통령이 마음을 풀어주려고 오닐을 불렀을 때 그는 이렇게 말했다. "보십시오, 대통령님. 그건 정치일 뿐입니다. 6시가 지나면 우린 얼마든지 친구가 될 수 있죠. 하지만 6시 전에는 정치인입니다." 하지만 오늘날에는 정치가 밤낮없이 이어져 우정을 쌓을 틈이 없어 보인다.

그때는 정말 그랬다. 서로 다른 정당 사람들이 우정을 쌓으며 간극을 좁히고 관점을 넓혔다. 그들은 공동의 목적의식을 느꼈다. 항상 분파가 나뉘기는 했지만 1960년대부터 1980년대까지 의회는 제 기능을 했다. 민주당과 공화당은 대개 협력할 방법을 찾아냈다. 생물학과 인류학의 원리에서도 알 수 있듯 우리는 이렇게 물리적으로 직접 만나 함께 일하고 서로 아는 사이가 될 때 가장 효과적으로 일할 수 있다.

하지만 무엇보다도 이기는 데에 집착한 듯한 깅그리치가 의회를 완전히 바꿔놓았다. 협력은 사라졌다. 주도권을 쥐는 일이 새로운 목표가 됐다. 그가 선택한 전략은 기존 체제를 뒤흔드는 것이었다. 그는 당시 상황을 망가뜨리기 위해 기존 체제가 아주 부패해 전면적으로 개편해야만 살아날 수 있는 것처럼 꾸며댔다. 그리고 1994년, 그는 성공했다. 공화당이 하원의 주도권을 잡고 깅그리치는 하원 의장이 됐다. 양당이 협력할 수 있다는 희망은 사라졌다.

깅그리치는 책임을 맡은 뒤 워싱턴에서 하던 모든 방식을 완전히 바꿨다. 그 시작은 기금 모금을 더욱 늘리는 것이었다. 이제 하원 의원은 수도인 워싱턴 D. C.가 아닌 자기 관할 지역에 훨씬 오래 머물렀다. 1980년대에는 총 의회 의원의 3분의 2가 워싱턴 D. C에 살았지만 오늘날에는 그곳에 사는 의원 수를 손가락으로 겨우 꼽을 정도다. 대신 의원들은 주중에 비행기를 타고 워싱턴에 가서 짧은 근무를 마치고 집으로 돌아간다. 화요일 의회에 도착해 목요일 저녁 자신이 관할하는 주로 돌아가는 식이다. 그 결과 민주당과 공화당 의원들의 관계는 예전과 크게 달라졌다. 기금을 모으기 위해 실제로 일하는 곳과 한참 멀리 떨어진 곳에 더욱 오래 머무르게 된 양당 의원들은 이제 서로 대화할 기회가 많이 줄었다. 당연히 이전 세대 의원들처럼 주기적으로 어울릴 일은 더더욱 줄었다. 그렇게 되니 신뢰를 형성할 기회가 거의 없어졌다.

물론 오늘날 미국 의회가 깊이 분열한 데는 많은 원인이 있으며 깅그리치의 지배력은 그중 하나일 뿐이다. 행정 관할 구역이 재편성되고 대중 매체가 정치색을 짙게 띠면서 양당 사이가 극단으로 멀어졌다. 인터넷에 과도하게 의존하게 된 영향도 컸다. 어디에서든 이메일을 보낼 수 있는데 왜 워싱턴에서 얼굴을 맞대고 일하겠는가?

한때 권력을 나눠 가졌던 의회 의원들은 이제 권력을 독차지하고자 했다. 미래를 향한 비전이나 목적도 없어지면서 이타적인 가치를 추구하는 정치에서 이기적인 이익만 추구하는 정치로 바뀌었다. 마치 비즈니스 세계에서 고객을 섬기던 경영이 주주를 섬기는 경영으로 바뀐 것처럼 의회도 협력의 장에서 기 싸움의 장으로 바뀌었다.

누구든 진정한 리더가 되려면 복도를 돌아다니며 직원들과 시간을 보내야 한다. 해병대는 이를 '눈 맞춤의 리더십'이라 부른다. 이 점은 정치인들에게도 마찬가지로 적용되지만 그들은 그렇게 하지 않는다. 오늘날 의회 의원들은 유권자를 더욱 잘 섬기기 위해 지역구에서 시간을 더 많이 보낸다고 주장하지만 실제로 그렇지는 않다. 선거철 외에는 정치인들이 지역구에서 공장에 방문하거나 시민들의 요구 사항을 이해하기 위해 노력한다는 증거는 찾아보기 힘들다. 그들이 지역구에서 주로 하는 일은 재선을 위한 기금 모금인 듯하다. 함께 일하는 사람과 단절되면 우리는 자신이 책임져야 하는 사람들에게 필요한 것보다 자신에게 필요한 것을 추구하는 데 시간을 많이 쓴다.

민주당 의원 선거 위원회는 새로 당선된 민주당 의원들에게 파워포인트 프레젠테이션 자료를 보여주며 워싱턴에 있을 때 다음과 같은 '모범 일정'을 지키라고 권한다. 이 일정은 기금 모금 권유 전화 돌리기 4시간, 유권자들 만나기 1~2시간, 의회와 위원회 일하기 2시간, 전략적 활동(조찬, 사람들 만나기, 언론) 1시간,

휴식 1시간으로 구성된다. 전 의회 의원 출신 톰 페리엘로 Tom Perriello는 『허핑턴포스트』 Huffington Post에 이렇게 밝혔다. "기금을 모금하는 데 할당된 네 시간은 신임 의원들을 너무 겁주지 않으려고 좀 줄여 말한 수치다."

의원들이 모범 일정을 지키든 지키지 않든 이런 일정은 의원들에게 관계를 형성하고, 공통점을 찾고, 공동의 복지를 증진하는 방안을 찾기보다는 수치를 달성하고, 선거에서 이기고, 권력을 유지하라는 압력을 가한다. 상장 기업의 CEO가 실무를 하는 직원들에게 신경 쓰기보다는 수치를 달성하고 승리를 거두는 일에 집착하는 것처럼 정치인들의 우선순위도 거꾸로 가고 있다.

그러니 오늘날 의회 내 인간관계가 제대로 형성되지 않는 것도 놀랄 일이 아니다. 양당의 적개심은 사상 최고 수준이다. 베테랑 하원 의원들에 따르면 과거에는 새 법안에 관한 토론의 80퍼센트가 위원회 내부에서 비공개로 이뤄졌고, 오직 20퍼센트만이 카메라 앞에서 진행됐다. 반면 오늘날에는 양당 모두 위원회에서 먼저 합의하려고 시도하지도 않고 안건을 의회로 바로 가져온다.

33년간 메인주 공화당 상원 의원을 지낸 올림피아 스노 Olympia Snowe는 2012년 재선 가능성이 큰데도 선거에 불출마하기로 했다. 직접 발표한 성명문과 지역구 신문에서 보도한 내용에 따르면 스노는 이렇게 말했다. "내가 재임한다 하더라도 임기를 얼마나 생산적으로 보낼 수 있을지 생각해야 했다. 안타깝지만 최근 몇 년간 이어진 상원의 당파적 정치 풍토가 현실적으로 단기간 안에 사라지지 않으리라 본다. 공직 생활을 이어온 이 시점에 상원에서 6년을 더 헌신할 준비가 되지 않았다고 결론지었다." 공직에 인생을 바쳐왔지만 적대적으로 변한 분위기에 좌절하고 의회를 떠나는 사람이 점점 늘고 있다. 스노도 그중 한 사람이었다. 이렇게 '좋은 사람들'이 계속 떠나면 미국 정부의 미래는 현 체제에서 이득을 보는 사람, 과도한 기금 모금, 점점 더 심해지는 근시안적인 분위기, 봉사보다는 자기 이익을 중시하는 문화를 모두 견딜 배짱이 있는 사람의 손에 결정될 것이다.

이렇듯 정치판이 공격적인 분위기로 바뀌자 예상대로 신뢰가 사라지고 발전이 더뎌졌다. 2013년 1월 갤럽 조사에 따르면 미국 국민의 의회 지지율은 14퍼센트였다. 이 수치는 중고차 판매인의 신뢰도보다 낮고, 12세기에 무고한 시민 4,000만 명을 학살한 일로 악명 높은 몽골 황제 칭기즈칸의 지지율보다도 낮다. 워싱턴에서 정치하는 방식이 나라에 악영향을 미친다고 생각하는 사람이 전체 미국인의 4분의 3이나 된다는 사실은 그리 놀랍지 않다. 우리가 지금까지 논의해온 바처럼 신뢰감을 쌓고 협력하고 발전을 이루는 데 필요한 조건이 무엇인지 생각해보면 국민의 생각이 옳을 것이다.

우리가 사회적 동물로서 서로 신뢰하고 협력할 때 가장 생산성이 높다는 사실은 다시 말해 신뢰와 협력이 이뤄지지 않으면 일이 제대로 돌아가지 않는다는 뜻이 된다. 이제 의회는 정치

기구로서 대체로 비효율적인 집단으로 여겨진다. 2011년 1월 3일부터 이 책을 쓰는 현재 2013년 1월 3일까지 이어진 미국 제112대 의회는 역사상 양극화가 가장 심했다. 이 시기에 통과된 법안 수는 220건으로 1940년 이래 가장 적은 수치를 기록했다. 직전 의회에서 통과시킨 법안은 383건이었으며 그 전 의회에서는 460건이었다. 통과된 법안 수가 협력의 수준을 보여주는 적합한 기준이라고 한다면 제112대 의회의 협력은 최악이었다. 이전까지 생산성이 가장 낮았던 의회, 즉 1995년부터 1996년까지 이어진 제104대 의회에서도 법안 333건을 통과시켰는데 제112대 의회에서는 이때보다도 통과된 법안 수가 100건 이상 적었다.

정치권에서 인간적인 요소를 경시하자 의회는 일 처리 능력이 점점 떨어지는 추세를 보였다. 이에 따라 극적인 결과가 나타났다. 정치 평론가들에 따르면 대중은 2008년 금융 위기가 발생한 주된 이유로 의회 의원들이 서로 협력하지 못한 점을 꼽는다. 양극화된 의회는 특히 재정 적자 개선, 사회보장제도 개혁, 기후변화 대처에 진전을 보이지 못했다는 비난을 받아왔다.

현 의원 몇몇은 그들이 고전하고 지지율이 낮은 이유를 '체제'의 문제로 보거나 인터넷이 발달해 뉴스 전달 속도가 빨라진 상황을 탓한다. 체제란 사실 그들 자신을 뜻하며 인터넷이 그들에게 아무런 해도 끼치지 않는다는 사실은 무시한다. 정치나 돈, 미디어 자체는 문제가 아니다. 모두 문제가 있을 때 일어나는 현상일 뿐이다. 의회가 효율성을 잃은 이유는 생물학적인 문제이다. 의회 의원들끼리 함께 시간을 보내지 않고 지역구 사람들을 알려고 노력하지도 않는다면 사회성을 촉진하는 화학 물질은 분비되지 않으며, 기금을 모으고 선거에서 이기고자 하는 욕구로 도파민이 주된 보상이 된다. 오늘날 의회 의원들이 활동하는 환경에서는 각자 자기 이익만 추구할 뿐 서로 신뢰하거나 다른 사람의 이익을 위해 협력하기가 매우 어렵다.

◆ 적들은 싸우지만 친구들은 협력한다 ◆

하원 농업위원회의 의원들은 유럽의 유사 기구에 근무하는 사람들을 만나고 무역 정책을 배우고자 루마니아에 갔다. 버지니아주 공화당 하원 의원을 오래 지내온 밥 굿라테Bob Goodlatte와 사우스다코타주 신임 민주당 의원 스테파니 허세스 샌들린 Stephanie Herseth Sandlin은 회의가 끝난 뒤 일정이 없는 사람이 자신들 둘뿐이라는 사실을 알게 됐다. 그래서 그들은 함께 기념품을 쇼핑하기로 했다.

같은 위원회에서 활동하지만 두 의원은 서로 다른 정당 소속이었다. 의회의 불문율로 봤을 때 그들은 적이었다. 그날까지만 해도 그들의 관계는 기껏해야 서로 격식에 어긋나지 않게 행동하는 수준이었다.

각자 처한 상황에서 벗어나 인간 대 인간으로 어울리면 더 열린 마음으로 상대를 알아가고자 노력하게 된다. 동료들과 회사 소프트볼팀에서 활동하거나, 잘 모르는 사람과 점심을 먹으러 가거나 출장을 떠나게 될 때, 즉 함께 일해야 할 책임이 없고 각자 상충하는 이익을 잠시 제쳐둘 때면 상대방을 동료나 경쟁자가 아닌 '사람'으로 바라보게 된다. 평화 회담이 조용하게 산책하며 시간을 보낼 수 있는 곳에서 열리는 것도 이런 이유에서다.

허세스 샌들린 의원과 굿라테 의원에게도 이런 일이 일어났다. 정치적 압박이나 서로 감시하는 상대 당이 없는 상황에서 둘은 서로 알아가기 시작했다. 민주당 의원과 공화당 의원은 스테파니와 밥이 되었다. 그들은 정말 만나자마자 친해졌다. 일할 때는 의견 차이가 컸지만 보통 사람으로서는 공통점이 많았다. 모두 잘 알다시피 사람들은 공통점이 있을 때 상대에게 매력을 느끼고 그 점을 바탕으로 우정을 쌓는다.

현대 사회에서 서로 의견이 다른 두 의원에게 이런 일이 일어났다는 이야기는 듣기 어렵다. 의원들이 워싱턴에서 보내는 시간이 적다는 사실을 고려하면 그들이 좋아하는 사람들과 어울릴 기회도 부족한데 서로 적대시해야 할 사람들과 관계를 형성하고자 노력할 리 만무했다. 하지만 이날 루마니아에서는 앞으로 양당에 도움이 될 우정의 씨앗이 뿌려졌다.

이렇게 우정의 기반을 쌓은 허세스 샌들린 의원과 굿라테 의원은 워싱턴에서도 별일 없이 만나 함께 식사를 즐겼다. 그들은 상대를 적이 아니라 인간으로 바라보고 대하기 시작했다. 서로 적대적이지만 결국 평화를 이끌어내는 집단들이 으레 그렇듯 두 의원도 반대하는 것을 이야기하려면 둘 사이의 공통점으로 신뢰의 기반을 쌓아야 한다는 사실을 배웠다. 허세스 샌들린 의원은 이렇게 말했다. "우리는 서로 집중했고 서로 이야기를 들었다. 그렇게 해서 예전이라면 반대했을 법안에도 합의할 수 있었다."

이후에도 굿라테 의원과 허세스 샌들린 의원의 의견은 상반하는 경우가 많았다. 항상 같은 법안을 지지하지는 않았고 그럴 필요도 없었다. 상호 존중과 우정을 바탕으로 관계를 쌓았으므로 옳은 일을 하기 위해 필요하다면 자기 당의 기본 정책과 반대되는 일에도 동의할 수 있었다(내각제 국가들과 달리 미국에서는 사실상 이런 일을 하라고 의원들을 뽑는다). 굿라테 의원은 허세스 샌들린 의원이 발의한 법 개정안에 찬성하기도 했다. 허세스 샌들린 의원은 이렇게 말했다. "공화당 지도부는 이 일에 실망했다. 요즘에는 그런 일이 거의 일어나지 않기 때문이다."(앞서 언급한 올림피아 스노 의원이 의료보험 개혁을 주제로 더 많이 토론해야 한다는 쪽에 투표하자 당에서는 그녀를 공개적으로 맹렬히 비난했고 기금 지원을 끊겠다고 협박했다. 그녀는 단지 '대화해야 한다'고 주장했을 뿐이다.)

협력은 동의와 같은 말이 아니다. 소속 정당이나 자신의 승리를 쟁취하기 위해서가 아니라 책임져야 할 사람들을 보호하기 위해 공동의 이익을 실현하고자 힘을 모으는 일이다. 두 의원은 상대를 향한 진정한 감사와 존중을 쌓았다. 정치권 바깥에서 우정이라 부르는 것과 다르지 않다. 그런 관계가 책에 나올 만큼 특별하게 여겨지는 현실이 걱정스럽다. 매일 함께 일하는 사람들과 잘 아는 사이가 되는 것이 우리가 일을 해내는 기본 방식이 되어야 한다.

굿라테와 허세스 샌들린이 우정을 쌓기 몇 년 전, 미래 지향적인 의원들이 같은 일을 시도한 적 있다. 적대적이고 인간관계가 부족한 분위기가 워싱턴 정치가를 좀먹는다는 사실을 인지하고 그들은 의회 내 관계를 개선하고자 일련의 워크숍을 기획했다. 첫 번째 워크숍은 펜실베이니아주 허시에서 열렸고, 이 행사에 『Yes를 이끌어내는 협상법』Getting to Yes의 공동 저자이자 세계적인 평화 협상 전문가 윌리엄 유리William Ury 박사가 초청됐다. 유리 박사는 의회 내 인간관계의 질이 어떤지 물었을 때 똑같이 대답한 의원이 많았다고 말했다. "그들은 워크숍에 참가한 사흘 동안 상대편 의원들과 함께 보낸 시간이 그동안 정치하며 그들과 함께한 시간보다 길다고 말했습니다." 안타깝게도 이 워크숍은 관심 부족으로 지속되지 못했다. 우정과 신뢰는 사흘 안에 형성되지 않는다. 정기적으로 시간과 에너지를 쏟아야만 생긴다.

유리 박사는 "갈등이 있을 때 서로 잘 모르는 사이라면 이견을 평화롭게 조율하기가 매우 어렵다"고 말한다. 그는 하버드협상연구소Harvard Negotiation Project를 설립하고 협상 분야를 선도하는 최고 권위자로서 평화에 조예가 깊다. 적대적인 집단 사이에 평화 협상이 필요할 때면 세계 곳곳에서 그를 찾는다. 그는 이렇게 말한다. "쌍방이 이해하도록 도와야 한다. 상대를 인간으로 바라보고 서로 이야기를 듣도록 해야 한다."

유리 박사의 의견에 반론을 제기할 사람은 없을 것이다. 이스라엘과 팔레스타인이 화해하려면 국가 원수끼리 만나 대화해야 한다. 인도와 파키스탄이 평화로워지려면 한데 모여 앉아 이야기를 나눠야 한다. 대화하지 않고 상대의 이야기를 듣지 않으며 만나는 일조차 거부한다면 갈등이 풀리지 않고 지속될 확률이 높다. 스스로 평화를 이루는 모습을 보여주지도 못하면서 미국 의회가 어떻게 세상을 향해 평화로워져야 한다고 말할 수 있을까?

허세스 샌들린과 굿라테는 아주 좋은 예를 보여준다. '체제' 특성상 한쪽 당이 상대 당과 어울리기 힘들다면 분위기를 쇄신할 용기가 있는 상·하원 의원들이 개인적으로 나서주기를 기대해야 한다. 자신을 지지하는 국민과 국가에 봉사하고 싶다면 먼저 시간과 에너지를 투자해 서로 더 잘 알려고 노력해야 한다. 하지만 선거에서 이겨 소속 정당이 주도권 잡기만을 원한다면 현 체제는 그들에게 꼭 어울린다. 오직 그들에게만 알맞다.

워크숍이나 정식 회동이 없더라도 한쪽 당의 진보적인 의원들이 다른 당의 진보적인 의원들에게 개인적으로 접촉해 어떤 의제도 없이 그저 함께 술을 마시거나 식사하기만 하면 된다. 그들이 국민을 생각한다면 인류학적으로 봤을 때 다른 이유 없이 그저 서로 가까워지기 위해 만나야 한다. 어느 관계나 그렇듯 어떤 사람들은 잘 어울릴 것이고 어떤 사람들은 그렇지 않을 것이다. 하지만 시간이 지나면 협력하게 될 것이다.

21
리더십 레슨 5:
숫자를 경영하지 말고 사람을 이끌어라

◆ 중성자탄 잭 ◆

밀턴 프리드먼이 "기업의 사회적 책임은 규칙을 지키는 선에서 기업이 가진 자원을 활용해 수익을 극대화하는 것"이라고 말한 지 10년 뒤, 그의 말은 월스트리트와 미국 기업들을 집어삼킨 새로운 신조가 됐다. 고객을 우선하는 풍조는 기업의 진짜 '주인'인 주주를 우선하는 풍조로 바뀌었다. 주주 가치에 집중하면 기업은 부를 쌓고 일자리를 창출하며 경제를 활성화한다는 생각에서다. 이론상으로는 이렇게 하면 모두 윈윈이지만 실제로는 그렇지 않았다. 모두가 아니라 소수에게만 이익이었다.

주주 가치 이론의 역사를 살펴보면 이런 결과가 나온 것이 놀랍지 않다. 1940년대 미국에는 기업에 광범위한 사회적 목적이 있다는 경영자주의managerialism라는 개념이 등장했다. 20세기 전반에 걸쳐 상장 대기업들은 스스로 수탁인이자 관리인으로 여겼다. 안정적인 평생직장을 제공함으로써 공공에 봉사하는 방향으로 조직을 운영해야 한다고 생각했다. 이 체제는 제법 잘 유지되다 1970년대에 위기를 맞았다. 1973년 1월, 미국 주식 시장은 정점을 지나 여러 사건의 영향으로 2년간 꾸준히 하락하는 국면에 접어들었다.

이 하락세는 리처드 닉슨 대통령이 금 본위제를 폐지한 뒤에 시작됐다. 금 본위제가 폐지되자 인플레이션을 비롯한 여러 일이 발생했고, 1973년 아랍에서 원유 수출을 중단하면서 그 시기 유가가 네 배 뛰었다. 거기에 워터게이트 스캔들과 베트남 전쟁이 겹치며 미국 경제는 침체됐다. 닉슨 대통령이 사임하고 4개월이 지난 1974년 12월, 주식 시장은 바닥을 쳤다. 다우지수가 최고치를 기록한 지 2년도 지나지 않아 45퍼센트 하락하여 577까지 떨어졌다. 이때부터 기업 주가가 기업의 전반적인 성과와 관련성이 크게 떨어지는 시기가 시작되었다.

불확실하고 혼란스러운 상황에 맞닥뜨린 사람이 으레 그렇듯 당시 사람들은 정답을 찾으려 애썼다. 기업 대표와 이해관계자들은 자신의 이익을 지키고 다시 성장하기를 열망했고, 경제학자들은 기업 성과를 보여주는 단순한 평가 기준을 만들고자 했다. 그들은 그 답을 주주 가치 이론이라는 잘 알려지지 않은 이론에서 찾았다.

이 이론을 처음 제안한 사람은 밀턴 프리드먼이었지만 이를 널리 퍼뜨린 사람은 로체스터 대학교University of Rochester 윌리엄 메클링William Meckling 교수와 하버드 경영대학원 마이클 젠슨Michael Jensen 교수로, 이들은 『금융경제학저널』에 관련 논문을 실었다. 이는 모든 이가 원한 대답이었다. 경기 침체와 수익률 하락에 지친 미국이라는 기업의 문제를 해결해줄 공식이었다.

2012년 코넬 대학교 법학전문대학원Cornell Law School 린 스타우트 Lynn Stout 교수는 이를 주제로 『주주 가치 이론이라는 잘못된 믿음』The Shareholder Value Myth이라는 훌륭한 책을 썼다. 그녀는 이 책에서 주주 가치 이론이 등장하자마자 영향력 있는 두 집단, 즉 기업 사냥꾼(적대적 인수합병 전문가-옮긴이)과 CEO들에게 인기를 끌었다고 말한다. 이들이 주주 가치 이론으로 가장 이익을 많이 얻을 집단이었기 때문이다. 그렇게 이 이론은 세상을 장악했다. 칼 아이컨Carl Icahn을 비롯한 기업 사냥꾼들은 재정적으로 어려운 회사를 찾아다니며 그들을 집어삼키고자 했다. 기업 사냥꾼은 보통 주가가 저평가된 회사들을 찾아 주식을 사들인 다음 이사회에 정리해고나 분리 매각으로 비용을 절감하라고 압박했다. 이와 함께 기업 임원들이 스톡옵션과 성과급 형태로 임금을 받게 되면서 그들의 수입이 주가에 직접적으로 영향받았다. 그 결과 임원들은 고객과 직원보다 자신들의 우선순위를 추구해야만 금전적으로 보상받게 되었다.

1980년대와 1990년대의 경제 호황기, 전 제너럴일렉트릭GE, General Electric CEO 잭 웰치Jack Welch와 전 코카콜라 CEO 로베르토 고이주에타Roberto Goizueta 같은 거물 기업인들은 주주 가치 극대화에 힘쓰는 기업을 만드는 데 선구자 역할을 했다. 잠깐은 효과가 있는 듯했다. 주주들에게 말이다. 두 회사는 주주와 임원들에게 돈을 엄청나게 벌어줬다. 경영자주의 시절 CEO는 급여를 많이 받고 상여금을 적게 받는다고 정해져 있었지만 이 새로운 시대에는 주가에 따라 임금이 달라졌다. 새 체계에 힘입어 회사를 세우거나 상장하지 않았는데도 억만장자가 된 CEO 1세대가 등장했다. (실제로 고이주에타는 자신이 회사를 설립하지 않고 상장하지도 않은 기업의 주식을 보유함으로써 억만장자가 된 미국 최초의 기업인이다. 두 번째는 전 마이크로소프트 CEO 스티브 발머Steve Ballmer다.)

1981년 웰치가 GE의 CEO가 된 이후 1980년대 후반까지 주주 가치 이론은 GE의 경영 원칙이 됐다. 웰치는 주가 상승에 기여한 정도에 따라 각 부서의 성과를 평가했다. 매년 하위 10퍼센트를 기록한 관리자는 모두 해고한 반면 상위 20퍼센트를 기록한 관리자들에게는 스톡옵션으로 보상했다. 이 '순위대로 쫓아내기' 방식은 웰치가 재임하는 동안 계속되었고, 그는 '중성자탄(건물을 남기고 인명만 살상하는 핵폭탄-옮긴이) 잭'Neutron Jack이라는 악명을 얻었다.

웰치는 실제로 주주에게 많은 돈을 벌어주는 강력한 기업을 만드는 데 성공했다. 아직도 수많은 기업에서 '웰치 방식'을 수익성을 높이는 지름길로 여긴다. 웰치가 재임하는 동안 GE 매출은 268억 달러에서 1,300억 달러까지 올랐다. 시가 총액은 30배 늘어 그가 은퇴할 무렵 GE는 세계에서 가장 가치 있는 기업이 됐다.

웰치가 엄청난 업적을 세웠으며 누구도 그 결과에 범접하지 못했다는 사실에는 이견이 없다. 하지만 같은 기간 GE의 성과와 S&P500지수의 성과를 비교해보면 그의 업적이 그렇게까지 훌륭해 보이지는 않는다. 웰치의 재임 기간 GE의 성장 궤도는 시장 성장 궤도와 일치한다. 이는 유가가 오를 때 석유 회사 주식이 올랐다고 축하하는 일과 비슷하다. 밀물에는 모든 배가 떠오르는 법이다. (웰치의 후계자 제프리 이멜트Jeffrey Immelt의 경우에도 마찬가지였다. 웰치가 떠난 2001년, 이멜트가 GE를 맡자마자 상황이 무척 어려워졌다. 그는 2009년 『파이낸셜타임스』Financial Times에 이렇게 말했다. "1990년대에는 아무나 경영할 수 있었다. 개라도 할 수 있었을 것이다.") 그 시기 GE의 수익 중 절반이 핵심 사업 분야가 아니라 GE캐피털에서 나왔다는 사실도 지적할 필요가 있다.

만약 웰치를 사람보다 수익에 집중함으로써 성공했다고 평가한다면 그는 월스트리트의 영웅이라는 칭호를 유지할 수 있다. 단기적인 가치를 극대화하는 방면에서는 아주 탁월했다. 하지만 위대한 기업 혹은 위대한 리더라면 한 리더가 떠난 뒤에도 힘든 시기를 이겨낼 수 있어야 한다. 리더를 평가할 때 현역인 시절에 무엇을 했는지가 아니라 후계자에게 자리를 넘겨주고 나서 어떻게 되었는지로 판단한다면 어떨까? 그 기준으로 보면 웰치는 성과가 그리 좋지 못하다. 리더가 남길 수 있는 유산은 다른 사람들이 조직을 이어나갈 수 있을 만큼 기반을 탄탄하게 다지는 것이다. 유산이란 예전 리더가 있던 시절이 더 좋았다는 추억을 남겨주는 것이 아니다. 그것은 유산이 아니라 향수다. 미국 건국의 아버지들은 자신이 떠난 뒤에도 건재하는 나라를 세워 강력한 유산을 남겼다. GE는 사람보다 실적이 중요하던 당시의 기회를 극대화하도록 만들어진 기업이다. 오래도록 건재하도록 만들어진 기업이 아니다. 그래서 성공을 지속하지 못했다.

짐 콜린스Jim Collins와 제리 포라스Jerry Porras가 쓴 『성공하는 기업들의 8가지 습관』Built to Last에 따르면, 천재인 리더는 조직을 떠날 때 자신의 전문성과 천재성을 전부 들고 간다. 반면 리더가 조직 전반에 권한을 분배할 줄 아는 겸손한 사람이라면 기업은 한 사람에게만 의존하지 않게 되고 생존 능력이 더욱 향상된다. 이런 구조에서 리더는 모든 것을 지휘하고 통제하려 들지 않는다. 어떤 상황에서도 스스로 지휘하고 통제할 수 있도록 직원들을 훈련하고 양성하고 보호하며 안전망을 관리하는 데 모든 에너지를 쓴다. 이것이 리더의 유산을 보호하고 리더가 떠난 뒤에도 회사의 성공을 오랫동안 이어가는 가장 좋은 방법이다.

웨인 주립대학교Wayne State University에서 경영학과 리더십을 연구하는 나탈리아 로린코바Natalia Lorinkova 박사는 이렇게 말한다.

"권위적인 리더가 이끄는 팀과 권한을 위임하는 리더가 이끄는 팀을 비교해보면 처음에는 권위적인 리더가 이끄는 팀의 성과가 더 좋다. 권한을 위임하는 리더가 이끄는 팀은 초반에는 성과가 부진한 반면 시간이 지날수록 더 많이 개선된다. 팀 학습, 협력, 권한 부여, 심성 모형의 수준이 높기 때문이다." 다시 말해 구성원들이 집단에서 안전감을 느끼고 리더에게 진심 어린 보살핌을 받아야 성과가 좋은 팀이 된다. 이런 분위기를 만들지 않는 것은 사실 도박이나 다름없다. 남은 사람들이 회사를 어떻게 운영하든 신경 쓰지 않고 기존의 리더만큼 똑똑한 사람이 새로 오기를 바라는 도박이다.

이렇게 다음 리더를 두고 도박해야 하는 상황에서는 경영권 승계가 과도하게 중요하고 위험한 일이 된다. 새로운 리더가 예전 리더만큼 효과적으로 지휘하고 통제하지 못하면 조직 구성원들은 상대에게서 자기 자신을 보호하기에 급급할 뿐 리더의 비전을 추구하기 위해 위험을 무릅쓰지 않을 것이다.

어떤 기업들은 매년 실적을 맞추는 시기인 4분기나 1분기마다 연례행사처럼 정리해고를 단행한다. 그런 회사 직원들은 자신을 보호하기 위해 극단적인 방법을 쓰기도 한다. 한 대형 투자은행의 내부 사정을 잘 아는 사람에 의하면, 그곳에서는 매년 실적 발표 시기가 되면 시계처럼 정확히, 추행이나 차별을 당했다는 불만 신고나 내부 고발 건수가 이상할 정도로 증가한다. 연중 고르게 신고되지 않고 왜 유독 그 시기에 급증하고 집중되는

지 확실한 이유가 없었다.

알고 보니 연말 실적을 계산하고 목표치를 맞추기 위해 정리해고를 준비하는 바로 그 기간에 내부 고발 건수가 증가했다. 직원들이 연말에 성과급을 받고 해고당하지 않기 위한 방책으로 불만을 신고한 듯했다. 이런 기업 문화는 직원들이 회사나 리더 그리고 동료에게 피와 땀과 눈물을 바치는 문화가 아니라 자기 몸은 스스로 지키는 문화다. 그래서 그렇게 한 것이다.

1980년대 전반에 걸쳐 웰치를 비롯한 리더들은 투자자의 이익을 위해 직원을 소모품으로 여기기 시작했다. 이후 기업들은 손익을 개선하기 위해 정리해고라는 방법을 흔히 사용하게 되었다. 오늘날 분기나 연간 실적을 달성하기 위한 정리해고는 용인할 수 있는 경영 관행으로 여겨진다. 그 관행으로 직원들의 경력이 단절되는 일도 자주 일어난다. 해고는 직원의 업무 태만이나 무능력이 문제가 됐을 때 실행해야 하며, 회사를 살리기 위한 마지막 방법이 되어야 한다. 하지만 21세기형 자본주의 체제에서 우리 사회가 실력주의로 움직인다는 믿음은 틀린 듯하다. 아무리 열심히 일해도 소용없는 경우가 많다. 기업은 재정적으로 조금만 어려워져도 직원들을 쉽게 해고한다. 악감정으로 일어나는 일이 아니라 그저 비즈니스다. 당신의 자녀가 작년 예상치보다 돈을 적게 벌었다는 이유로 그 아이를 버릴 것인가? 아이가 그 사실을 알면 기분이 어떨까? 지금 수많은 회사에서 이런 일이 벌어지고 있다.

1990년대 중반에는 정리해고가 관행으로 자리 잡았다. 주주 가치 이론은 이제 미국이라는 기업에서 외우는 주문이 되었다. 이에 따라 많은 문제가 발생했다. 도파민만 추구하도록 밀어붙이고 코르티솔 수치가 높은 문화에서는 공감 능력이 줄고 이기적인 동기가 지배하게 된다. 그러면 주가가 조작되고 임직원 간 임금 격차가 커지며 회계 사기가 늘어난다. 이 모든 현상은 오늘날까지 계속되고 있다.

기업 리더가 기업 소유주들의 이익을 보호하기 위해 열심히 일해야 한다는 생각은 언뜻 타당해 보인다. 하지만 기업의 실소유주는 주주가 아니다. 증거가 명백하다. 스타우트 교수의 견지에서 보면 현대 자본주의 경제학의 영웅 밀턴 프리드먼이 주장한 내용은 완전히 틀렸다. 주주가 기업의 진정한 주인이라는 사실을 뒷받침하는 법적 근거는 없다. 주주는 단순히 주식을 가지고 있을 뿐이며 주식은 추상적인 권리에 불과하다. 법률상 기업의 실소유주는 기업 자체다. 주주가 기업의 실소유주가 아니라는 사실을 고려하면 많은 사람의 주장과 달리 기업에는 주가를 극대화해야 한다는 법적 의무가 없다.

스타우트 교수는 주주 가치를 극대화해야 한다는 생각이 실패했다고 봤다. 물론 주주 가치 이론은 기업 임원들의 주머니를 두둑이 채워줬지만 사실상 이를 제외한 모든 방면에서 전 비즈니스계와 기업에 악영향을 끼쳤다. 직원들은 단기 성과가 가장 가치 있다고 여기며 자신의 행복은 항상 두 번째로 밀리는 환경에서 일할 수밖에 없다. 그 결과 기업은 실질적으로 부정적인 영향을 받게 된다. 주주 가치 이론에서 주장하는 바와 달리 주주 가치를 극대화하더라도 분산된 주주들은 거의 영향을 받지 못했다. 로트먼 경영대학원Rotman School of Management 로저 마틴Roger Martin 학장의 연구에 따르면 1976년 이전에 S&P500에 투자한 주주들은 매년 복리로 7.5퍼센트의 실질 수익률을 누렸다. 하지만 1976년 이후 수익률이 6.5퍼센트로 떨어졌고 2000년대 이후로는 이보다 더 떨어지고 있다.

저스틴 폭스Justin Fox와 제이 로시Jay Lorsch는 『하버드비즈니스리뷰』Harvard Business Review 2012년 8월호에 실린 기사에 다음과 같이 썼다. "주주 가치 극대화가 아닌 다른 목표를 설정한 기업들이 오히려 장기적으로 주주 가치를 극대화하는 데 성공한다는 증거가 점점 많이 나오고 있다. 주주보다 직원과 고객이 기업을 잘 알고 기업을 향한 충성심도 깊다." 그렇다면 여기서 브리티시페트롤리엄BP, British Petroleum의 사례를 살펴보자. 극단적인 사례지만 자신의 행동이 사람들에게 어떤 영향을 미치는지 고려하지 않으면 어떤 일이 일어나는지 명확히 보여준다.

◆ 호황과 파탄 ◆

2010년 4월 20일 밤, 주주 가치는 말 그대로 폭발했다. 석유 시추선 딥워터호라이즌Deepwater Horizon호가 바다 한가운데서 폭발해 11명이 사망하고 멕시코만에 끈적끈적한 원유 500만 배럴이 유출된 날이었다. 유정을 폐쇄하는 데만 5개월이 걸렸고 이 사고에서 비롯한 모든 환경적, 재정적 피해를 복구하는 데는 그보다 훨씬 오랜 시간이 걸렸다.

이런 어마어마한 재앙은 어떻게 일어났을까? 사고란 사람의 부주의나 실수로 발생하는 일반적인 결과다. 그리고 우리는 모두 실수한다. 하지만 이 사고가 일어날 수밖에 없었다고 말하는 사람이 많다는 사실을 고려하면 이는 단순한 실수가 아니었다. BP는 작업 일정을 지키고 예산을 맞추는 데 집중해 오랫동안 안전 지침을 소홀히 해왔다. 2005년에는 BP의 텍사스시티 정유 공장에서 폭발 사고가 일어나 15명이 사망한 이후 비용을 절감하기 위해 안전 수칙을 무시해왔다고 회사는 마지못해 인정했다. 미국 산업안전보건청OSHA 기록에 따르면 딥워터호라이즌호 폭발 사건이 일어나기까지 3년 동안 BP는 안전 규정 760건을 "고의적이고 악질적으로" 위반했다. 다른 석유 회사들과 비교해보면 같은 기간 수노코Sunoco와 코노코필립스ConocoPhillips는 각각 8건씩 위반했고 엑손Exxon은 1건을 위반하는 데 그쳤다. 딥워터호라이즌호에 탄 사람은 모두 시추선의 실소유주인 딥워터BP와 트랜스오션Transocean 직원이었는데, 폭발 사건이 일어나기 불과 몇 주 전 이들을 대상으로 조사한 결과 전체적으로 딥워터호라이즌호가 매우 위험하다는 인식이 널리 퍼져 있었다. 이 조사 결과가 전달됐지만 시추선 소유주들은 듣지 않았다. 맹목적으로 도파민만 추구한 그들은 눈앞의 이익에 홀려 경고에도 주의를 기울이지 않았다.

2005년 봄, 딥워터호라이즌 프로젝트는 예정보다 6주 이상 늦어졌고 예산에서 5,800만 달러가 초과된 상태였다. 회사에는 극심한 압박이 가해졌다. 하루 늦어질 때마다 비용이 100만 달러씩 추가되고 있었다. 결국 BP는 중범죄 혐의 11건을 인정해야 했고, 피해자 측에서 제기한 100만 건이 넘는 소송을 해결해야 했다. BP는 이미 루이지애나주, 앨라배마주, 플로리다주, 텍사스주에 세수 손실분 7억 1,300만 달러를 낸 상태였다. 회사는 이에 따른 총비용을 78억 달러로 추산하며, 이외에도 환경 규제 위반에 따른 벌금 176억 달러를 부과받았다.

벌금만 따져봐도 BP의 프로젝트가 계획보다 12년 뒤처졌다 해도 원유 유출보다 손실이 적었을 것이다. 스타우트 교수가 지적하듯 BP가 차라리 적합한 안전 규정을 따르기 위해 유정 개발을 1년 미뤘더라면 주주들에게 훨씬 큰 수익을 안겨줬을 것이다. BP의 주가는 원유 유출 일주일 전 59.88달러였으나 사고 발생 3개월째에 접어들던 6월 21일에는 27.02달러가 됐다. 그로부터 약 3년 뒤인 2013년 2월까지도 주가는 회복되지 않고 40달러 선에서 거래됐다. 여러 기업과 산업에 투자한 주주들이 BP의 주식을 보유했더라면 돈을 잃었을 뿐 아니라 BP의 부주의에서 비롯한 영향을 전 산업에 걸쳐 느낄 수 있었을 것이다.

업계 관계자들이 작성한 보고서에 따르면, 멕시코만에서 석유 시추가 금지되고 해양 석유와 천연가스 채굴을 허가받는 과정이 길어져 미국은 석유와 천연가스 분야 투자에서 약 240억 달러를 손실했다고 추산된다. (해당 보고서는 미국석유협회American Petroleum Institute 의뢰로 작성됐다. 같은 보고서에 의하면 미국에서 이 원유 유출 사고 때문에 사라진 일자리가 2010년 7만 2,000개, 2011년 9만 개에 달한다.) 거기에 주주가 투자 포트폴리오를 다각화하기 위해 멕시코만 지역의 자산을 소유했거나 식당을 비롯한 여행업, 건설업, 운송업을 포함한 수많은 산업에 영향받는 회사의 주식을 보유했다면 그들의 재정 상황도 타격받았을 것이다. BP의 주목표가 주주들에게 가치를 제공하는 것이라면 어째서 스스로 더 높은 수준의 통제를 소리 내어 요구하지 않았는지 의문스럽다.

주주 가치 이론이 부상하고 그 이론을 추진하기 위해 도파민 분비로 이어지는 외부 보상에 과도하게 의존하게 되면서 임원들은 단기적으로 사고하는 습관이 생겼다. 기업 CEO의 임기가 5년이라는 사실을 고려하면 그리 놀랄 만한 현상도 아니다. GE를 떠올려보라. GE는 1980년대와 1990년대의 강력한 금융 회사들과 마찬가지로 호황기에 성장했다. 엔론, 월드컴, 타이코도 마찬가지였다. 이들 기업에는 공통점이 하나 더 있었다. 단기간에 주주 가치를 극대화하고 사람 목숨을 스프레드시트상 숫자처럼 관리한 영웅적인 CEO가 있었다는 사실이다. 하지만 숫자는 어려운 시기가 닥쳤을 때 사람을 구하지 못한다. 오로지 사람만이 사람을 구할 수 있다.

심지어 웰치 자신도 나중에는 주주 가치 이론을 두고 "세상에서 가장 멍청한 생각"이라 말했다. 그러면서 항상 주주 가치를 전략이 아니라 결과로 바라봐왔다고 주장했다. 기업들이 주주 가치를 강조하는 일이 잘못됐다며 이렇게 말하기도 했다. "가장 중요하게 생각해야 하는 요소는 직원, 고객, 상품이다."(2009년 웰치가 이렇게 말하고 며칠 뒤 스탠더드앤드푸어Standard & Poor는 AAA였던 GE의 신용 등급을 강등했다. 이로써 GE는 미국에서 가장 신뢰도 높은 기업의 자리를 내주고 말았다.)

주주 우선주의를 잘못 해석한 결과, 규모가 크든 작든 상장 기업에서 일하는 직원 가운데 리더에게 보호받는다고 느끼는 사람이 단 한 명도 없는 문화가 만들어졌다. 진정한 리더로서 직원을 이끄는 일을 포기한 CEO가 너무 많은 듯하다. 임원들은 단기 결과에만 집중하고 직원들에게 의욕을 불어넣지 못한다. 월스트리트의 우선순위는 이제 기업 임원들을 넘어 전체적인 기업 문화에까지 비정상적인 영향력을 행사하고 있다. 이런 회사에 근무하는 직원들은 회사 주가가 폭락하면 해고당하지 않을까 두려워한다. 이처럼 두려운 감정이 생기면 원시적인 우리 뇌는 생존 본능을 작동시킨다. 안전망 없이 투쟁 도피 반응을 불러일으키는 상황에서는 남을 죽이고 살아남는 것이 최선의 전략이 된다. 불확실하고 불안하기에 장기적이고 의미 있는 방법으로 인간관계를 맺고 신뢰감을 쌓는 일은 거의 불가능해진다. 그렇게 되면 업무를 제대로 할 수 없고 문화가 손상되며 나아가 조직 전체가 병들고 만다.

이것이 전부가 아니다. 우리가 주주일 때도 투자한 회사의 직원보다 이익을 우선시하는 유혹에 빠지기 쉽다는 사실 역시 알아야 한다. 많은 사람이 닷컴버블 시기에 친구의 조언만 듣고 투자했다. 각종 연구 자료는 가볍게 무시했다. 시간을 들여 모든 정보를 확인하지도 않은 채 즉각적인 부를 얻고자 도파민이 이끄는 대로 보이는 기회에 냅다 뛰어들었다. 심지어 때를 놓칠까 두려워하며 출처가 확실하지 않은 정보를 맹목적으로 신뢰하기도 했다. 이처럼 우리 역시 빠르게 돈을 벌려고 무책임하게 행동하면서 웰치나 BP 혹은 주주 가치 이론이 잘못됐다고 비난하며 상황을 빠져나올 수는 없다.

◆ 직원에게서 나오는 리더십 ◆

회사의 성과는 최상위 리더의 성격적 특성이나 가치관과 밀접하다. 또한 최상위 리더의 성격적 특성과 가치관에 따라 기업 문화가 정해진다. 리더십을 주제로 다섯 권의 책을 집필하고 자기 얼굴로 책 표지를 장식한 웰치는 자신의 명성을 즐겼을 것이다. 기업 문화도 그를 따라갔다. 잭 웰치 재임 시절 GE 직원들은 내부 경쟁으로 내몰렸다. 그들은 무슨 수를 써서라도 잘나 보이려고 애썼다. 도파민을 쟁취하며 스릴을 느끼는 일이 우선순위를 차지했고, 세로토닌의 힘으로 이기적인 사랑만 추구했다. 1등이 되는 것보다 중요한 일은 없었다. 누구도 사랑 가득한 옥시토신을 신경 쓰지 않았다.

제임스 시니걸James Sinegal은 달랐다. 그는 잭 웰치와 완전히 반대되는 방식으로 회사를 경영했다. 심지어 시니걸이 누군지 아는 사람도 별로 없다. 그는 자기 자신을 내세우지 않았고 오히려 직원들에게 공을 돌렸다. 코스트코Costco 공동 창립자 시니걸은 1983년부터 2012년 1월 은퇴할 때까지 코스트코를 경영했다. 웰치와 달리 시니걸은 리더가 직원을 보살핌으로써 화학 물질이 고루 분비되는 문화를 만들어야 한다고 믿었다. 그는 회사가 직원들을 가족처럼 대하면 직원들도 신뢰와 충성심으로 보답하리라는 사실을 알았다. 그는 소매업계, 특히 대형 할인점 분야에서 성공하려면 직원들의 임금과 복지 수준을 최대한 낮춰야 한다는 통념을 거부했다. 직원을 우선시하는 그의 태도 덕분에 사회성을 촉진하는 화학 물질이 원활히 분비되는 기업 문화가 형성됐다. 그리고 이런 문화 안에서 신뢰와 협력이 자라났다. 문제 해결책과 업무 개선책을 찾아내는 직원들은 칭찬받았다. 그들은 서로 경쟁하는 대신 보호했다.

시니걸과 후계자 크레이그 옐리네크Craig Jelinek 둘 다 이런 경영 방식으로 월스트리트의 여러 애널리스트에게 비난받아왔다. 2005년 시니걸이 직원들의 의료보험료에서 본인 부담금 비율을 높이지 않겠다고 했을 때, 샌퍼드번스타인Sanford C. Bernstein & Co.의 애널리스트 에미 커즐로프Emme Kozloff는 시니걸이 "과도하게 자애롭다"라고 비난했다(시니걸은 아마 이 표현을 은근히 고마워했을 것 같다). 이러한 이기적인 외부 평가를 무시하는 태도야말로 시니걸 같은 CEO를 진정한 리더로 만드는 요소다.

이쯤 되면 시니걸 같은 리더가 직원들에게 뛰어난 공감 능력을 보이는 것이 실제 경영에도 좋은 영향을 준다는 사실이 놀랍지 않을 것이다. 만일 당신이 1986년 1월, 즉 코스트코 기업 공개 직후이자 웰치가 GE에서 CEO 임기를 시작한 지 몇 년밖에 안 됐을 무렵 GE와 코스트코에 투자했다면 지금쯤 어떻게 됐을까? 지금 이 책을 쓰고 있는 시점인 2013년 10월 현재 GE의 수익률은 600퍼센트다(S&P500 평균 수익률과 거의 같다). 반면 같은 기간 코스트코의 수익률은 1,200퍼센트를 기록했다. GE는 초기 투자 대비 최대 1,600퍼센트의 수익률을 기록한 적도 있지만 기복이 워낙 심해 하락하기 직전 매도 타이밍을 잡았으리라는 보장이 없다. 하지만 코스트코는 경제가 어려웠던 시기에도 흔들리지 않고 상대적으로 꾸준하고 안정적인 수익률을 보여왔으므로 투자 성공률이 높았을 것이다. 이는 로린코바 박사의 연구 결과를 증명하는 사례이기도 하다. 권한을 위임하면 단기적으로는 성과가 좋지 않지만 시간이 지날수록 훨씬 더 좋은 성과를 낸다. 훌륭한 리더십이란 운동과 비슷하다. 매일매일 몸을 비교하면 좋아지는 것이 느껴지지 않는다. 어제 찍은 사진과 오늘 찍은 사진을 비교해보면 노력해도 아무 소용없다는 생각만 든다. 몇 주 혹은 몇 개월 뒤에 찍은 사진과 비교해야만 차이가

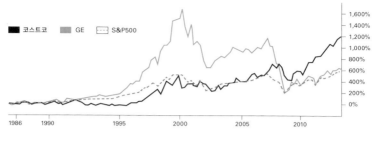

■ 코스트코	■ GE	┄ S&P500

[코스트코와 GE의 연도별 수익률 비교]

확연하게 느껴진다. 마찬가지로 리더십의 영향도 어느 정도 시간이 지난 다음에야 정확히 평가할 수 있다.

시니걸은 웰치와 달리 강력한 안전망을 형성함으로써 좋은 시기뿐 아니라 힘든 시기에도 잘 버틸 수 있는 기업을 만들었다. 또한 자기 자신보다 오래 생존할 기업을 만들었다. 그래서 시니걸이 은퇴한 뒤에도 코스트코는 계속해서 이익을 내고 있다. 물론 코스트코도 경제가 어려운 시기에는 성장이 둔화됐고(2008년 하반기에 주가가 큰 폭으로 하락했다) 모든 매장이 성공하지도 않았다. 하지만 큰 그림을 보면 리더가 도파민의 스릴에 지배당하는 기업에서는 안정성을 찾을 수 없다. 성과를 강조하면 단기적으로 직원들의 사기를 높일 수 있다. 하지만 도파민 보상이 모두 그렇듯 그 감정은 오래가지 않는다. 반면 세로토닌과 옥시토신이 균형을 이루고 직원들의 사기에 먼저 초점이 맞춰진 환경에서는 자연스럽게 좋은 성과가 따르고 강렬한 감정도 오래 지속된다. 직원들이 회사에서 일하는 것을 좋아하면 회사를 위해 더욱 열심히 일할 것이다. 순서는 이렇게 되어야 한다.

　코스트코는 직원들을 가족으로 여겼기 '때문에' 성공한 것이지 '그랬는데도' 성공한 것이 아니다. 코스트코가 일하기 좋은 직장이라는 이유로 실제 회사의 실적까지 좋아졌다. 직원에게 좋은 것이 코스트코 주주들에게도 좋다는 뜻이다. 오늘날 코스트코는 미국에서 두 번째, 세계에서 일곱 번째로 큰 소매기업이다. 성장이 둔화할 기미는 전혀 보이지 않는다. 시니걸은 이렇게 말했다. "월스트리트에서는 지금부터 다음 주 화요일까지 돈을 벌 생각으로 기업을 경영한다. 우리는 50년 뒤에도 건재할 조직을 만들기 위해 기업을 경영한다."

　2008년 금융 위기 때도 회사는 연 수익을 10억 달러 이상 기록했다. 그 시기에도 직원들에게 소매업계 최고 수준의 임금을 지급하고 90퍼센트에 가까운 직원들에게 의료보험을 제공했다. 코스트코 직원의 평균 시급은 20달러다(정부 최저 시급 7.25달러). 이에 비해 미국 월마트는 정규직 직원 평균 시급으로 약 13달러를 지급하며 직원 절반에게만 의료보험을 제공한다.

　그게 다가 아니다. 월마트를 비롯한 주요 소매기업들은 정부가 최저 임금 인상안을 내놨을 때 이를 부결시키기 위해 결집했지만 코스트코 임원들은 지지의 목소리를 높였다. 옐리네크는 2013년 인상안에 찬성하는 성명에서 이렇게 말했다. "우리는 임금을 최소화하는 것보다 직원들의 이직률을 최소화하고 그들의 생산성과 헌신, 충성심을 극대화하는 것이 장기적으로 더 이익이라는 사실을 잘 안다." 코스트코의 리더들은 모든 기업이 안전망의 범위를 넓혀 조직 최하단에서 근무하는 직원까지 모두 보호해야 한다고 믿는다.

2009년 가을, 경제가 둔화되면서 소매업계가 타격을 입는 바람에 코스트코도 경쟁자들과 마찬가지로 압박을 느꼈다. 같은 해 4월, 코스트코는 매출이 27퍼센트 감소했다고 발표했다. 업계 전체가 움츠러들었고 몇몇 기업은 정리해고를 발표하기도 했다. 시니걸은 어떻게 했을까? 그는 3년에 걸쳐 시급을 1.5달러 인상하는 계획을 승인했다. 코스트코 최고재무책임자 리처드 갤런티Richard Galanti에 따르면, 시니걸은 불경기일수록 직원들을 내치는 것이 아니라 더 많이 도와야 한다고 단언했다. 시니걸은 갤런티에게 이렇게 말했다고 한다. "경기가 좋지 않다. 그러므로 직원들에게 덜 주는 것이 아니라 더 많이 줄 방법을 고민해야 한다." 그렇다고 해서 코스트코가 정리해고를 단 한 번도 실행하지 않은 것은 아니다. 코스트코는 2010년 초 뉴욕시 이스트할렘 지역에 새로 지은 매장에서 기대만큼 매출이 나오지 않아 총 직원 450명 중 160명을 해고했다. 하지만 웰치 시절의 GE처럼 정리해고를 일상적인 전략이 아닌 최후의 수단으로 택한다는 것이 가장 큰 차이점이다.

이러한 방침 덕분에 코스트코의 이직률은 다른 기업에 비해 현저히 낮다. 시간제 직원의 이직률조차 10퍼센트 미만이다. 월마트 직원들은 돈을 벌러 회사에 가는 반면 코스트코 직원들은 동료들과 소속감을 느끼고 미래를 만들기 위해 회사에 간다. 코스트코는 외부에서 영입한 인재보다 코스트코에서 장기 근속한 직원을 임원 자리에 앉히려고 한다. 관리자를 뽑을 때도 절대 경영대학원 출신을 찾지 않는다. 『블룸버그비즈니스위크』*Bloomberg Businessweek*에 따르면, 코스트코 관리자 중 3분의 2 이상이 코스트코에서 계산원 등으로 근무를 시작한 직원들이다. 코스트코의 리더들은 이런 식으로 오랜 시간에 걸쳐 지켜온 안전망을 손상되지 않도록 지킨다. 그리고 그 혜택을 누리는 사람들은 계속해서 그 안에 머물며 안전망을 강하게 지키고자 노력할 것이다. 이것이 바로 충성심의 가치다.

> 직원이 사랑하지 않는 회사를
> 고객이 먼저 사랑하는 일은 결코 없다.

직원이 사랑하지 않는 회사를 고객이 먼저 사랑하는 일은 결코 없다. 직원 대다수가 외부 위험으로부터 리더에게 보호받고 있다고 느껴야만 비로소 회사 외부에 있는 고객들도 안전망에 들어올 수 있다. 보통 안전망의 가장 바깥쪽, 말하자면 최전방에 있는 직원들이 외부 위험에 가장 취약하다. 대개 클라이언트나 고객을 가장 많이 만나는 사람이기도 한다. 그들이 보호받고 있다고 느낀다면 리더의 반응을 두려워하지 않고 고객에게 봉사하기 위해 최선을 다할 것이다.

모든 기업의 목표가 이윤 추구라는 사실은 매우 자명하지만 이윤 추구가 기업의 최우선 목표라는 말은 잘못됐다. 이윤이란 기업 문화를 유지하는 데 필요한 도구라고 생각하는 리더가 도파민에 중독되고 코르티솔에 찌든 경쟁자들보다 오래 살아남는 기업을 만든다.

LEADER DIFFER= ENT

7
중독된 사람들로
넘쳐나는 사회

22
결국, 문제는 우리다

→ 계몽 ←

A 부인은 5월 7일 오후 5시, 6시간에 걸쳐 자연 분만을 한 뒤 입원했다. 그녀는 이런 상황을 겪는 여성들이 보통 그렇듯 편안하게 지내다 9일 밤 12시(입원한 지 31시간 뒤) 극심한 오한을 느꼈다. 결국 그녀는 10일 사망했다.

이는 산욕열의 전형적인 사례였다. 산욕열은 18세기 후반부터 19세기 초반까지 유럽과 미국 전역을 휩쓴 유행병이었다. 당시에는 출산 시 합병증으로 목숨을 잃는 여성이 6~12퍼센트에 이를 정도로 드물지 않았지만 산욕열의 경우 더 심각했다. 산욕열이 한창 유행할 때는 특정 병원에서 출산한 여성의 70~80퍼센트가 산욕열로 사망하기도 했다. 증상은 발열과 복통으로 보통 아이를 낳은 지 며칠 뒤 나타났다. 환자는 증상이 나타난 지 얼마 되지 않아 사망하는 일이 잦았다. 산욕열의 영향이 이처럼 치명적인 탓에 산욕 흑사병이라 불릴 정도였다.

산욕열이 만연하자 의료계 전체가 충격에 빠졌다. 당시 의사들은 집보다 병원에서 치료받는 쪽이 훨씬 우월하다고 인식시키려 노력하고 있었으므로 이들 역시 심각한 사태에 상당히 불안해했다. 다행스러운 사실은 당시 유럽과 미국에 계몽주의 사상이 널리 퍼져 있었다는 점이다. 계몽주의 시대는 전통과 신앙을 과학과 이성적 분석으로 대체함으로써 사회를 개혁하고자 하는 지식 계층이 부상한 시기였다. 이성의 시대라고도 알려진 이 시기에는 실증적 자료를 가장 중요하게 여겼고 전문 지식이 널리 통용됐다.

당시 '계몽된' 의사들은 자신의 경험과 연구를 기반으로 복잡한 이론을 들어 산욕열 유행 현상을 설명하고자 했고, 산욕열 확산을 막는 복잡한 방법을 내놓기도 했다. 의도가 좋았고 과학적인 자료가 있었으며 복잡한 모델도 개발됐지만 의사들은 산욕열이 퍼지는 가장 중요한 요인을 알아내지 못했다. 그 요인은 바로 그들 자신이었다.

지성을 추구하던 당대 의사들은 생각을 발전시켜 이 재앙의 해결책을 찾고자 열성을 기울였다. 단서를 찾기 위해 아침에는 시신을 부검하고 오후에는 환자를 돌봤다. 하지만 당시에는 세균 감염이 어떻게 일어나는지 잘 알지 못해 의사들이 제대로 손을 씻지 않거나 도구를 소독하지 않는 일이 흔했다. 1843년 훗날 대법관이 되는 올리버 웬들 홈스 2세의 아버지이자 보스턴에서 활동한 의사 올리버 웬들 홈스^{Oliver Wendell Holmes} 박사가 계간 학술지 『뉴잉글랜드 내외과 저널』^{New England Quarterly Journal of Medicine and Surgery}에 소논문을 발표한 뒤에야 산욕열이 퍼진 것이 의사들 책임이라는 사실이 알려졌다. 그는 의사들이 감염된 여성을 진료한 뒤 도구를 깨끗이 하고 입었던 옷을 태워 도덕적 의무를 다해야 한다고 주장했다.

홈스 박사의 소논문은 처음에는 그다지 널리 알려지지 않은 채 몇몇 동료 의사 사이에서 논란이 됐다. 그들은 의사들이 뜻하지 않은 잘못을 저지르고 있다고 주장한 홈스 박사를 비난했다. 어떤 사람은 이렇게 말하기도 했다. "의사들에게는 잘못이 없다. 그들은 신사다!" 하지만 홈스가 수집한 방대한 증거에 이의를 제기하기는 어려웠다. 산욕열로 죽은 여성을 부검하는 의사가 늘어날수록 산욕열 환자가 많이 발생했다. 심지어 부검한 의사가 산욕열에 걸리는 일도 있었다.

그런데도 홈스 박사가 논문을 발표한 지 12년 뒤에야 의료계 전체에서 책임을 인정하고 적절한 소독을 시행하기 시작했다. 해결책을 알아내겠다고 큰소리치던 사람들이 자신의 행동 방식에 문제가 있었다는 사실을 받아들인 뒤에야 산욕열은 사라졌다.

산욕열과 오늘날 기업 문화를 병들게 한 위험한 질병은 확산 형태가 너무 닮아 불안할 정도다. 우리는 새로운 계몽의 시대에 살고 있다. 지금에 와서야 기업인과 경제학자들이 과학자가 되어 각종 지표와 효율성, 린Lean 경영(낭비를 최소화하는 경영 방식–옮긴이), 식스시그마, 투자 수익률 계산과 실증적 자료를 바탕으로 의사결정을 내리게 됐다. 그리고 이렇게 여러 수치를 따지고 여러 시스템이 개발된 상황에서 우리는 이 모든 것을 맡아 처리하는 관리자들에게 더욱 의지하게 됐다. 마치 나무만 보고 숲은 보지 못하듯 시스템이나 관리해야 할 자원만 쳐다보느라 실제로 이 모든 일을 하는 사람들을 보기 어려운 상황도 생긴다. 규모가 커질수록 개념은 추상화되기 마련이다. 개념이 추상화될수록 우리는 모든 일을 처리하기 위해 수치에 의존하게 된다. 타당한 일이다. 주식 시장이 폭락하기 직전의 상황이 항상 비슷했던 것은 결코 우연이 아니다(1970년대 석유 파동을 제외하면 그렇다). 홈스 박사처럼 해답을 찾으려면 우리 자신부터 돌아봐야 한다.

> 지표를 관리하는 관리자도
> 얼마든지 사람을 이끄는 리더가 될 수 있다.

리더십은 생명을 책임지는 것이지 수치를 책임지는 것이 아니다. 관리자는 실적 수치와 결과를 챙기지만 리더는 직원을 보살핀다. 지표를 담당하는 관리자도 얼마든지 사람을 이끄는 리더가 될 수 있다. 미국의 모든 의사가 도구 소독의 중요성을 깨달았듯 모든 기업의 모든 리더는 직원들을 보호하기 위해 작은 일들을 해야 한다. 하지만 그러기에 앞서 그들 자신이 문제였다는 사실부터 인정해야 할 것이다.

◆ 매우 현대적인 중독 ◆

놀라운 느낌이었다. 마치 마법 같았다. 절망이나 불편함, 불안, 자신 없음, 두려움, 걱정, 심지어 다른 사람이나 상황이 가하는 위협도 모두 사라졌다. 그는 이를 "바로잡힌 상태"라 불렀다. 그 상태에서 그는 무엇이든 할 수 있을 것 같았다. 자신이 바라던 모습이 된 듯했다. 존은 술만 마시면 이렇게 됐다.

술을 한두 잔 마셨을 때 자신감이 상승하는 현상. 이를 술기운이라 부르는 사람도 있다. 한 남성이 친구들과 바에 있는데, 저 끝에 있는 매력적인 여성과 자꾸 눈이 마주친다. 그저 그녀에게 다가가 말을 걸면 되지만 많은 사람이 이런 상황에 주눅든다. 이때 술을 한두 잔 마시면 긴장이 풀리고 상대에게 다가갈 용기가 생긴다.

이렇게 두렵고 세상을 마주할 용기가 없는 상황이 셀 수 없이 반복된다고 생각하면 알코올 중독자의 인생에 알코올이 얼마나 중요하고 영향력 있는지 이해될 것이다. 알코올을 섭취하면 도파민이 분비되어 스트레스, 위협, 두려움, 걱정, 피해망상에서 벗어날 수 있다. 이런 특성 때문에 알코올 중독을 치료하기는 매우 어렵다. 알코올 중독자는 자신이 겪는 모든 어려움, 즉 직장이나 인간관계, 돈 문제, 열등감에서 오는 스트레스를 맨정신으로 견디기 어렵다. 한 알코올 중독자는 이렇게 말했다. "다른 사람들은 술을 마시고 집에 가지만, 나는 집에서 나오려면 술을 마셔야 했다."

많은 알코올 중독자가 청소년기부터 술을 마시기 시작한다. 인생에서 청소년기는 불안과 열등감에 시달리기 쉬운 시기다. 부모에게 인정받고자 하는 욕구가 또래에게 인정받고 싶은 욕구로 바뀌고, 이 욕구가 평생 지속된다.

사회를 인식하고 어딘가에 속해 소속감을 느끼고자 하는 욕구는 인류학적으로 우리가 성장하는 한 과정이다. 우리 모두 집단에서 환영받기를 원하고 가치 있는 존재가 되고 싶어 한다. 남들이 자기를 어떻게 생각할지 신경 쓰는 것은 사회화의 자연스러운 과정이며 집단을 이뤄 사는 한 종으로서 생존에 꼭 필요한 능력이다. 청소년기에는 성적으로 성숙하고 신체에도 변화가 일어나 사회적 불안감, 혼란스러움, 자기 회의감이 느껴지는데 이를 버거워하는 청소년이 많다.

그러므로 청소년에게는 그들을 지지해주는 든든한 부모, 교사, 친구, 공동체가 필요하다. 청소년들이 가족 식사, 팀 스포츠, 취미 등 여러 활동을 해야 하는 이유도 이와 같다. 예민한 시기에 자신을 지켜주는 강력한 인간관계를 형성하는 경험을 해야 앞으로 인생에서 어려운 일을 해결하고 생존하는 데 다른 사람들의 도움이 필요하다는 점을 배울 수 있다. 하지만 어떤 청소년들은 우연히 알코올의 마법 같은 힘을 빌리면 빠르게 힘을 얻고 자신감을 찾을 수 있다는 사실을 발견한다. 자기 회의감이 들 때 주변의 제재가 없으면 다른 사람에게 도움받는 대신 알코올에 의존하게 될 수 있다. 이는 아주 중요한 문제다. 청소년기에 힘들고 불안한 감정을 해소하는 방법을 한번 배우면 보통 성인이 되어서도 어려운 일이 있을 때마다 계속해 사용하기 때문이다.

음주, 흡연, 폭식은 마음을 가라앉히는 데 매우 효과적이다. 다른 사람이 도와주지 않아도 혼자 할 수 있으며 효과가 나타나는 속도도 아주 빠르다. 술을 마시거나 담배를 피우면 크게 노력하지 않고도 즉시 차분하고 편안해질 수 있다.

알코올이나 니코틴, 음식에서 얻을 수 있는 쾌감은 모두 도파민에서 온다. 도파민은 어떤 일을 성취하거나 찾아 헤매던 것을 마침내 획득했을 때 분비되는 화학 물질이다. 이는 우리가 음식을 찾고, 살 집을 짓고, 하나의 종으로서 전체적인 발전을 이루도록 유도하는 내부 보상 체계 중 하나다. 인간이 생존하고 번영하는 데 필요한 일을 하도록 만들어졌다.

대자연은 우리가 니코틴과 알코올 같은 화학 물질을 편법으로 사용해 체내 보상을 얻으리라고는 상상하지 못했으며 우리를 이에 대비시키지도 못했다. 도파민은 음식을 쉽게 얻을 수 없는 시기를 위해 만들어졌다. 인체는 원하면 언제든 음식을 먹을 수 있는 세상에 적합하게 만들어지지 않았다. 지나친 탐닉,

도박, 음주, 흡연은 모두 도파민 중독이다. 모두 우리가 사랑하고 갈망하는 도파민을 얻는 손쉬운 방법이다. 이런 행동을 일삼다 도파민을 향한 욕구를 누르지 못하면 중독이 된다. 원래는 생존하기 위해 만들어진 화학 물질이 이제는 자신을 해치는 행동에 보상을 주는 지점까지 가게 된다. 지금 기업 문화에서도 똑같은 일이 일어나고 있다. 기업의 보상 체계로 새로운 종류의 도파민 중독을 일으키는 환경이 조성됐다. 바로 성과 중독이다.

◆ 도파민 중독을 즐기세요! 당신이 얻어낸 거잖아요 ◆

원시시대 인류는 무엇을 잡아 올지 흥분되는 마음으로 사냥을 준비했다. 그들은 목표물이 어떻게 생겼는지, 목표를 이뤘을 때 어떤 보상을 받을 수 있는지 정확히 상상할 수 있었으므로 사냥에 나설 때 첫 번째 도파민을 맛본다. 사냥꾼 한 명이 근처에 가젤이 있다는 단서를 찾는다. 이때 두 번째 도파민이 분비되어 사냥을 계속한다. 한 사람이 멀리서 가젤을 발견한다. 가젤을 추적하는 몇 시간 동안 도파민이 더 많이 분비된다. 마침내 빠르게 퍼지는 아드레날린과 흥분을 느끼며 가젤을 잡는 순간 온몸에 도파민이 솟구치며 엄청난 성취감을 느낀다. 그들은 서로 축하하며 듬직한 리더에게 고마움을 표한다. 모든 사람의 혈관에 세로토닌이 흐른다. 서로 등을 두드리고 얼싸안으며 며칠 동안 함께 흙먼지를 뒤집어쓴 동료들에게 강렬한 동지애를 느긴다. 옥시토신 덕분에 그들의 유대감은 더욱 강화된다. 용감한 사냥꾼들은 먹을 것을 가지고 부족으로 돌아온다. 부족 사람들은 그들에게 찬사와 존경의 환호를 보낸다. 세로토닌이 다시 솟구친다. 부족 사람들은 보호받고 있다고 느끼며 그들을 위해 위험을 무릅쓴 사냥꾼들에게 감사한다. 모든 부족원이 행복한 마음으로 함께 식사를 즐긴다.

원시시대 사람들이 음식을 찾아다녔듯 오늘날 비즈니스 세계에서 우리는 최종 목표를 향하며 중간중간 이정표를 지날 때면 도파민을 보상으로 받는다. 하지만 안타깝게도 우리는 조상들과 달리 보상 체계가 불균형한 환경에서 일한다. 오늘날의 환경에서는 도파민을 주는 보상이 지배적이다. 우리의 보상 체계는 대체로 목표를 달성하고 그에 따라 금전적으로 보상하는 구조다. 게다가 월간·분기별·연간 목표 같은 단기 목표를 달성하는 사람에게 주로 보상한다. 심지어 같은 회사 직원들끼리 경쟁을 붙여 의도치 않게 회사 전체의 발전을 저해하는 행동에 보상하기도 한다.

그 사례로 나는 온라인 서비스 업체 아메리카온라인AOL, America Online이 잘나가던 시절의 이야기를 주로 한다. 아메리카온라인은 서비스 가입자 수를 늘리고자 정기적으로 CD를 보냈다. 고객 유치 담당 부서는 목표 가입자 수를 달성하면 금전적인 보상을 받았다. 모든 전략은 가입자를 최대한 많이 모집시키는 방향으로 수립됐다. 첫 달에 무료 100시간이었던 서비스 시간이 다음에는 250시간, 나중에는 700시간까지 늘었다. 결국 무료 서비스 시간이 1,000시간까지 늘었다. 사용 기한은 가입 이후 45일까지였다(이 혜택을 최대로 누리려면 하루에 1.7시간만 자야 한다). 효과는 있었다. 고객 유치 부서에서 어떤 전략을 세우든 목표는 오직 하나였다. 성과급을 최대한 많이 받는 것이었다. 문제는 이탈 고객 수를 최소화하는 부서가 따로 있었다는 점이다. 그들은 구독을 취소한 고객이 다시 돌아올 방법을 찾아야 했다. 아메리카온라인의 리더는 각 부서가 다른 부서나 회사 전체에 이익이 되는 방법을 고민하지 않고 그저 자기 부서의 평가 기준만 맞추는 체계를 구축함으로써 사실상 회사에 비용을 더 발생시키는 사람들에게 보상했다.

대부분 회사는 우리가 협력하고 정보를 공유하거나 다른 부서 사람들과 서로 돕는 행동에 보상하지 않는다. 다시 말해 안전망을 유지하는 행동을 강화하는 방향으로는 보상을 주지 않는다. 의도적이든 그렇지 않든 회사들의 이러한 보상 체계는 도파민 중독을 일으킬 뿐 아니라 부추기기까지 한다. 그리고 모든 중독이 그렇듯 도파민 중독에도 결과가 따른다. 판단력이 흐려지고 회사 외부 사람들을 신경 쓰지 않게 되며 이기심이 팽배해진다. 다음 목표를 달성해 도파민을 더 얻는 데만 혈안이 되고, 누구도 무엇도 자신을 막지 못하게 한다.

23
어떻게 해서든 중독에서 벗어나야 한다

석유라는 자원의 혜택을 누리는 동시에 석유를 캐낸 땅을 보존하기 위해 석유 시추를 관리하는 규제가 만들어졌다. 자동차와 기계의 편리함을 누리는 동시에 공기 질을 유지하기 위해 배기가스 규제가 생겼다. 이런 것이 바로 좋은 규제다. 이런 규제가 있어 우리가 얻는 이익과 그 이익에 들어가는 비용에 균형이 잡힌다. 과학적으로 정확하지는 않지만 둘 중 어느 한쪽으로 치우치면 상업적 손실이 발생하거나 삶이 불편해지리라는 점을 모르는 사람은 없다. 그래서 우리는 이 균형을 유지하고자 계속해서 노력하고 있다.

20세기 초반에는 전자기파를 공공재 성격을 띠는 희소한 천연자원으로 인식했다. 라디오가 등장하면서 방송업계는 마치 서부 개척 시대의 무법지대처럼 한정된 주파수를 차지하고자 하는 방송사들이 난립했다. 이에 의회는 체제를 조직화하기 위해 1927년 라디오법Radio Act of 1927을 통과시켰다. 이 법은 추후 1934년 통신법Communications Act of 1934으로 대체됐고, 이어 프랭클린 D. 루스벨트Franklin D. Roosevelt 대통령이 뉴딜 정책 중 하나로 연방통신위원회FCC, Federal Communications Commission를 출범시켰다. 통신법과 연방통신위원회는 라디오뿐 아니라 TV라는 새로운 매체 관리 책임도 맡아 방송업계의 성장을 돕고 공공의 정보 접근성을 보장했다.

연방통신위원회는 전자기파라는 한정된 자원을 규제하기 위해 공공용 주파수를 사용하는 방송사에 반드시 허가를 받도록 했다. 방송사가 허가받으려면 송출되는 지역, 즉 그들이 수익을 창출하는 지역 주민들에게 도움이 되는 공익 방송 프로그램을 편성해야 했다. 방송사들은 방송 허가를 취소당할까 봐 두려워 했으므로 이 규칙을 잘 따랐다. 그래서 저녁 뉴스가 탄생했다. 뉴스를 제외한 다른 프로그램은 모두 방송사의 상업적 이익이 목적이었지만 뉴스만은 공익이 목적이었다. 방송사들은 뉴스로 돈을 많이 벌지는 못했지만 사업에 도움이 되는 중요한 것을 얻었다. 돈으로도 사지 못하는 정직이라는 명성이었다.

1962년부터 1981년까지 〈CBS 저녁 뉴스〉CBS Evening News를 진행한 앵커 월터 크롱카이트Walter Cronkite는 미국에서 가장 신뢰받는 사람이었다. CBS 전체에 이익이 될 명성이었다. 크롱카이트

뿐 아니라 낮에 뉴스를 진행한 다른 앵커 모두 자신들에게 임무가 있다고 생각했다. 전 〈나이트라인〉Nightline 진행자이자 수상 경력이 있는 앵커 테드 코펠Ted Koppel은 이렇게 말한다. "1960년대에 우리는 사람들에게 꼭 필요한 정보를 전달한다는 종교적인 믿음에 가까운 신념이 있었다." 당시 뉴스는 공공을 위한 의무를 다했다. 코펠은 이렇게 설명한다. "뉴스는 NBC, CBS, ABC가 엔터테인먼트 분야에서 내는 막대한 수익을 정당화하는 서비스 차원의 프로그램이었다. 방송사 고위층들은 뉴스로 이익을 낸다는 생각을 전혀 하지 않았다." 서로 주고받는 문화가 균형을 이룬 체계였다.

하지만 1979년 말쯤 사건이 벌어졌다. 11월 4일 이슬람 학생들과 과격파 단체가 테헤란 미국 대사관을 습격해 미국인 52명을 인질로 잡은 것이다. 얼마 지나지 않아 ABC 뉴스에서 〈인질로 잡힌 미국: 이란 사태〉America Held Hostage: The Iran Crisis라는 프로그램을 내보냈다. 이는 인질극의 전개 상황을 다루고자 특별히 만들어진 시리즈였다. 추후 〈나이트라인〉으로 이름이 바뀌고 테드 코펠이 25년간 진행을 맡게 될 이 프로그램에서는 당시 끔찍했던 인질극 상황을 444일 동안 방영했다. 이 프로그램은 방영되자마자 크게 인기를 끌었고 뉴스 역사상 최초로 방송사 임원들의 관심을 받았다. 임원들은 이제 대의와 이상을 추구하는 언론인들이 뉴스를 진행하게 놔두지 않았다. 대신 뉴스를 수익의 원천으로 바라보고 적극적으로 개입하기 시작했다.

〈60분〉⁶⁰ Minutes처럼 이미 10년 넘게 방영되어온 프로그램들은 수익성이 있었지만 매일 밤 방송되는 일간 뉴스는 아니었다. 게다가 당시는 상황이 달라졌다. 1980년대에 들어선 미국은 부와 풍요가 역대 최고로 향상되었다. 그런데도 사람들은 더 높은 수준의 부와 풍요를 원했고, 삶의 모든 측면이 이 욕구를 해소하는 방향으로 흘러가는 현상이 10년 이상 지속됐다. TV 방송도 예외가 아니었다. 도파민을 향한 갈망이 점점 커지고 있었다. 균형은 이제 곧 깨질 참이었다.

이란 인질 사태가 끝난 뒤 레이건 정부가 출범했고, 방송계에는 새로운 보안관이 등장했다. 바로 연방통신위원회 위원장으로 임명된 마크 파울러Mark Fowler였다. 파울러와 그를 지지하는 사람들은 뉴스를 포함한 TV 방송 전체를 새로운 돈벌이 기회로 보았다. 케이블 TV가 등장하고 CNN이 창립되면서 뉴스는 공공 서비스이자 방송사의 보석 같은 존재에서 24시간 더 많은 돈을 벌 기회로 탈바꿈했다.

방송사는 자신의 목표 달성을 막는 장애물은 전부 제거하고 싶어 했다. 이제 규제 기관에서 해야 할 일은 보호가 아니라 수익 실현을 돕는 것이었다. 파울러와 연방통신위원회는 때때로 의회의 도움을 받아 방송사들이 스스로 방송 허가를 받기 위해 지켜야 했던 기준을 하나씩 천천히 폐지해나갔다. 공익 서비스를 제공함으로써 최소한의 균형을 유지하도록 만들어진 규정들이 느슨해지기 시작했다. 우선 방송 허가 갱신 기간이 3년에서

5년으로 변경됐다. 이제 방송사들이 방송 허가가 취소될 걱정을 예전보다 덜 해도 된다는 뜻이었다. 또한 한 방송사가 소유할 수 있는 방송국 개수가 7개에서 12개로 늘어나면서 시장 점유율을 늘릴 기회가 더욱 확대됐다. 광고 분량도 제한이 없어졌다.

파울러가 이끄는 연방통신위원회는 방송사가 공공 주파수를 이용해 이익을 얻는 조건으로 비엔터테인먼트 프로그램을 일정 분량 이상 편성하도록 한 규정도 폐지했다. 서부 개척 시대 같은 방송업계를 규제하고 각 방송사가 공공 서비스를 제공하도록 한 1934년 통신법의 목적이 사라진 것이다. 이것이 전부가 아니다. 방송사와 TV 뉴스 사업이 가장 큰 타격을 입은 사건은 1987년 '공평 원칙'Fairness Doctrine 폐지일 것이다.

공평 원칙은 1949년 방송사가 방송국을 이용해 어느 한쪽의 관점만을 옹호하지 못하도록 도입됐다. 이 원칙으로 연방통신위원회에서 방송을 허가받은 모든 방송사는 방송에서 논란의 소지가 있는 주제를 논의할 때는 내용에 공익을 담아야 할 뿐 아니라 방송사 입장과 반대되는 쪽의 주장도 균형 있게 다뤄야 했다. 이 규정이 사라지자 현대적 방송사들은 편파적인 관점을 유지할 권리가 생겼고, 사업에 도움이 된다면 극단으로 치우친 이야기도 얼마든지 할 수 있게 됐다. 1973년 '논란의 소지가 있는 주제의 공평한 방송을 위한 위원회'Committee for the Fair Broadcasting of Controversial Issues에 따르면 "방송사를 공익에 따라 운영하게 하는 데 가장 중요하고 필수적인 요구 사항"이 사라진 것이다. 원래 공공 서비스였던 뉴스가 이제는 광고를 팔기 위한 하나의 플랫폼으로 완전히 자리 잡았다. 1980년대 전반에 걸쳐 더 높은 수준의 풍요를 추구하는 풍조가 이어지며 방송업계의 신뢰를 형성하던 요소가 걷잡을 수 없이 망가지는 듯했다. 도파민이 넘쳐흘렀다.

서비스를 받는 사람들에게 해로운 방법만 아니라면 회사 리더는 어떤 식으로든 사업을 키울 권리가 있고 이에 이의를 제기할 사람은 없다. 문제는 뉴스업계 사람들이 누구에게 서비스를 제공해야 하는지 잊었다는 점이다. 방송사가 공익에 기여하기보다 1등을 하겠다거나 순위를 올리겠다는 생각을 앞세울 경우 어떤 일이 일어나는지 요즘 TV 뉴스 상황을 살펴보면 잘 알 수 있다. 그중에서도 최악의 현상은 미디어가 중요한 이야기를 제대로 다루지 않고, 재미있지만 유용한 정보는 거의 없는 이야기만 하는 것이다. 과거 그들에게 뉴스란 정보를 전달하는 임무였지만 이제는 정보를 전달하는 사업으로 바뀌었다.

이런 일이 일어난 이유가 언론인들 때문은 아니다. 언론인 중에는 코펠의 말처럼 "종교적인 믿음에 가까운 신념으로" 진실을 보도하는 데 헌신하는 사람이 여전히 많다. 문제는 방송업계 고위 임원들이 정보 전달을 사명이 아니라 비즈니스 포트폴리오의 일부로 여긴다는 점이다. 임원들은 회사에서 서비스하는 일 자체로 이미 공공 서비스를 제공할 의무를 다하고 있다고 주장하며 자신을 보호한다. 하지만 그들의 주장에 동의할 수 없다. 그들이 닐슨 시청률을 토대로 광고료를 책정한다면 확실한 이해 상충이라고 할 수 있다. 예전 방송사 뉴스에서는 시청자에게 필요한 정보라면 시청자가 원하지 않더라도 정보를 전달했다. 하지만 이제는 마치 의사가 환자에게 필요한 약뿐 아니라 환자가 원하는 약까지 처방해주는 것처럼, 시청자가 원하지만 필요하지 않은 뉴스까지 전달하게 됐다고 코펠은 말한다. 그는 예전에는 뉴스를 제작하는 조직에서 일하는 것이 큰 의미가 있었다며, 오늘날처럼 흥미 위주의 뉴스를 전하는 것이 아니라 필요한 뉴스를 흥미롭게 만들던 시절이 있었다고 탄식한다.

국회의원이 유권자들의 요구를 들어주는 데 시간을 보내지 않고 기금을 기부하는 사람들의 환심만 사려 하거나, 기업 리더가 수익을 내고자 해로운 성분이 들어 있을지도 모르는 제품을 파는 일처럼 이기기 위한 경쟁은 항상 존재했으며 늘 문제를 일으켰다. 건강한 사회를 만들 때와 같이 건강한 조직을 만들 때도 조직의 서비스를 받는 사람들을 돌봐야 한다는 생각보다 이기겠다는 생각이 우선시되어서는 안 된다.

◆ 더 많이! 더 많이! 더 많이! ◆

1929년 주식 시장이 폭락하기 전 미국의 은행 수는 2만 5,000개였다. 하지만 그중 많은 수가 기반이 불안정해 시장 폭락 사태 이후 몇 년 동안 거의 절반에 가까운 은행이 폐업했다. 의회는 다음 세대가 같은 어려움을 겪지 않도록 글래스스티걸법Glass-Steagall Act을 통과시켰다. 당시 '1933년 은행법'Banking Act of 1933으로 알려졌던 이 법은 은행업계의 위험 자산 투자와 투기를 규제했다. 더불어 미국 금융 시스템의 공신력을 보호하고 증진하기 위한 독립 기관 연방예금보험공사FDIC, Federal Deposit Insurance Corporation가 설립됐고, 은행이 자사 이익만을 추구할 때 발생하는 위험을 국가와 국민이 모두 떠안지 않도록 방지하는 다른 규정들도 제정됐다.

글래스스티걸법의 가장 중요한 조항은 상업은행과 투자은행을 구분하는 것이었다. 상업은행은 예금, 대출, 수표 현금화 등 전통적인 은행 서비스를 제공한다. 한편 투자은행은 고객 자산을 증대하기 위해 증권을 발행하고 주식이나 원자재, 기타 자산의 트레이딩 서비스를 제공한다. 당시 의회는 상업은행을 개인과 기업의 자금을 보관하는 장소로 여겨 투자은행이 그 자금을 투기적이고 위험이 큰 활동에 쓰지 못하도록 제한했다.

하지만 안타깝게도 이전 세대의 보호를 받은 다음 세대는 새롭게 이익을 창출하는 길을 열 수 있다면 공익을 위험에 빠뜨리는 일도 두려워하지 않았다. 결국 1999년 닷컴버블이 절정에 달해 거침없이 투기하던 시절 글래스스티걸법은 대부분 폐지됐다.

당시 재무부 장관이었던 로런스 서머스Lawrence Summers는 "미국 기업들이 신경제에서 경쟁할 수 있도록 하는 조치"라고 말하며 법 폐지를 정당화했다. 이는 진짜 의도를 숨기기 위한 정치적인 미사여구에 불과했다. 실제로는 특정 산업(은행업계)의 성장을 도움으로써 특정 집단(은행가)이 도파민을 더 많이 즐기게 하려는 목적으로 공공복지를 보호하고자 특별히 마련된 규제를 없앤 것뿐이었다.

신경제에서 경쟁한다는 것이 주식 시장을 폭락시키는 환경을 만든다는 뜻이라면 정치인들과 은행업계 로비 단체는 크게 성공했다. 법 효력이 있던 1933년부터 1999년 사이 대형 은행이 무너진 일은 거의 없었다. 1929년 대공황 때 주식 시장이 폭락한 이래 시장이 심각하게 폭락한 일은 딱 세 번 일어났다. 앞서 설명했듯 첫 번째 폭락, 즉 1973년 시장 폭락은 은행업계의 문제가 아니라 석유 가격 급등으로 빚어진 사태였다. 두 번째인 2000년 시장 폭락은 닷컴버블 시기에 무분별하게 투자한 결과였다. 2008년에 일어난 세 번째 폭락은 은행업계에서 주택저당증권에 과도하게 투기하고 무리하게 위험을 추구한 탓에 발생한 사태였다. 2008년 금융 위기는 원래 상업은행이었던 씨티그룹과 증권을 취급하는 보험사인 AIG 같은 기업에 의해 가속화됐다. 이들의 영업 관행은 당시 폐지된 지 10년도 채 되지 않았던 글래스스티걸법이 있었더라면 금지됐을 방식이었다.

글래스스티걸법이 대부분 폐지된 일로 미루어보면, 베이비붐 세대의 몇몇 사람이 개인적인 이익을 추구하고자 법을 회피하거나 어겼다는 사실이 극명하게 드러난다. 리더가 자신이 보호해야 할 사람들의 이익이 아니라 자신의 개인적인 이익을 추구할 때 어떤 일이 일어나는지 보여주는 사례다. (여담이지만 이 파괴적 풍요의 시대에 일어난 모든 일은 빌 클린턴Bill Clinton 대통령이 주의 깊게 지켜보는 가운데 발생했다. 그는 1946년 8월 19일생으로 미국 최초의 베이비붐 세대 대통령이다.) 우리는 뭔가에 중독되면 현실을 보는 눈을 잃는다.

중독자가 아침에 일어나 전날 밤 중독된 상태에서 했던 일을 후회하듯 많은 베이비붐 세대는 과거 눈앞에서 일어난 파괴적인 일들을 후회스러운 마음으로 돌아본다. 그리고 그 파괴적인 일에 책임이 있는 사람들은 과거를 돌아보며 겸손해진 듯하다. 스탠리 오닐의 전임자였던 전 메릴린치 CEO 데이비드 코맨스키는 2010년 블룸버그텔레비전Bloomberg Television 인터뷰에서 글래스스티걸법을 폐지한 일이 실수였다고 말하며 잘못을 인정했다. "안타깝게도 나 역시 글래스스티걸법을 없애는 데 앞장섰다. 물론 내가 회사를 경영하던 당시에는 법이 엄격하게 시행되지 않기를 원했다. 과거의 행동이 후회스럽고, 그런 행동을 하지 않았더라면 좋았으리라 생각한다." 씨티그룹의 전 공동 CEO 존 리드John Reed 역시 글래스스티걸법을 폐지한 것은 잘못된 생각이었다고 말했다. 왜 전 CEO들은 술이 깬 사람처럼 갑자기 생각을 바꿨을까? CEO였던 시절 그렇게 생각했더라면 얼마나 좋았을까? 물론 누구나 시간이 지난 뒤에야 깨닫는 일이 있지만 리더라면 미래를 향한 비전과 통찰력으로 돈을 버는 사람들 아닌가?

1980~1990년대부터 사회 체제 안에서 과잉, 불균형, 중독 현상이 일어나지 않도록 보호해주던 장치가 서서히 사라져가는 현상을 베이비붐 세대는 그저 간과했다. 기업과 정부 기관의 리더는 자신들이 지켜야 할 사람들을 신경 쓰지 않고 자기들끼리만 강력한 핵심층을 형성했다. 조직 리더라면 마땅히 조직원을 보호해야 하는 것처럼 회사의 리더는 경영 환경에도 신경 써야 한다. 여기서 환경이란 경제는 물론 사회 전체까지 포함한다. 최대한 많은 국민을 안전하게 지켜주기 위해 만들어졌던 안전망이 서서히 무너지면서 우리는 더 큰 위험에 노출됐다. 회사의 안전망이 약해지면 회사 전체가 약해지듯 국가도 마찬가지다. 똘똘 뭉쳐 국가를 보호하고 발전시키는 것이 아니라 상대로부터 자기 자신을 지켜야 하는 상황에서는 국가 전체가 약해질 수밖에 없다. 그리고 다음 세대가 직전 세대의 문제를 해결할 능력이 있다고 생각한다면 그들은 그들 나름의 문제를 해결하고 있다는 사실을 명심해야 한다.

24
밀레니얼 세대를 이해하려면

◆ 최악의 실패자 ◆

이것이 바로 그 시다

널 망친 것은 네 엄마 아빠다

일부러 그러지는 않았겠지만 어쨌든 그렇다

자기 잘못을 너에게 꽉꽉 채워 넣고

너만을 위한 특별한 것도 더해준다

하지만 그들도 똑같이 당했다

구식 모자를 쓰고 구식 코트를 입던 바보들에게

감상적이다가도 엄격하고

서로 핏대 올리며 소리치던 그 바보들에게

사람은 불행을 대대로 물려준다

그 불행은 앞바다의 퇴적물처럼 차곡차곡 쌓인다

최대한 빨리 빠져나와라

그리고 자식은 낳지 마라

필립 라킨Philip Larkin이 1971년에 쓴 이 시는 자녀를 키우는 일을 우울하게 묘사한다. 슬프게도 이는 어느 정도 진실이다. 우리가 지금 사는 파괴적 풍요의 시대는 대부분 우리 부모 세대와 조부모 세대의 좋은 의도에서 나온 결과다.

1980년대와 1990년대 새 시대에 맞게 비즈니스를 탈바꿈한 장본인인 베이비붐 세대는 개인의 발전과 기업의 수익성이라는 핑계를 대며 수많은 규제를 천천히 없애나갔다. 동시에 그들은 자녀도 다른 방식으로 키웠다. 개인주의와 개인적 성취를 강조하는 방식이었다. 하지만 매우 역설적이게도 베이비붐 세대는 그 새로운 양육법을 대중화하고 그에 따라 자녀를 키웠는데, 그렇게 자란 자녀들은 베이비붐 세대가 직접 조성한 기업 환경에 적응할 준비가 안 된 채로 성장하고 말았다. 안전망이 당연히 존재하는 환경이 아니라 예외적으로 존재하는 환경에 적합하지 않은 사람으로 키운 것이다.

대공황을 겪고 전쟁 중 물자를 배급받던 시대에 자란 위대한 세대는 자녀만큼은 자신들처럼 고통받거나 청춘을 낭비하지 않기를 바랐다. 이는 좋은 일이다. 모든 부모는 자녀가 고난을 겪지 않고 잘 자라기를 원한다. 그래서 베이비붐 세대도 그렇게 자랐다. 그들은 자신이 부족하게 살 필요가 없다고 믿었다. 하나의 인생 신조로 바라본다면 이는 지극히 정상적이고 합리적인 생각이다. 하지만 베이비붐 세대의 규모와 자원이 풍부했던 당시 상황을 고려해보면 그 인생 신조는 약간 왜곡된다. 그들은 어린 시절 부가 늘어나는 풍요로운 환경에서 자랐고, 1970년대에는 정부에 냉소적이었으며, 1980년대와 1990년대의 호황기를 누렸다. 이를 고려하면 베이비붐 세대가 왜 '자기중심주의 세대'Me Generation라고 평가받는지 쉽게 알 수 있다. 그들은 우리보다 내가 먼저인 세대였다.

현재는 아이디어나 부를 공유하는 것보다 보호하는 일이 일반적이다. 뉴저지의 한 회계사는 나이가 많은 고객과 젊은 고객의 차이가 확실히 느껴진다고 내게 말했다. "비교적 나이가 많은 고객들은 공평성을 지키기 위해 세법 테두리 안에서 행동합니다. 부과된 세금을 기꺼이 납부하죠. 반면 젊은 세대는 의무를 최소화하려고 시간을 많이 들여 법의 허점을 악용할 방법을 찾습니다."

베이비붐 세대가 아이를 낳고 키울 때가 되자 그들은 권한 있는 사람을 부정적으로 바라봐야 한다고 아이들에게 가르쳤다. "정당하게 보상해주지 않는 사람에게는 어떤 것도 주면 안 돼" 혹은 "원하는 일을 하는 데 방해되는 건 전부 없애버려" 같은 식이었다. 그들의 어린 시절과 현재 상황이 같다면 이런 인생 신조는 모두 합당하다. 하지만 지금은 그때와 다르다. 그래서 베이비부머의 자녀는 이 같은 생각을 약간 왜곡해서 받아들였다. 1980년대와 1990년대에 발전한 새로운 자녀 양육 방식이 인터넷 시대 아이들에게 어떤 영향을 미칠지 예측하기는 불가능했다.

X세대와 Y세대는 자신이 원하는 것이라면 뭐든 가질 수 있다고 배웠다. 1965년에서 1979년 사이에 태어나 인터넷 시대 이전에 성장한 X세대는 원하는 것을 모두 가질 수 있다는 가르침을 눈에 띄지 않게 열심히 일하라는 뜻으로 받아들였다. 큰 관심을 끌지 못한 세대인 X세대는 자라며 어떤 것에도 크게 반항하지 않았고 뭔가를 특별히 지지하지도 않았다. 물론 냉전 시기를 보내긴 했지만 그 시기의 냉전은 1960년대와 1970년대의 냉전보다 훨씬 가벼웠다. X세대는 혹시 모를 핵 공격에 대비해 학교에서 대피 훈련을 받지도 않았다. 1980년대에 성장한 것은 좋은 인생이었다. 1990년대가 되고 새천년이 되자 더 큰 호황이 이어졌다. 닷컴의 시대였다. 전자상거래, 이메일, 온라인 데이트를 즐겼고 기다릴 필요 없이 무료 당일 배송으로 지금 당장 모두 손에 넣을 수 있었다! 이 시기 성인이 된 세대는 이 모든 것에 영향을 받았다.

1980년대 초반에서 2000년대 초반 사이에 태어난 Y세대는 21세기에 성인이 된 최초의 세대로 밀레니얼 세대라고도 불린다.

그들은 인터넷, 스마트폰, 소셜미디어를 즐기며 자란 첫 번째 세대다. 밀레니얼 세대는 깊이가 없고 게으르며 버릇없다고 평가받는다. 하지만 이런 비난이 새롭지는 않다. 어느 세대나 다음 세대를 비슷한 방식으로 비난한다. '요즘 애들'이라는 말은 옛날에도 있었고 지금도 있으며 앞으로도 영원히 없어지지 않을 것이다.

젊음이라는 고유의 본성에 따라 모든 세대는 젊은 시절에 비슷한 성향을 보인다. 머리가 하얗게 센 어른들의 조언을 거부하고, 새로운 아이디어와 신기술을 더 빨리 받아들이며, 자신의 고유한 정체성을 세상에 드러내고자 한다. 기성세대는 그들을 이해하지 못하고 전통적인 방식을 깨뜨리는 위협적인 존재로 바라본다. 베이비붐 세대, 심지어 일부 초기 X세대가 밀레니얼 세대를 향해 보이는 반응도 이와 다르지 않다.

각 세대를 일반화할 수 없다고 생각하는 사람도 있겠지만 인격 형성기에 어떤 경험을 했는지에 따라 개인과 집단의 정체성이 형성되는 것은 사실이다. 물론 규칙에는 항상 예외가 있고 일부 사람이 주장하듯 세대의 경계가 그렇게까지 고정적이지는 않다. 그러나 베트남 전쟁이나 9·11 테러와 같은 대변동이 일어나고 전구나 인터넷처럼 혁신적인 기술이 등장하면 그 시대 사람들은 사회적으로 영향을 받을 수밖에 없다. 그 영향은 여러 요인에 따라 달라지는데 그중 나이가 큰 역할을 한다. 예를 들어 1930년대와 1940년대에 어린 시절을 보내며 대공황으로 가난을 겪고 제2차 세계대전으로 물자를 배급받은 세대는 검소하고 보수적인 성향을 평생 유지한다. 어떤 사람은 치약을 마지막까지 꾹꾹 짜내기도 하고 또 어떤 사람은 쿠폰을 오려 모은다. 구체적인 행동은 각기 다르지만 비슷한 패턴이 나타날 때는 원천이 같은 경우가 많다. 그들 모두 인격 형성기에 경제적인 어려움을 어느 정도 겪었다는 사실이다.

밀레니얼 세대는 이전 세대들과 마찬가지로 어린 시절에 일어난 주요 사건과 그 시기에 발달한 기술에 영향을 받았다. 그 결과 밀레니얼 세대를 향한 새롭고도 구체적인 불평이 여기저기서 들려온다. 단순히 "애들이 원래 그렇지 뭐"하며 쉽게 넘길 수 없는 내용들이다. 그동안 기성세대가 젊은 세대에게 흔히 보여온 불만을 넘어선다. 이는 밀레니얼 세대가 직장에서 보이는 행동이나 수행 능력과 밀접하다. 관리자급들은 밀레니얼 세대 직원들이 의사소통 능력이 떨어지고, 주도성이 부족하며, 비판적인 피드백을 받아들이지 못하고, 참을성이 부족하고, 헌신하지 못하며, 특히 특권 의식이 있다고 비판한다.

내가 들은 수많은 밀레니얼 세대 직원의 이야기 가운데 이 특권 의식을 가장 완벽하게 보여주는 이야기가 하나 있다. 코트니라는 젊은 신입 직원이 시간제 개인 비서로 입사했다. 그녀는 사무실에서 일하며 시간당 20달러를 받았고 가끔 커피를 사오거나 점심을 포장해오러 나가기도 했다. 코트니는 공연 예술가이기도 했는데, 이 사실을 알게 된 그녀의 상사는 그녀에게 일이 없을 때 인터넷으로 오디션을 알아봐도 좋다고 했다. 원한다면 회사에서 책을 읽고 소셜미디어에 접속하거나 영화를 볼 수도 있었다. 돈을 받고 일하는 회사에서 보내는 시간 대부분을 자신이 원하는 일을 하며 보낼 수 있었다는 뜻이다. 게다가 출퇴근 시간도 탄력적이었다. 그녀는 오디션과 리허설 일정에 따라 근무일과 근무 시간을 선택할 수 있었다. 그렇게 어느 정도 시간이 흐른 어느 날 그녀는 시급을 30달러로 올려달라고 했다. 임금을 50퍼센트 인상해달라는 요구에 이렇게 한마디를 붙였다. "저는 그만큼 받을 가치가 있다고 생각해요." 그 길로 그녀는 해고당했다.

이는 특별한 이야기가 아니다. 사원급 밀레니얼 세대 직원들이 터무니없는 요구를 한다고 느끼는 관리자가 매우 많다. 크고 작은 회사의 관리자들과 이야기를 나눠보면 밀레니얼 세대 직원들은 근거 없는 임금 인상뿐 아니라 조기 승진을 요구하고 근무 일정을 개인 일정에 맞추려 한다거나 고위 임원을 자유롭게 만나게 해달라고 요구하기도 한다.

하지만 내가 만나본 수많은 밀레니얼 세대는 약간 다른 관점으로 세상을 바라보고 있었다. 그들 대다수는 밀레니얼 세대의 전형적인 이미지가 모두 근거 없는 이야기는 아니라고 인정한다. 최소한 다른 세대와 비교했을 때는 그렇다고 생각한다. 여론조사업체 퓨리서치센터^{Pew Research Center} 조사 결과에 따르면 젊은 세대 대다수는 기성세대가 자신들보다 직업의식이 강하고, 도덕적 기준이 높으며, 다른 사람들을 존중한다고 여긴다. 또한 내가 만난 밀레니얼 세대는 자신들이 싫증을 잘 내는 성격이라며 한 회사에서 평생 일하고 싶은 마음이 없다고 말했다. 하지만 그들 대부분은 열심히 일하고 싶어 하며 그렇게 할 의지가 있다. 이것은 그들의 기업가 정신에서 가장 눈에 띄게 나타난다. 밀레니얼 세대는 기성세대보다 훨씬 어린 나이에 사업을 시작한다. 베이비붐 세대의 창업 평균 연령이 35세인데 비해 밀레니얼 세대는 27세다.

직업의식이 부족하다고 평가받으면 밀레니얼 세대는 자신들이 시간과 생산성의 관계를 상사들과 다르게 보기 때문이라고 대응한다. 밀레니얼 세대는 특정한 시간에 사무실에서 근무할 필요가 없다. 기술이 발전해 원하는 시간에 원하는 장소에서 일할 수 있기 때문이다. 기성세대는 사무실 책상에 발 묶인 채 인생의 즐거움을 놓쳤지만 밀레니얼 세대는 일과 삶을 양립할 방법을 찾았다. 그들은 일반적으로 베이비붐 세대 상사들보다 기술적 지식이 뛰어나고 온라인 활동에 능숙하다. 역사상 가장 수준 높은 교육을 받은 세대이기도 하다. 그런 그들이 특권 의식을 느끼면 안 되는 이유가 무엇인가? 돈을 더 많이 벌고, 더 큰 책임을 맡고, 더 빨리 승진하면 안 될 이유가 있는가?

여러 행사에 다니다 보면 밀레니얼 세대에 관해 질문받지 않는 일이 드물다. 밀레니얼 세대를 고용한 수많은 사람이 직장의 막내 직원들을 어떻게 이끌어야 할지 고민한다. 그들은 밀레니얼 세대가 일을 처리하는 판단력이 부족하고, 글쓰기 실력이 형편없으며, 조기 승진을 원한다고 불평한다. 또 상황이 원하는 대로 풀리지 않으면 회사를 그만둔다고 분노한다.

하지만 칼에는 양날이 있는 법이다. 밀레니얼 세대도 상사에게 불만을 표한다. 상사가 자기를 이해하지 못하고, 젊은 사람의 생활방식을 받아들이지 못하며, 충분히 피드백하지 않고, 능력을 발휘할 기회를 주지 않고, 일을 잘해도 인정해주지 않는다고 분통해한다. 그들은 자신이 일하는 회사가 더 위대한 대의를 실현하길 원한다. 성취감을 느끼고 세상에 긍정적인 영향을 미치며 회사에서 그런 근무 환경을 제공해주길 바란다.

어느 쪽이 옳은지 따지기 시작하면 한도 끝도 없다. 내가 밀레니얼 세대의 특성을 부정적으로만 이야기한다면 X세대와 베이비붐 세대는 대부분 동의하며 고개를 끄덕일 테지만, 밀레니얼 세대는 과도한 일반화라며 비난을 퍼부을 것이다. 반면 밀레니얼 세대를 칭송하며 그들이 하는 모든 일을 장점으로만 바라본다면 이를 두고 과도한 일반화라고 비난할 밀레니얼 세대는 거의 없을 것이다. 하지만 X세대와 베이비붐 세대는 얼굴을 찌푸리며 나를 밀레니얼 세대의 대변인으로 여길 것이다. 두 세대가 각자 겪어온 경험에 미루어보면 양쪽 입장 모두 일리가 있다. 어떤 렌즈를 통해 세상을 바라보든 우리가 해야 할 일은 현재 일어나는 일을 이해하고자 노력하고 거기서 얻은 통찰력을 기반으로 행동하는 것이다. 밀레니얼 세대가 그들만의 특성을 형성하게 된 요인을 이해하려 노력해야 하며 양쪽 모두 그 노력의 가치를 인정해야 한다. 그래야 관리자들은 밀레니얼 세대 직원들을 더 잘 이끌 수 있고, 밀레니얼 세대는 직장에서 찾기 어려웠던 직업적 성취감을 느낄 수 있다.

밀레니얼 세대는 성장 과정에서 세 가지 중요한 요소에 크게 영향을 받았고 그 영향은 앞으로도 계속될 것으로 보인다. 바로 부모의 과잉보호, 기술의 보편화, 즉각적인 만족감을 얻는 다양한 기회다. 현재 그들이 일하는 직장 환경에서 이 세 가지 요소는 모두 부정적인 영향을 가져올 수 있으며 때로는 이 때문에 갈등이 일어나기도 한다.

◆ 흙을 먹어라, 몸에 좋으니 ◆

모든 부모가 심각하게 고민하는 중요한 문제가 하나 있다. 바로 자녀의 인생에 적극적으로 뛰어들어 문제를 해결하도록 도와줘야 할지, 아니면 그들이 쓰러지고 실패하더라도 스스로 헤쳐나가도록 내버려둘지 결정하는 일이다. 한쪽은 사랑과 격려를 전하는 방법이고 다른 한쪽은 자립심과 근성을 키워주는 방법이다. 양쪽 모두 중요하다. 하지만 밀레니얼 세대의 부모는 자녀의 응석을 지나치게 받아주는 실수를 저질렀고, 그 결과 의도치 않게 양쪽의 균형이 깨졌다는 증거가 점점 많이 나타나고 있다.

모든 부모는 세상의 온갖 위험에서 아이를 보호하고자 한다. 특히 나쁜 사람들, 뾰족한 물건, 뜨거운 물건을 조심시킨다. 또 강력하지만 눈에 보이지 않는 적인 박테리아를 주의시킨다. 퓨렐 같은 소독제가 있어 끔찍한 병균을 모두 죽일 수 있다니 얼마나 다행인가. 휴대용 크기로 생산되는 소독제 덕분에 우리는 아이들이 나뭇가지를 만지고, 엘리베이터 버튼을 누르고, 정글짐에서 놀며 다른 아이들이 잡은 물건을 만진 뒤에도 손을 소독해줄 수 있다. 그런데 꼭 그래야 할까? 과학 전문 저널 『사이언스』*Science* 2015년 9월호에 따르면 살균 소독이 덜 된 환경에서 이른 나이에 동물, 식물, 흙, 미생물에 노출된 어린이들은 알레르기가 생길 확률이 낮았다. 아이들을 과도하게 보호하는 것보다 내버려두는 것이 나을 때도 있다는 뜻이다.

밀레니얼 세대의 부모는 자신이 삶의 여러 측면에서 자녀를 과잉보호했다는 사실을 인정한다. 흔히 전문직에 종사하고 금전적인 여유가 있는 소위 '헬리콥터 부모'는 놀이터에서 놀다가 감기에라도 걸리지 않도록 최선을 다해 아이들을 키웠다. 아이들의 몸과 마음이 다치지 않도록, 나아가 학교에서 성적을 잘 받도록 가능한 모든 일을 했다. 내가 아는 한 엄마는 걸음마를 배우는 아이에게 무릎 보호대를 채웠다. 이 외에도 교사에게 찾아가 자기 아이의 성적을 올려달라고 요구하는 부모, 아이 친구의 생일 파티 초대장을 얻어다주는 부모, 수험생 자녀의 대입 입시용 자기소개서를 대신 써주는 부모 등 과잉보호와 관련된 이야기가 넘쳐난다.

교사, 인생 코치, 의사, 심리 상담사는 대부분 부모의 관여가 매우 바람직하다고 말한다. 하지만 이 모든 것은 균형이 맞아야 한다. 부모가 자녀에게 관여하는 수준이 너무 낮으면 문제가 생긴다. 너무 높아도 마찬가지다. 헬리콥터 부모는 자녀가 기대에 못 미치는 성적을 받았다며 쫓아가서 항의하고, 잘 맞지 않는 아이들끼리 붙여놓고 친하게 지내기를 강요하고, 아이가 해야 할 일을 대신해줬다. 자신의 행동이 아이들에게 장기적으로 어떤 영향을 미칠지 고려하지 않은 채 단기적인 도움만 줬다. 제시카 레이히Jessica Lahey는 저서 『실패의 선물』The Gift of Failure에서 자신의 자녀들을 이야기하며 이렇게 고백한다. "나는 모든 자료를 조사하고 완벽하게 계획해 매우 성공적으로 아이들이 어린 시절을 편안히 보내게 해줬다. 하지만 그러느라 세상에 적응하는 적합한 방법을 가르치는 데는 실패했다."

스탠퍼드 대학교 상담부서 학장이었던 줄리 리스콧-해임스 Julie Lythcott-Haims는 저서 『헬리콥터 부모가 자녀를 망친다』How to Raise an Adult에서 대학 캠퍼스에 나타나는 학부모가 늘어나는 현상을 다룬다. 자녀를 대학에 보낸 뒤에도 자녀 곁을 맴도는 부모의 이야기를 다룬 사람은 그녀뿐이 아니다. 성인으로서 독립적인 삶을 시작하는 전환기인 대학 시절에도 이런 현상이 일어나고 있다. 아들을 매일 아침 수업에 늦지 않게 깨워주기 위해 기숙사 방에 웹캠을 설치한 부모도 있었다.

리스콧-해임스는 대학생 나이에 이르러서도 부모에게 과도하게 의존하는 학생들의 불편한 초상을 보여준다. 이들은 공과

금을 내고 세탁기를 돌리거나 간단한 결정을 내리는 일조차 혼자서 하기 어려워한다. 그렇게 부모의 과잉보호를 받고 자란 결과 실패를 두려워하고, 갈등이 있거나 좌절했을 때 어떻게 대처해야 할지 모르는 사람이 됐다. 그녀는 인생의 평범한 우여곡절조차 제대로 처리하지 못하는 그들을 향해 이렇게 말한다. "그들은 엄마 아빠 옆에 서서 그저 지켜보기만 하는 것 같다." 그리고 그 상태로 대학을 졸업하고 회사에 들어간다.

리스콧-해임스는 밀레니얼 세대 직원들이 미숙하고 자발성이 부족하며 일을 제대로 처리하지 못한다고 불평하는 수많은 관리자의 주장에 어느 정도 신빙성을 더한다. 그녀는 또한 자신이 관찰한 바를 바탕으로 왜 밀레니얼 세대가 회사에서 제대로 조언을 받지 못한다거나 상사에게 방향성을 충분히 제시받지 못한다고 느끼는지 설명한다. 동전의 양면과 같다. 밀레니얼 세대 대다수가 자라며 부모의 도움을 받았고, 이제 그 도움을 상사에게서 받길 원하기 때문이다.

버진그룹Virgin Group 리처드 브랜슨Richard Branson 회장이 어릴 때 경험한 일과 비교해보자. 그의 어머니 이브 브랜슨Eve Branson은 『타임』Time과의 인터뷰에서 리처드가 일곱 살 때 극심했던 수줍음을 어떻게 극복하도록 도왔는지 이야기했다. 어느 날 옆 동네에 갔다가 집으로 돌아오는 차 안에서 이브는 집에서 약 5킬로미터 떨어진 곳에 차를 세우고 리처드에게 내리라고 말했다. "여기부터 집까지 걸어와. 사람들한테 길을 물어서 집에 찾아와 봐."리처드는 10시간이 지난 뒤 집으로 돌아왔다. 이브의 설명에 따르면 리처드가 집으로 돌아오는 길에 보이는 모든 벌레와 돌멩이를 관찰하느라 그렇게 오래 걸렸다고 한다. 그 뒤에 그가 어떻게 됐는지는 모두 잘 안다. 브랜슨은 세계적으로 큰 성공을 거둔 유명한 사업가가 됐다.

기사를 쓰기 위해 브랜슨의 어머니를 인터뷰한 메리 마지오 Mary Mazzio는 〈레몬에이드 이야기〉Lemonade Stories라는 다큐멘터리를 제작해 이브를 비롯한 다른 성공한 사업가의 어머니들이 자녀를 어떻게 교육했는지 다뤘다. 마지오는 자기 자신도 자녀를 둔 엄마로서 그들의 이야기를 듣고 깊이 감명받았다고 했다. 그녀는 이렇게 말했다. "아이들을 사업가 정신이 투철하고, 주도성 강하고, 혁신적이고, 진정 독립적인 어른으로 키우고 싶다면 한 걸음 물러나 사랑스러운 우리 아이들이 때로는 실수를 저지르고 넘어지기도 하도록 내버려둬야 해요." 이는 지금 가장 어린 세대인 Z세대를 키우는 부모에게는 혁신적인 조언이 되겠지만 이미 성인이 되어 사회에 진출한 밀레니얼 세대에게는 너무 늦은 이야기다.

너새니얼 브랜든Nathaniel Branden은 1969년 저서 『자존감의 심리학』The Psychology of Self-Esteem에서 이렇게 주장한다. "자존감이 높은 사람일수록 목표를 더 높이 설정하고 더 어려운 과제에 도전하는 경향이 있다." 베이비붐 세대 부모들은 미래의 성공을 여는 열쇠가 자존감이라는 생각에 동의했다. 이어 '자존감 운동'Self-

Esteem Movement이 등장했고 1980년대에 절정을 이뤘다. 실패를 피하고 비판받지 않도록 보호받던 밀레니얼 세대는 이제 지나친 긍정주의의 영향까지 받게 됐다.

안타깝게도 부모들은 의도하지는 않았지만 상황을 과도하게 단순화하는 실수를 저질렀다. 브랜든과 같은 사람들은 상호의존적인 자신감을 가리키며 인내, 자기 책임, 문제 해결 능력과 같은 특성을 키워야 한다고 말했으나 대부분 부모는 언어적인 칭찬과 외적 보상을 위주로 자신감을 심어주려 했다. 아이들에게 끊임없이 "너는 특별한 존재다. 네가 원하는 건 뭐든 다 할 수 있다. 너는 반드시 엄청난 일을 해낼 것이다"라고 말하는 부모가 많았다. 모두 승자였다. 경주에서 1등을 하면 트로피를 받았다. 꼴등을 해도 트로피를 받았다. 모두에게 트로피가 준비되어 있었다!

당연히 자신감은 중요하며 긍정적인 확언으로 자신감을 키울 수 있다는 사실은 의심할 여지가 없다. 하지만 아무리 좋더라도 적당해야 한다. 레드 와인을 매일 한 잔씩 마시는 일은 건강에 좋지만 매일 한 병씩 마시면 좋지 않다. 마찬가지로 긍정적이고 확실한 말로 아이의 재능을 인정해주고 아이가 도전하도록 용기를 북돋으면 아이들에게 좋다. 그렇다고 해서 매사에 아이에게 "넌 뭐든지 잘하는구나!"라고 말하는 일이 좋을 수만은 없다. 외적 보상의 사용과 남용에도 같은 논리가 적용된다. 상을 주는 것은 좋다. 하지만 모든 참가자에게 상을 주는 것이 반드시 더 좋지는 않다.

참가하기만 해도 상을 받는 일은 밀레니얼 세대가 어린 시절 겪은 특징 중 하나였다. 참가상을 주는 의도는 아이들의 자신감을 키워주고 그들이 '난 그런 거 잘 못 해'라고 생각하며 지레 포기하는 일 없이 적극적으로 도전하도록 격려하는 것이다. 그런데 안타깝게도 예상 효과보다 의도치 않은 결과가 크게 나타났다. 연구에 따르면 외적 보상을 많이 준다고 해서 내적 동기가 더 커지지는 않았다. 오히려 반대로 내적 동기가 감소했다. 아이들뿐 아니라 우리 모두 외적 보상으로는 장기적으로 동기를 부여받지 못한다. 기껏해야 단기적인 독려에 그칠 뿐이다. 아이들이 오로지 보상을 받기 위해 어떤 행동을 한다면 보상이 사라진 다음에는 이전보다 그 행동에 흥미를 잃게 된다. 이와 마찬가지로 직장에서 목표를 달성하면 상여금을 지급하는 일처럼 도파민을 주는 외적 보상을 주요 보상 수단으로 사용하면 신뢰나 충성심, 헌신하려는 마음이 생기지 않는다.

참가하는 일만으로 보상을 주면 또 다른 역효과도 나타난다. 아이들이 역경을 겪고 실패하면서 회복 탄력성을 키울 기회를 얻지 못할 뿐 아니라 상황에 안주하게 되고 자신감이 지나치게 커진다. 참가만으로 보상받는 상황에서는 일을 양적으로나 질적으로 잘해내도록 이끌기 어렵다는 연구도 있다. 밀레니얼 세대의 특권 의식이란 사실 그들이 어릴 때 경험한 일과 성인이 된 후 직장에서 겪는 일의 괴리감을 뜻하는 것일 수 있다. 현실 세계에서는 꼴찌에게 상을 주지 않는다. 1등을 해도 아무것도 받지 못하는 경우도 있다.

밀레니얼 세대 중에는 잘못을 저질렀을 때 자신의 행동을 책임져야 한다는 점을 미처 배우지 못한 사람도 많다. 교사들에게 교수법을 가르치는 한 경험 많은 교사에게 이런 이야기를 들었다. 한 신입 교사가 수업을 하는데 교실에서 학생들 사이에 싸움이 생겼다. 교사는 싸움을 말려 상황을 정리하고는 그 사실을 교장에게 보고하지 않았다. 다음 날, 싸움에 휘말렸던 학생의 부모가 찾아와 수업 당시 교실에서 질서를 찾아볼 수 없었다며 학교에 문제를 제기했다. 경험 많은 교사였다면 자신을 보호할 방법을 찾았을지 모르지만 1년 차 교사였던 그는 해고당하고 말았다. 그 사건은 이후로도 그의 경력에 따라붙을 흠집으로 남았다. 반면 싸운 당사자였던 학생은 어떤 부정적인 영향도 받지 않았다. 그의 부모는 '내 아이에겐 아무 잘못도 없다'라고 생각하고 아이에게 책임을 묻기도 전에 학교와 교사를 비난했다.

이런 이야기를 들으면 밀레니얼 세대가 어떤 환경에서 자랐는지 이해된다. 상사들 눈에는 그들이 왜 그렇게 인정받으려 드는 것처럼 보이는지도 짐작된다. 또 그들이 직장에서 비판받는 일을 잘 견디지 못하는 이유도 알 수 있다. 그들은 자신이 특별한 존재라고 여기며 자랐고, 조금이라도 힘들거나 좌절할 만한 일이 있을 때면 발 벗고 나서주는 부모의 지지를 받으며 부모가 시키는 대로 따랐고, 주기적으로 칭찬과 보상을 받는 일에 익숙하다. 그런데 직장에서는 이 모든 것이 주어지지 않는다. 직장에서 그들은 더 이상 특별한 존재가 아니다. 부모가 그들을 승진시켜줄 수도 없다. 상사는 그들에게 칭찬을 베풀지 않으며 모든 면에서 이끌고 설명해주지도 않는다. 그들이 자신감을 형성해온 방식이 직장에서는 통하지 않는다.

밀레니얼 세대는 상사에게서 필요한 것을 얻을 수 없다는 사실을 깨닫고 현실을 극복하거나 자기 경험을 표현하기 위해 온라인 활동에 의존한다. 친구에게 메시지를 보내고 일상에서 인스타그램이나 스냅챗에 올릴 만한 것이 없는지 찾거나 다른 사람들은 어떻게 지내는지 보면서 잠시 휴식을 취한다. 하지만 이렇게 기술을 잘 활용하는 능력이 오히려 상황을 악화시키기도 한다.

◆ 주의가 산만한 세대 ◆

고도 약 11킬로미터 상공에서 시속 약 840킬로미터로 뉴욕에서 시애틀로 가는 비행기에 탑승했다고 상상해보자. 기내는 아주 조용하다. 난기류도 없다. 날씨가 맑고 기장은 비행이 원활하리라 예측한다. 기장과 부기장 모두 아주 오랫동안 경험을 쌓아온 능숙한 조종사이며 비행기 역시 최신 항공 장비와 경보 장치를 갖췄다. 연방항공청 규정에 따라 두 조종사는 다양한 긴급 상황에 대처할 수 있도록 1년에 몇 차례 항공사의 모의 훈련 장치로 모의 비행을 한다. 그곳에서 약 160킬로미터 떨어진 지점에 있는 창문도 없는 건물의 어두운 방 안에는 10년 차 항공 관제사가 담당 구역 전체의 항공 교통 상황을 주시하고 있다. 당신이 탄 비행기는 지금 그의 담당 구역에 있다.

이제 관제사 옆에 휴대전화가 있다고 상상해보자. 업무 중 통화는 금지됐지만 문자 메시지를 주고받거나 이메일을 확인할 수는 있었다. 그가 당신이 탄 비행기에 좌표를 전송하고, 메시지를 확인하고, 다른 비행기에 좌표를 전송하고, 또 메시지를 확인한다고 상상해보라. 어떤가?

이 이야기를 듣고 마음 편할 사람은 거의 없을 것이다. 우리는 항공 관제사가 근무 시간이 아닌 쉬는 시간에 이메일이나 메시지를 확인하길 바란다. 항공 관제사에게 근무 중 인터넷에 접속하거나 휴대전화를 사용하는 일을 금지한다면 훨씬 안심될 것이다. 실제로는 그렇다. 목숨이 걸린 문제이므로 우리는 이를 아주 극명한 이야기로 받아들인다. 그렇다면 왜 삶과 죽음을 가르는 문제가 아닐 때는 집중력이 흐트러져도 된다고 생각하는가? 일하다가 휴대전화를 확인하고, 글을 한 문단 쓰고 문자 메시지를 보내고, 한 문단 더 쓰고 또 문자 메시지를 보내는 일은 왜 가능하다고 생각하는가?

밀레니얼 세대는 자라면서 이 모든 신기술을 접했기 때문에 다른 세대보다 멀티태스킹에 능하다고 여기며 여러 기기를 동시에 사용한다. 다큐멘터리 시리즈 〈프런트라인〉Frontline의 '디지털 국가' 편에서는 대학생들이 사람들과 있을 때나 수업 시간에 멀티태스킹을 하는 일에 대해 이야기한다. 한 학생은 이렇게 말한다. "한 친구랑 이야기하면서 다른 친구와 이야기하고, 또 다른 친구에게 내일 저녁 뭘 할 건지 이메일로 물어요. 학교에서도 마찬가지예요. 수업을 들으면서 교수님께 집중하고, 동시에 다른 교수님께 이메일을 보내면서 인터넷으로 뭔가를 찾죠."

밀레니얼 세대는 이렇게 하면 생산성이 높아진다고 생각하며 이런 행동이 용인돼야 한다고 생각한다. 이 다큐멘터리에 나온 또 다른 학생은 이렇게 말한다. "교수님들도 우리가 멀티태스킹을 잘한다는 걸 인정해주셔야 해요."

밀레니얼 세대는 자신이 멀티태스킹을 잘한다고 생각하고 다른 세대도 그에 동의하지만 과학자들은 다르게 말한다. 뇌과학자들에 따르면 진정한 멀티태스킹이란 실제로 존재하지 않는다. 우리가 하는 일은 멀티태스킹이 아니라 '정신 저글링', 즉 여러 일을 빠르게 전환하는 것이다. 다시 말해 우리는 한 번에 두 가지 일을 하는 것이 아니라 둘 사이를 왔다 갔다 한다. 이는 멀티태스킹과 완전히 다르다. 멀티태스킹을 하는 사람들의 생각과 달리 한 가지 일에서 다른 일로 전환하는 것은 그렇게 빠르고 원활하지 않다. 복잡한 일이면 더욱 그렇다. 우리 뇌는 새로운 일을 시작하고 하던 일로 돌아가고, 또 새로운 일을 시작하고 하던 일로 돌아가는 데 시간이 걸린다. 멀티태스킹은 더 빠르고 효율적인 방법이 아니다. 사실상 더 느린 방법이다.

미국심리학회American Psychological Association에 따르면 여러 업무를 전환해가며 일을 처리하는 경우 생산성이 40퍼센트 떨어진다.

캘리포니아 대학교 어바인 캠퍼스 University of California Irvine 연구자들이 직장인 행동을 다룬 연구에서도 비슷한 결과가 나왔다. 일하던 직원이 방해받으면 원래 업무로 돌아가는 데 평균 23분이 걸렸다. 직장인이 평균 3분에 한 번씩 방해받는다면 어떻게 될까? 문자 메시지나 이메일 알림과 같은 외부 방해 요소가 많아질수록 자기 자신을 더 많이 방해하게 된다. 한참 일하다 이메일을 확인한다거나 아무런 알림도 울리지 않은 휴대전화를 확인하는 식이다. 다시 말해 방해는 더 큰 방해를 불러온다. 방해를 많이 받을수록 집중력이 떨어지고 깊게 생각할 기회를 놓칠 뿐 아니라 일을 완료하는 시점이 지연되고 압박감과 스트레스가 커진다. 그러면 스트레스와 압박감을 더 크게 느끼게 된다.

여러 일을 전환해가며 처리할 때의 문제는 생산성뿐 아니다. 스탠퍼드 대학교에서 대학생을 주제로 연구한 결과에 따르면, 멀티태스킹을 자주 한다고 응답한 사람은 멀티태스킹을 자주 하지 않는다고 응답한 사람보다 실수가 잦았고 기억력이 떨어졌다. 같은 대학에서 수행한 다른 연구에서는 멀티태스킹을 자주 하는 사람은 분석 추론 능력이 떨어진다는 결과가 나왔다. MIT 데이비드 존스 David Jones 교수는 수업 시간에 비슷한 패턴을 관찰했다. 그가 가르치는 학생들이 전반적으로 실력을 제대로 발휘하지 못하고 있다는 점이었다. 그는 이렇게 말했다. "학생들이 멍청해서가 아닙니다. 열심히 하지 않아서 그런 것도 아니죠. 비효율적인 방법으로 노력하기 때문이에요. 그들은 주변 모든 것에 방해받아 주의가 산만한 상태입니다."

증거는 명확하다. 아주 드물게 예외가 있을 수는 있지만 흔히 생각하듯 멀티태스킹을 잘하는 사람은 생산성이 높다는 생각은 틀렸다. 멀티태스킹을 잘하는 사람은 그저 주의를 잘 흩뜨릴 뿐이다.

주의력 결핍 과잉 행동 장애, 즉 ADHD로 진단받은 어린이와 청년이 2000년에서 2010년 사이 66퍼센트 증가했고, 2011년에서 2014년까지도 증가세를 이어나갔다. 왜 10년 사이 갑자기 이 전두엽 기능 장애가 폭발적으로 늘어났을까? 미국 질병통제예방센터CDC, Centers for Disease Control and Prevention 정의에 따르면 ADHD 환자는 집중하기 어려워하고, 충동적인 행동을 억제하지 못하며(결과를 생각하지 않고 행동하기도 하고), 지나치게 활동적인 증세를 보인다.

단순히 이전 세대보다 ADHD를 앓는 사람이 늘어 폭발적인 증가세가 나타났을지도 모르지만 그렇지 않을 수도 있다. 자녀에게 ADHD 검사를 받게 하는 부모가 늘어서일지도 모르지만 역시 그 때문이 아닐 수도 있다. 실제 ADHD 사례가 늘었겠지만 이 같은 폭발적 증가는 오진처럼 단순한 이유 때문일지도 모른다. 나는 요즘 젊은 사람들이 주의를 산만하게 하는 일에 중독되고 있다고 생각한다. 도파민 효과를 주는 디지털 기술과 온라인 활동에 중독되어 주의가 산만해졌을 수도 있다.

술이나 담배, 도박에 중독된 사람처럼 우리는 문자 메시지,

'좋아요' 혹은 이메일 알림을 향한 갈망에 저항하기 어려워한다. 운전하다가도 휴대전화에서 소리가 나면 위험하다는 사실을 알면서도 즉시 누가 메시지를 보냈는지 확인해야만 한다. 책상에 놓인 휴대전화가 진동하면 마감일이 다가오고 있다는 사실을 알면서도 집중하기를 그만두고 당장 화면을 켜야 직성이 풀린다. 이메일 서버가 작동하지 않거나 휴대전화를 집에 두고 나오면 불안해진다. 단순히 중독된 것처럼 보이는 것이 아니라 실제로 중독됐을지도 모른다. 생물학적 현상으로 보면 그렇기 때문이다.

휴대전화에서 소리가 나고, 진동이 울리고, 화면이 켜지면 몸에서 도파민이 분비되고 기분이 좋아진다. 우리는 페이스북이나 인스타그램에 누군가 댓글을 달았다는 알림이 울릴 때의 느낌을 좋아한다. 약간 울적하거나 외로울 때, 최소한 한 명은 바로 답장을 보내겠지 하는 마음으로 여러 친구에게 빠르게 메시지를 보내기도 한다. 답장이 오면 몸에 도파민이 약간 돌아 기분이 좋아질 것이기 때문이다. 하지만 도파민이 사라지고 나면 원래 기분으로 돌아간다. 그리고 또다시 도파민이 분비되길 갈망한다. 이런 작용은 특히 청소년의 뇌에 위험하다.

우리 사회에서는 알코올, 담배, 도박에 나이를 엄격하게 제한한다. 청소년은 뇌 발달과 신경 회로 형성이 활발하게 이뤄지므로 성인보다 중독에 빠지기 쉽다. 15세 이전에 술을 접한 청소년 중 40퍼센트 이상이 훗날 알코올 중독자가 된다. 그리고 성인

알코올 중독자 중 40퍼센트 이상이 15세에서 19세 사이에 정기적으로 술을 마셨다고 말한다.

뇌과학자들에 따르면 청소년은 성인보다 도파민이 더 많이 분비돼야 성인과 같은 수준의 자극을 느낄 수 있다. 청소년이 성인과 같은 효과를 누리려면 더 높은 수준으로 도파민에 탐닉해야 한다는 뜻이다. 하지만 미국에서는 디지털 중독에 대해 사회적 인식이 부족한 탓에 청소년들의 디지털 활동을 제한하기 위한 노력이 이뤄지지 않고 있다. 부모들은 아이들이 화면 앞에서 보내는 시간이 너무 길어 심각하게 염려하면서도 아이들 손에서 디지털 기기를 빼앗지는 않는 듯하다. 퓨리서치센터 조사 결과에 따르면, 2015년 13세에서 17세 사이의 청소년 중 88퍼센트가 휴대전화나 스마트폰을 소유했다. 2013년 조사 결과와 비교하면 두 배 이상 늘어난 수치다. 그런데도 정부는 이 간극을 좁히기 위해 아무런 노력도 하지 않고 있다.

중국과 한국에서는 인터넷 중독을 사회적으로 인식하고 있으며, 특히 한국에서는 이를 정신질환으로 분류한다. 이에 따라 한국 정부에서는 청소년을 위해 '인터넷 치유 캠프' 프로그램을 운영한다. 이 캠프에서 청소년들은 일종의 디톡스를 경험한다. 이들은 스마트 기기를 멀리 치우고 심리 상담을 받는다. 한국의 학교들도 디지털 중독을 예방하기 위해 적극적으로 노력한다. 학생들은 초등학교 2학년 때부터 올바른 컴퓨터 사용 방법과 건강한 인터넷 사용 습관을 배운다. 미국에는 이런 정부 지원이 없다.

1998년 어린이 온라인 사생활 보호법^{COPPA, Children's Online Privacy} Protection Act of 1998이 제정된 이후 의도하지는 않았지만 13세 미만 어린이가 중독성 강한 온라인 활동을 하지 못하게 되는 효과가 있었다. 하지만 이 법이 제정된 목적은 이름에서도 알 수 있듯 웹사이트나 앱에서 어린이의 개인 정보를 수집하지 못하도록 보호하는 것이다. 많은 소셜미디어 사이트에서 13세 미만 어린이에게 계정을 만들지 못하게 하고 있지만, 이는 이 법을 준수하지 않았을 때 발생하는 비용과 각종 문제를 피하기 위해서인 경우가 많다. 유튜브 같은 몇몇 서비스에서는 18세 이상만 계정을 만들 수 있지만, 이런 규정은 보통 어린이와 청소년이 부적절한 정보에 노출되지 않도록 보호하기 위해 만들어진다. 게다가 부모에게 허락받거나 단순히 18세 이상임을 확인한다는 버튼만 클릭하면 규제를 피할 수 있다. 현재 13세에서 18세 청소년들은 인생에서 가장 중독에 취약한 시기에 도파민 보상이 따르는 중독성 강한 온라인 활동과 각종 디지털 기기에 무방비 상태로 노출되어 있다. 물론 스마트폰을 사용하거나 소셜미디어 활동을 하는 모든 청소년이 중독되지는 않겠지만 위험은 확실히 존재하며 그 정도도 심각하다. 그리고 중독되지 않는다 하더라도 아직 발달하고 있는 청소년의 뇌가 이에 영향을 받으리라는 사실은 자명하다.

캘리포니아 대학교 로스앤젤레스 캠퍼스^{UCLA} 시멜 연구소^{Semel} ^{Institute}의 한 선도적인 신경과학자는 이렇게 말한다. "청소년기에 어떤 활동을 하며 시간을 보냈는지는 앞으로 평생 뇌가 작동하는 방향에 중대한 영향을 미친다." 그렇다면 최선의 경우 소셜미디어, 스마트폰 그리고 다른 기기에서 얻을 수 있는 장점이 단점보다 큰 방향으로 청소년들의 뇌가 바뀔 것이다. 최악의 경우 성인으로서 스트레스에 대처하는 기술을 익히지 못한 사람이 비정상적으로 많은 세대가 나올 것이다. 안타깝게도 이미 그 방향으로 흘러가고 있다는 증거가 제시되고 있다.

아주 어릴 때 부모에게서 필요한 인정이 사춘기를 겪으며 친구에게로 옮겨간다. 인생에서 스트레스가 매우 크고 불안한 시기인 사춘기에 우리는 이 전환을 경험하며 스트레스에 잘 대처하기 위해 친구에게 의지하는 법을 반드시 배워야 한다. 부모로서는 자녀가 부모 생각보다 친구들 생각에 신경 쓰는 모습을 보면 속이 타겠지만 이는 매우 중요하다. 이 경험으로 가족을 넘어서서 친구를 만들고 서로 신뢰하는 인간관계를 형성하는 데 필요한 기술을 익히며, 나아가 넓은 의미의 집단에 들어가 존중받고 신뢰받는 일원이 될 수 있기 때문이다.

어떤 청소년들은 술을 마시면 사춘기의 불안함을 해소할 수 있다는 사실을 우연히 발견한다. 때때로 내부 체계가 꼬이면 잘못된 행동으로도 보상받을 수 있다. 술을 마실 때 도파민과 세로토닌이 분비된다는 사실을 발견한 청소년은 고통스러운 감정을 해소하기 위해 더 건강한 방법을 찾지 않고 술을 찾는 데에 익숙해진다. 그런 청소년 중 몇몇은 이 연관 관계를 뇌에 깊게 각

인시키고 이후 평생에 걸쳐 극심한 스트레스를 받을 때면 주변 사람에게 도움을 요청하지 않고 술에 의존하게 된다.

앞서 언급했듯 중독 현상에 적용되는 생물학적 원리는 도박, 흡연, 메시지 전송, 소셜미디어와 같이 도파민 분비를 유도하는 행동의 원리와 정확히 같다. 아이들이 스트레스를 받았을 때 디지털 활동으로 도파민을 얻어 스트레스를 푸는 데에 익숙해진다면 그들은 앞으로 평생 사회적, 경제적, 직업적으로 스트레스를 받을 때마다 사람이 아니라 디지털 기기에 도움을 요청할 것이다.

◆ 지금 당장 갖길 원해! ◆

바야흐로 초고속 시대다. 주가를 조간신문에서 확인하던 시절은 끝났다. 이제 누구든 실시간으로 투자를 공부할 수 있다. 회사들은 연간 실적을 계산하지 않고 월간 실적과 분기별 실적을 계산한다. 우리가 원하는 것을 원하는 시간에 가질 수 있는 세상인데 왜 기다려야 하겠는가? 뭔가 사고 싶다면? 아마존에 들어가서 주문하면 된다. 바로 다음 날 받을 수 있다. 영화를 보고 싶다면? 영화관 시간표를 확인할 필요 없이 인터넷 동영상 서비스에 로그인해 바로 재생하면 된다. TV 프로그램을 보고 싶다면? 다음 편이 방영될 시간을 매주 손꼽아 기다리지 않고 한꺼번에 몰아서 보면 된다! 심지어 사교 활동도 즉각적으로 이뤄진다. 데이트하고 싶다면? 온라인 데이트 앱에 접속하면 된다. 더는 모르는 사람에게 다가가 어색하게 말을 걸 필요가 없다!

이처럼 즉각적인 만족의 시대에 성인이 된 밀레니얼 세대에게는 원하는 것을 눈으로 보고, 원하는 때 원하는 것을 가지는 것이 기본이다. 그들에게는 그저 당연하다. 이것이 쇼핑이나 영화 이야기라면 이는 좋은 일이다. 하지만 인생 전체에서 혹은 직업적으로 느끼는 성취감 이야기라면 상황은 약간 복잡해진다.

밀레니얼 세대는 전반적으로 사회 문제에 관심이 많다. 그들은 자신을 둘러싼 세계에 신경 쓰며, 개인적으로는 물론 직업적으로도 세상에 영향을 미치길 바란다. 2015년 「딜로이트밀레니얼서베이」*Deloitte Millennial Survey* 연간 보고서에 따르면 전 세계 밀레니얼 세대의 90퍼센트가 자신의 능력을 좋은 일에 사용하고 싶다고 응답했으며, 60퍼센트가 현재 일하는 직장을 선택한 이유로 회사의 목적의식을 꼽았다. 나는 밀레니얼 세대의 이런 특성이 좋다. 다른 세대들도 이 점을 배웠으면 좋겠다. 그런데 여기서 문제는 그들이 무엇을 목적으로 삼느냐가 아니라 그들이 목적을 달성하는 데 시간이 얼마나 걸리리라고 예상하느냐다.

이 책을 쓰려고 자료를 조사하면서 대단하고 훌륭하고 똑똑하고 열정적이며 긍정적인 밀레니얼 세대 젊은이를 많이 만났다. 이들은 회사에 입사해 초보적이거나 보조적인 업무를 맡게 되자 곧바로 큰 실망감을 느꼈다고 한다. 그런 일로는 세상에 아무런 변화도 가져올 수 없다고 생각했기 때문이다. 그래서 많은 이가 입사한 지 몇 개월 만에 퇴사를 고려한다. 자신의 기대가 너무 크지는 않았는지 고민하거나 시간을 두고 상황을 지켜보려 하지도 않고 회사가 문제라고 여긴다. 다른 회사에서라면, 어쩌면 자신이 회사를 차린다면 상황이 나아질 수도 있다고 생각한다. 그러면 첫날부터 바로 세상을 변화시키고 성취감을 느낄 수 있으리라 기대한다. 첫날이 아니라면 최소한 몇 주 뒤에는 그렇게 되지 않을까 하고 생각한다.

밀레니얼 세대는 단지 세상에 긍정적인 영향을 주는 일을 함으로써 성취감을 느낄 수 있는 직장을 찾는 데서 그치지 않는다. 그들 대다수가 기부하고 자원봉사를 한다. 생각보다 훨씬 많이 하고 있다. 조사 결과에 따르면 밀레니얼 세대는 나이가 들수록 점점 더 목표 지향적이고 장기적인 자선 활동을 하는 경향이 있지만 저연령층은 대부분 산발적으로, 거의 마구잡이로 자선 활동을 한다. 즉각적인 만족을 추구하는 그들은 봉사활동도 느리고 꾸준히 하는 것이 아니라 단기간에 몰아치는 방식으로 한다.

이 세대는 기부 활동을 할 때도 멀티태스킹을 해야 한다고 생각하는 듯하다. 이 분야 저 분야를 왔다 갔다 하며 여기에도 조금, 저기에도 조금 기부하면서 많은 분야에서 변화를 이룰 수 있다고 믿는다. 여러 기부 활동을 동시에 하기도 한다. 인터넷이나 소셜미디어, 휴대전화가 있어 사회 활동과 학업 활동 사이에서 쉽게 멀티태스킹 할 수 있듯 기부 활동도 그런 방식으로 하도록 다양한 장치가 마련됐다. 이제 문자 메시지 한 통으로 기부금을 보낼 수 있다. 이메일을 전달하고, 동영상을 올리고, 특정 색상의 팔찌를 착용하고, 자신의 아바타에 특정한 필터를 적용하고, 자신이 추구하는 대의에 '좋아요'를 누르고, 인스타그램에서 연대감을 표현하고, 해시태그로 자기 의견을 말하고, 사회적 책임을 느끼는 기업의 제품을 사고, 온라인 청원에 서명함으로써 여러 사회적인 활동에 참여할 수 있게 됐다. 우버를 타고 브런치를 먹으러 가는 길에 이 모든 일을 할 수 있다(정치적 견해 차이로 이번 달 우버 불매 운동을 하지 않는다면 말이다. #보이콧). 그러면 그 순간, 이 세상에 도움이 되는 일을 하고 싶다는 욕망은 진정성이 부족하고 앞뒤가 맞지 않는 상징적인 행동으로 보이기 시작한다. 기부자도 그렇고 원래 대의명분도 그렇게 될 수 있다.

2014년 ALS협회ALS Association는 사람들에게 '아이스 버킷 챌린지'Ice Bucket Challenge에 참여해달라고 요청했다. 이는 루게릭병을 향한 사회적 관심을 불러일으키고 기부금을 모으기 위한 소셜미디어 캠페인이었다. 캠페인은 양동이에 얼음물을 받아 머리 위로 뒤집어쓰는 장면을 동영상으로 촬영해 소셜미디어에 올린 뒤 친구들을 지명해 똑같이 행동하도록 하는 방식으로 진행됐다. 그런데 이 일이 이렇게 엄청난 인기를 끌고 초유행으로 번지리라고는 아무도 예상하지 못했다. 이 캠페인에 총 1,700만 명 이상이 참여했고 이 중 밀레니얼 세대가 대다수를 차지했다. ALS협회는 그들의 대의에 관심을 끄는 데 성공했고 그해 약 1억 1,500만 달러를 더 모금했다. 1년 전보다 500퍼센트 가까이 증가한 수준이었다. 하지만 기부금을 낸 사람은 약 250만 명에 불과했다. 캠페인 참여자 중 돈을 기부하지 않은 사람이 압도적으로 많다는 뜻이다. 하지만 이는 중요하지 않다. 우리가 논의해야 할 대상은 캠페인이 거둔 성공 자체나 온라인 캠페인을 성공시키는 방법이 아니다. 디지털 기기에 중독되고 인터넷 공간에서 인정받는 느낌에 중독되면 우리 행동과 자기 자신을 향한 감정이 어떻게 변하는지에 주목해야 한다.

아이스 버킷 챌린지에 참여한 사람 가운데 이 세상에서 루게릭병을 뿌리 뽑는 데 진정 도움이 되고 싶다고 느낀 사람이 몇이나 될까(캠페인 참여자 중 루게릭병과 ALS가 같다는 점을 아는 사람이 얼마나 될지, 루게릭병 증상이 무엇인지 아는 사람은 얼마나 될지 궁금하다). 아이스 버킷 챌린지에 참여한 사람 중 압도적인 수는 ALS 협회의 대의에 큰 관심이 없었을 것이다. 사람들이 캠페인에 참여한 이유는 그저 미디어에서 유행하는 일에 동참하는 것이 재미있고 기분 좋거나 친구들 사이에서 유일하게 캠페인에 참여하지 않은 사람이 되기 싫어서였을 것이다(이들이 바로 소셜미디어에서 소외되는 것을 불안해하는 포모증후군FOMO, fear of missing out을 만든 세대라는 점을 기억하라).

이 캠페인의 결과를 고려하면 캠페인 참여자들을 비난할 수 없으며 그들이 좋은 의도로 참여했다고 생각해야 한다. 하지만 솔직히 말해보자. 이런 식의 운동은 장기적으로 조직의 재정적 측면에 도움이 되지 않을뿐더러 조직과 참여자의 지속적인 관계를 형성해주지도 않는다. ALS협회는 다음 해에도 아이스 버킷 챌린지를 진행했지만 그해 총 모금액은 첫 번째 캠페인을 시행하기 전해와 비슷했다. 딱 한 번 효과를 보고 모든 것이 원래대로 돌아갔다.

이런 일을 벌여서는 안 된다고 주장하는 것이 아니다. 이런 일을 하는 것은 좋다. 하지만 이렇게 한다고 세상을 구조적으로 변화시키거나 사람들 마음속에 오랫동안 지속될 성취감을 줄 수는 없다는 사실을 깨달아야 한다. 이런 효과를 가져오려면 앞서 설명한 대로 꾸준히 시간과 에너지가 투자되어야 한다.

1848년 세니커폴스^{Seneca Falls}에서 여성 참정권 획득을 위해 미국 최초로 공식 회의가 열린 이후 1920년 수정헌법 제19조가 비준되고 여성이 투표권을 획득하는 데 72년이 걸렸다. 수전 B. 앤서니^{Susan B. Anthony}, 엘리자베스 케이디 스탠턴^{Elizabeth Cady Stanton}, 루크레티아 모트^{Lucretia Mott}처럼 이 운동을 시작하고 주도한 여성 사회운동가 대다수는 여성이 실제로 참정권을 얻기 한참 전 사망했다. 이 여성 운동가들은 비록 살아 있을 때 꿈이 실현되는 광경을 보지는 못했지만 분명히 말년에 큰 성취감을 느꼈을 것이다. 자신과 미래 세대를 위해 대의를 추구했기 때문이다. 그리고 이 대의가 첫 번째 여성이 투표한 뒤 끝나는 것이 아니라 어떤 분야에서든 여성이 불평등한 대우를 받는 일이 있는 한 계속될 것이기 때문이다.

이것이 바로 자신의 이익보다 큰 무언가를 추구하는 일이다.

우리가 설정한 목표가 이뤄지고 그 목표를 설정한 사람들이 세상을 떠난 뒤에도 이어질 대의를 좇는 일은 바로 이런 것이다. 우리 인생에 의미를 부여하는 것은 동지애와 공동의 목적의식 그리고 그 목적을 향하는 길 중간중간에 세워둔 굵직한 목표다. 인생에서 진정한 기쁨, 만족감, 성취감을 느끼는 방법은 한 가지뿐이다. 자신이 가고자 하는 길에 헌신하고, 한결같이 그 여정을 따라가며, 어떤 어려움이 있더라도 포기하지 않는 자세로 가치관과 비전을 공유하는 동지들과 어깨를 나란히 하고 함께 행진해나가는 것이다. 이는 사회 운동뿐 아니라 우리의 경력에서도 마찬가지다.

밀레니얼 세대는 산기슭에 서서 산 정상을 바라보고 있는 것 같다. 자신이 원하는 것, 즉 세상에 긍정적인 영향을 주거나 성취감을 느끼는 것만을 바라보고 있다. 하지만 그들 중 많은 이가 산을 바라보지 못한다. 이는 기성세대가 젊은 세대에게 몇 년은 진득하게 일해야 한다고 말하는 것과는 다른 이야기다. 사람마다 산을 오르는 속도는 모두 다르다. 빠른 사람도 있고 느린 사람도 있다. 하지만 산을 피할 방법은 없다.

산기슭에 서서 자신이 성취하고 싶은 일을 생각하며 정상만 올려다보는 밀레니얼 세대가 기억해야 할 사실이 하나 있다. 산 정상은 우리가 나아가야 할 방향만 제시한다는 것이다. 그곳에 도달했다고 해서 갑자기 리더가 될 기회가 생기거나 안전감과 성취감이 느껴지지는 않는다. 정상에 오르는 길에 그런 기회를 찾고 그런 감정을 쌓아야 한다. 길고 고된 여정을 견뎌야만 얻을 수 있다. 설상가상으로 산에서는 휴대전화도 통신되지 않으니 어딘가에 셀피를 올리지 않고도 크고 작은 성공의 진가를 깨닫는 데 익숙해져야 할 것이다.

밀레니얼 세대가 회사를 빨리 그만두는 이유는 인내심이 부족해서만은 아니다. 회사에서 명확한 목적의식이나 대의, 신념을 주지 못하는 경우가 너무 많아서이기도 하다. 미션이나 비전 선언문만으로 '최고의 기업이 되겠다', '최대의 기업이 되겠다', '가장 존경받는 기업이 되겠다'라며 세상에 어떤 기여도 할 수 없는 이기적인 목표만 내세우는 기업이 너무 많다. 애초에 회사에 자기만의 '왜?'가 없는데 그 안에서 밀레니얼 세대가 어떻게 자신의 '왜?'를 실현할 수 있겠는가?

지금까지 설명한 내용을 모두 무시하거나 부정하고 싶다면, 다시 말해 자녀 교육법에 대한 내 생각이 완전히 틀렸다고 본다면, 멀티태스킹이란 실제로 존재하며 우리 인생에 어떤 불균형도 없다고 본다면, 밀레니얼 세대가 '이 회사는 나랑 안 맞아'라고 생각하자마자 퇴사하는 일이 절대적으로 옳다고 생각한다면, 고용주로서 이 모든 책임을 밀레니얼 세대에게 돌리고 싶다면, 밀레니얼 세대로서 상사가 당신을 이해하지 못한다고 생각한다면 지금부터 하는 마지막 이야기라도 가슴속에 꼭 새겨주기를 바란다.

　지금쯤이면 이 책 전체와 이번 장에서 반복해서 다루는 주제가 무엇인지 알아챘을 것이다. 바로 인간관계는 생존뿐 아니라 성취감을 느끼는 데도 아주 중요하다는 것이다. 이는 5,000만 년 전 부족을 이뤄 살던 고대 인류나 요즘 직장 환경에서 일하는 현대인에게 똑같이 적용되는 진실이다.

　나는 깊고 의미 있는 인간관계를 맺을 기회를 전혀 주지 않는 듯한 이 세상에서 밀레니얼 세대가 자랐고, 또 가장 어린 세대가 자라고 있다는 사실이 무섭다. 중독은 어떤 형태이든 인간관계를 망친다. 즉각적인 만족감을 향한 욕망 때문에 인간관계를 형성할 시간이 없어진다. 디지털 통신은 깊은 인간관계를 만드는 데 방해가 될 수 있다. 소셜미디어 역시 진짜 인간관계를 맺을 기회를 빼앗아갈 수 있다. 게다가 자존감까지 파괴할 수 있다.

　나이와 상관없이 많은 사람이 가치 있는 인간관계를 형성하는 일을 어려워하지만, 연구 결과에 따르면 그중에서도 밀레니얼 세대가 이를 특히 어려워한다. 요즘 청소년들은 현실 세계의 사회 활동보다 소셜미디어에 열중한다. 이런 현상은 대학생이 되어서도 이어진다. 대학에서도 또래 친구들과 현실 세계의 인간관계를 만들 기회가 더욱 줄어들고 있다.

　무수한 밀레니얼 세대가 소셜미디어에 엄청난 시간을 쏟고 있다. 퓨리서치센터에서 전국에 걸쳐 조사한 결과에 따르면, 18세에서 29세 사이 청년의 소셜미디어 사용은 10년도 채 되지 않아 1,000퍼센트 가까이 증가했다. 대학생의 98퍼센트가 소셜네트워크 활동을 한다는 통계 자료도 있다. 2014년 UCLA 조사에서는 대학교 학부생의 27퍼센트가 일주일에 6시간 이상 소셜미디어 활동을 하는 것으로 드러났다. 또 2015년 비영리단체 커먼센스미디어Common Sense Media 조사 결과에 의하면 13세에서 18세 사이의 청소년의 60퍼센트가 매일 하루에 1시간 이상 소셜미디어 활동을 하고 있다.

물론 소셜미디어는 여러 방면에서 대단한 존재다. 소셜미디어 덕분에 우리는 전 세계 어디서든 친구와 가족에게 연락할 수 있다. 젊은 사람들, 그중에서도 특히 부끄러움을 많이 타는 사람들은 소셜미디어 활동을 하며 집단에 속해 있다고 느낄 수 있다. 소셜미디어가 현실 세계의 우정으로 이어지는 관문이라고 말하는 청소년들도 있다. 어떤 사람들은 소셜미디어에서 진정한 자기 모습을 더 자유롭게 드러낼 수 있다고 말하기도 한다. 현실 세계보다 온라인 세계에서 더 인정받는 것처럼 느낀다고 말하는 청소년이 전체의 3분의 1을 차지한다.

하지만 가상 세계의 인간관계는 깊이 있는 관계로 발전하기 어렵다. 현실 세계에서 얼굴을 마주하고 상호작용하는 일은 어떤 것으로도 대체할 수 없다. 이 사실은 결코 변하지 않는다. 한 밀레니얼 세대는 내게 "깊고 의미 있는 우정을 만들기 어렵다"라고 말했는데 이 역시 같은 이치일 것이다. 가상의 인간관계는 진짜 인간관계를 대체하지 못하며, 소셜미디어 활동으로 외로움을 더 많이 느낄 수도 있다. 프랭클린앤드마셜 대학교Franklin and Marshall College의 한 학생은 이렇게 말한다. "소셜미디어에서는 소외감을 느끼기 쉬워요. 페이스북, 인스타그램, 스냅챗으로 내가 초대받지 못한 활동이나 적극적으로 참여하지 못한 주변 일이 있었다는 사실을 쉽게 알게 되죠."

소외감을 느끼는 일은 시작에 불과하다. 연구에 따르면 소셜미디어에 시간을 과도하게 쓰는 사람은 우울증이나 불안을 겪을 확률이 높다. 2013년 미시간 대학교University of Michigan 사회과학자들이 2주 동안 젊은 성인 약 82명의 페이스북 사용을 관찰한 결과, 페이스북 사용 시간이 가장 길었던 참여자는 다른 사람들보다 인생 만족도가 떨어졌다. 이 연구에서는 이렇게 결론지었다. "페이스북은 행복감을 올려주는 것이 아니라 떨어뜨릴 수 있다."

다른 사람들의 인생을 관찰할 수 있는 페이스북, 인스타그램, 스냅챗 세상에 몰입하다 보면 남들과 자신을 비교할 수밖에 없다. 친구들의 인생이 영화의 하이라이트 장면처럼 보이면 부러워지고 자신의 삶이 초라해 보이기 쉽다. 밀레니얼 세대 젊은이들은 소셜미디어에서 보이는 것이 진짜든 거짓이든, 과장됐든 아니든, 좋게 포장한 것이든 아니든 친구들과 경쟁하는 것처럼 느껴진다고 말한다. 한 밀레니얼 세대 여성은 지금 직장에 다니지 않는데 '잘 지내는 것처럼' 보이기 위해 일부러 소셜미디어에 올릴 만한 내용을 만들려고 네트워킹 행사나 사교 모임에 적극적으로 참여하고 있다고 말했다. 불행히도 왜곡된 상황에서 그들은 완벽이라는 환상에 사로잡힌 채 진정한 개인적 목적을 이루기보다는 가상 현실에서 남보다 한 발 더 앞서려는 게임을 하는 듯 보인다.

밀레니얼 세대는 남들에게 자신의 삶을 보여주는 데 매우 익숙하다. 퍼스널 브랜드를 어떻게 관리해야 하는지, 스스로 있는 그대로가 아니라 원하는 방향으로 드러내려면 어떻게 해야 하는지 누구보다 잘 안다. 자신감이 충만해 보이기도 한다. 마치 모든 정답을 알고 있고, 인생을 어떻게 살아야 하며 세상이 어떤 방향으로 나가야 하는지도 정확히 알고 있는 듯 보인다. 하지만 겉으로 드러내는 것과 달리 마음속으로는 자기 회의감과 불안감에 시달리는 경우가 많다.

비록 직접적인 인과관계가 있다는 뚜렷한 증거는 없지만 밀레니얼 세대의 소셜미디어 사용이 늘어나고 있다는 사실과 우울증 및 불안장애 발병 비율이 늘어나고 있다는 사실의 관계는 무시하기 어려운 수준이다. 요즘 대학에서는 학생들 사이에 우울증이 전염병처럼 번지고 있으며, 불안장애를 진단받았거나 치료받는 학생도 6명 중 1명꼴이다. 청소년은 더 걱정스러운 상황이다. 미국 국립정신건강연구소 NIMH, National Institute of Mental Health 의 2015년 발표 자료에 따르면 12세에서 17세 사이의 청소년 중 주요 우울 장애를 경험한 비율은 2005년에 비해 50퍼센트 가까이 증가했다. 우울증을 겪는 청소년의 비율이 우울증을 겪는 성인의 비율보다 두 배나 높은 상황이다. 우울증은 사회적 고립과 마찬가지로 자살의 주요 원인이라는 사실을 고려하면 이는 특히 우려되는 일이다.

자살은 이미 15세에서 24세 사이의 주요 사망 원인 중 2위를 차지한다. 게다가 이 연령대에서 자살을 시도하는 사람은 25명 중 한 명꼴인데, 이 순위에는 이 수치가 포함되어 있지도 않다. 이보다 걱정스러운 것은 10세에서 14세 사이 아이들이다. 이 연령대 여자아이들의 자살률은 1999년부터 2014년 사이 세 배나 뛰었다! 성별과 연령을 막론하고 가장 많이 늘어난 수치다. 10세에서 14세 사이 남자아이들의 경우는 좀 나았지만 그래도 남성 중 두 번째로 높은 증가율을 보였다. 여자 청소년이 소셜미디어 활동을 하는 시간은 하루에 1시간 32분으로, 하루에 52분을 쓰는 남자 청소년의 두 배에 가까우며, 우울증을 겪는 비율은 여자 청소년이 같은 연령 남자 청소년의 다섯 배에 이른다. 이러한 추세는 이른 시일 내에 역전되지 않을 것으로 보인다.

이뿐 아니라 지난 수십 년간 학교 내 총기 난사 사건도 꾸준히 증가했다. 1969년부터 1978년까지 미국에서 일어난 총기 난사 사건은 16건이었다. 1999년과 2008년 사이에는 63건으로 늘었다. 이 책을 쓰고 있는 2014년은 2008년에서 10년이 채 지나지 않았는데도 이미 이 기록을 뛰어넘었다. 2013년부터 2017년 사이에 일어난 총기 난사 사건만 200건이 넘었다. 연구마다 학교 내 총기 난사 사건을 정의하는 방식이 달라 이 수치는 조금씩 바뀔 수 있다. 단순히 총기를 발사한 사건이라고 정의하기도 하고, 총기 발사로 인해 다수의 피해자가 나온 사건이라고 정의하기도 한다. 하지만 모든 연구에서 이 같은 사건이 꾸준히 늘어나고 있으며 앞으로도 줄어들 기미가 없다는 사실을 보여준다. 게다가 가해자가 학생인 경우가 많다. FBI에서 2000년부터 2013년 사이 발생한 총기 난사 사건을 검토한 결과 중·고등학교에서 일어난 총기 난사 사건 총 20건 중 가해자가 12세에서 19세의 학생인 사건이 17건이었다.

학교 내 총기 난사 사건의 원인을 단 하나로 집어내기는 어려울 것이다. 그렇지만 연구 결과를 살펴보면 또래 집단에서 사회적 지위가 낮고 인정받지 못한 청소년 가해자들이 지속적으로 관찰된다. 그들 중 많은 이가 따돌림이나 놀림, 사회적 배제의 피해자다. 그들은 자신을 소외된 사람, 속하고자 하는 집단에서 밀려난 사람으로 인식한다. 이는 결국 우울증, 약물 남용, 심리 장애로 이어지고, 이로 인해 외로움과 배척당한 기분은 더욱 심화된다.

몸이 아픈 가젤은 무리 가장자리로 밀려난다. 사자가 나타났을 때 강한 개체 대신 약한 개체를 잡아먹도록 하기 위해서다. 안전망에서 내쳐지는 것이다. 원시적인 포유류의 뇌를 지닌 우리도 마찬가지다. 우리는 자신이 안전망 밖에 있다고 여기면, 즉 소속감을 느끼지 못하고 자신을 사랑해주고 돌봐주는 사람이 없다고 느끼면 통제가 불능해지고 버려져 죽음으로 내몰린 듯한 기분이 든다. 그리고 그 정도로 고립감을 느끼면 필사적으로 변한다.

밀레니얼 세대와 그다음 세대가 겪어야 할 이런 지극히 현실적인 문제는 디지털 방식으로는 해결할 수 없다. 중독이나 우울증, 자살, 기타 반사회적인 행동을 막아줄 앱은 없다. 이런 문제들은 인간이 직접 해결해야 할 인간의 문제다. (밀레니얼 세대와 그 부모, 회사의 리더들에게 도움이 될 만한 이야기를 부록에 실었으니 참고해보길 권한다.)

아직 자라고 있는 아이들은 내재적 동기를 기반으로 자존감을 형성하고, 문제 해결 능력을 기르며, 디지털 방식이 아니라 인간적인 방식으로 힘든 일을 극복하는 방법을 배우고, 스마트폰과 소셜미디어 사용을 조절하기 위해 부모나 양육자의 도움을 받아야 한다. 이미 사회에 진출했거나 앞으로 진출할 예정인 밀레니얼 세대에게는 공감 능력이 뛰어나고, 그들이 겪는 어려움을 이해해주며, 안전망을 만들어주고, 밀레니얼 세대가 지닌 많은 긍정적인 특성과 독특한 기술을 최대한 발휘할 방법을 찾아줄 직장 상사가 필요하다. 그리고 밀레니얼 세대는 스스로 개인적 책임을 완수할 줄 알아야 하고, 가끔은 스마트폰을 끄고 소셜미디어에서 빠져나와 사람들과 얼굴을 맞대고 진정성 있고 의미 있는 관계를 만들어야 한다. 그렇게 할 때만 자신이 찾는 성취감을 느낄 수 있다. 이제 서로 비난하는 대신 도와야 한다.

끔찍한 현재 상황에서 가장 큰 희망은 우리 자신이다.

LEADER DIFFERENT

8
리더가
된다는 것

25
인간적 유대감이 열쇠다

우리에게 주어진 기회는 암울해 보인다. 인간은 협력하고 신뢰하도록 만들어진 동물이지만 협력과 신뢰 없이 최악의 모습만을 끌어내는 직장 환경에서 일하는 사람이 매우 많다. 우리는 냉소적이고 이기적이며 피해망상에 시달리고 중독에 노출돼 있다. 우리 건강과 인간성이 위험에 처했다. 핑계를 대고 도망칠 수는 없다. 미디어나 인터넷 혹은 체제만 비난할 수 없다. 더는 기업들이나 월스트리트, 정부를 비난하기도 어렵다. 우리는 이 상황의 피해자가 아니다. 우리가 이 상황을 만들었다.

우리를 종말로 이끄는 것은 외부 위험이 아니다. 이런 위험은 변함없이 존재하며 결코 사라지지 않을 것이다. 영국의 유명 역사학자 아널드 토인비Arnold Toynbee에 따르면 문명은 살인이 아니라 자살로 없어진다. 우리가 일하는 조직에서 가장 큰 위협 요인은 바로 내부 위험이 증가하는 것이다. 다행히 이 위험은 우리 힘으로 충분히 통제할 수 있다.

알코올중독자모임AA, Alcoholics Anonymous은 75년 이상 알코올에서 비롯된 도파민에 중독된 사람들이 중독을 이겨내는 일을 성공적으로 도와왔다. 이들의 중독 치유 프로그램이 12단계로 구성되어 있다는 사실은 유명하다. 그 1단계는 자신에게 문제가 있다는 사실을 인정하는 것이다.

우리는 수많은 기업의 문화가 성과를 달성하고 목표 수치를 만드는 일에 구조적으로 중독되어 있다는 사실을 인정한다. 모든 중독은 아주 잠깐의 도취감으로 건강과 관계에 심각한 피해를 입힌다. 알파에게 요구되는 인류학적인 면모를 무시하고 명성이나 부만으로 지위를 올릴 수 있어 중독 문제는 더욱 복잡해진다. 하지만 우리가 중독됐다는 사실을 인정하는 것은 첫 번째 단계일 뿐이다. 이제 알코올중독자모임에서처럼 우리도 치유를 시작해보자. 서로 싸우게 하는 구조를 없애고 돕도록 장려하는 구조를 만드는 데 필요한 일을 하며 그에 따르는 희생을 감내해야 한다. 혼자서는 할 수 없는 일이다.

알코올 중독 치료를 받고 있는 존은 내게 이렇게 물었다. "알코올중독자모임의 비밀이 뭔지 알아요? 누가 술을 끊고 누가 못 끊는지 궁금하지 않아요?"

알코올중독자모임에 등록한 사람 중 12단계까지 마치기 전에 술을 끊는 사람은 거의 없다. 11단계까지 끝냈다 하더라도 12단계를 마무리하지 않으면 다시 술을 마실 확률이 매우 높다. 12단계까지 완료해야만 중독을 극복할 수 있다.

12단계는 다른 알코올 중독자가 중독을 이겨내는 것을 돕기 위해 헌신하는 일이다. 이 단계는 봉사가 전부다. 이 봉사는 조직의 도파민 중독을 끊어내는 핵심이기도 하다. 고객, 직원, 주주를 위한 봉사가 아니다. 인간을 추상화한 개념도 아니다. 우리가 직장에서 매일 만나는 사람, 실제로 알고 지낼 수 있는 진짜 살아 있는 사람을 위한 봉사다.

알코올중독자모임이 온라인 채팅방이 아니라 교회 지하나 레크리에이션센터에서 이뤄지는 데는 이유가 있다. 마찬가지로 알코올 중독자가 스폰서, 즉 자신을 도와주는 다른 알코올 중독자에게 도움을 요청할 때 이메일을 보내지 않고 전화기를 들어 통화하는 데도 이유가 있다. 중독을 이겨내기 위한 만남은 진짜여야 하기 때문이다. 가상으로는 안 된다.

알코올중독자모임의 목적은 사람들에게 안전감을 주는 것이다. 비슷한 고통을 겪은 사람, 서로 도와주고 도움을 받기 위해 모인 사람들은 따뜻하고 친절하며 서로 환영한다. 이 만남은 알코올중독자모임 프로그램이 끝난 뒤에도 이어지는 경우가 많다. 존은 그들을 만난 덕분에 외로움을 덜 느꼈고 그들의 이야기를 들으며 희망을 얻었다.

존은 이렇게 말한다. "알코올 중독은 나를 공격하려는 늑대한 무리 같아요. 하지만 프로그램에 들어가서 모임에 속하면 공격당하지 않죠. 모임에서 나를 지켜주니까요." 알코올중독자모임은 가족이나 부족, 군대의 부대와 같다. 이솝 우화의 황소들처럼 꼬리를 맞대고 서서 사자의 공격으로부터 서로 보호한다. 알코올중독자모임은 완벽하게 형성된 안전망이다.

◆ 우리는 옥시토신을 믿는다 ◆

홀로 세상의 모든 위협에 맞설 수는 없다. 혼자 할 수 있다 하더라도 효과적이지는 않을 것이다. 세상의 위협에 맞서려면 우리를 신뢰하는 다른 사람의 도움과 지지가 필요하다. 도파민에 중독된 회사들이 스스로 통제할 수 없듯 혼자서 12단계를 밟으며 자신의 발전을 감독하려는 중독자들은 보통 실패한다. 알코올 중독자들은 자기 자신만을 위해 성공하려 하지 않는다. 자신을 위해 시간과 에너지를 투자하는 스폰서를 위해서도 성공하고자 한다. 세로토닌은 이런 방식으로 작용한다. 세로토닌은 단지 지위만 올려주는 것이 아니라 서로 보살피고 조언하는 관계를 강화한다.

그리고 옥시토신도 있다. 옥시토신이 주는 신뢰와 사랑의 감정, 그 따뜻하고 편안한 느낌은 중독을 극복하는 데 결정적인 역할을 한다. 2012년 노스캐롤라이나 대학교 채플힐 캠퍼스 정신의학과에서 수행한 연구의 예비 결과에 따르면, 옥시토신은 실제로 알코올 중독자나 헤로인 중독자의 금단 증상을 완화하는 효과가 있다. 게다가 옥시토신 수치가 높으면 애초에 신체적 의존성이 발생하지 않도록 예방할 수 있다는 연구 결과도 나왔다. 이렇게 확실한 증거가 있으니 봉사, 희생, 이타적인 행동처럼 건강한 방식으로 옥시토신이 분비되면 애초에 독성이 강한 기업 문화가 형성되는 일을 막을 수 있을지도 모른다.

옥시토신은 무척 강력해서 우리가 만드는 신뢰와 사랑의 유대감은 중독을 예방하거나 극복하는 일뿐 아니라 장수하는 데도 도움이 된다. 2012년 듀크 대학교 병원 연구에서는 기혼자가 미혼자보다 유의미하게 오래 산다는 결과가 나왔다. 한 번도 결혼하지 않은 사람은 성인이 되어 결혼한 적이 있는 사람보다 중년기에 사망할 확률이 두 배 이상이었다. 다른 연구에서도 결혼한 부부는 암과 심장 질환에 걸릴 확률이 낮다는 결과가 나왔다. 가정에서 친밀하고 신뢰하는 관계가 형성되면 서로 보호받을 수 있다. 이는 직장에서도 마찬가지다.

해병대에서는 신뢰의 유대감이 깊이 형성된 자신들의 문화를 '무형 자산'이라 부른다. 이런 문화는 조직 구조를 강화하고 정직성을 높은 수준으로 유지하는 데 도움이 된다. 신뢰와 사랑으로 가득한 구조에서는 오히려 도파민에 중독되기 어렵다. 옥시토신이 많이 분비되는 환경에서는 신뢰가 더 강하게 형성되고, 사람들이 옳은 일을 하고자 더 큰 위험을 무릅쓰며, 서로 더 많이 돌본다. 그러면 결국 기업의 성과도 개선된다. 이런 집단에서는 그 안에서 살고 일하는 사람들이 안전망을 강하게 유지한다.

우울증, 외로움, 실패, 해고, 가족의 사망, 관계의 상실, 중독, 법적 분쟁, 범죄의 피해자가 되는 일 등 각종 어려움을 극복한 사람 중 아무나 붙잡고 고난을 어떻게 이겨냈는지 물어보라. 거의 모든 이가 "그가 도와주지 않았더라면 해내지 못했을 거예요"라고 말하며 자신을 도운 가족이나 친한 친구, 낯선 사람의 존재까지 언급할 것이다.

비행기에서 형편없는 서비스를 받은 사람은 옆자리에 앉은 사람과 이를 이야기하며 위안받는다. 자기중심적인 상사의 야망으로 고통받는 사람은 같은 고통을 겪는 동료에게 위로받는다. 친한 친구가 앓는 병과 같은 병을 앓는 환자의 가족을 만나면 유대감을 느낀다. 우리는 자신과 관심사가 같은 사람이나 같은 대의를 추구하는 사람에게 도움을 요청하며 의지한다.

인간적인 유대감이 있다면, 즉 가상이 아닌 현실 세계에서 진실하고 솔직한 유대감을 느끼고 서로 아무것도 바라지 않는 관계가 형성되어 있다면 힘든 일이 있어도 견딜 수 있으며 다른 사람들을 돌볼 여유도 생긴다. 도와주는 사람이 있으면 수많은 역경을 이겨낼 수 있다. 힘든 일도 견딜 만하게 느껴질 뿐 아니라 스트레스나 불안감을 없애는 데도 도움이 된다. 우리 곁에 누군가가 있다면 코르티솔은 흑마술을 부릴 수 없다. 조니 브라보 같은 사람을 포함해 모든 군대 장병이 동료를 위해 기꺼이 목숨을 걸 수 있는 이유는 상대방도 자신에게 똑같이 해주리라고 마음 깊이 믿기 때문이다.

26
함께 헤쳐나가는 고난

◆ 부족함이 없으니 흥청망청 낭비한다 ◆

많은 사람이 생존만을 위해 일하지는 않는다. 모든 것을 필요 이상으로 가지고 있기 때문이다. 가진 양이 너무 많아 낭비해도 되는 정도다. 애리조나 대학교 투손 캠퍼스University of Arizona in Tucson 인류학자 티머시 존스Timothy Jones의 2004년 연구 결과에 따르면 수확할 준비가 된 농산물의 50퍼센트는 결국 소비되지 않는다. 미국 가정에서는 구매한 식량의 평균 14퍼센트를 낭비하며 그 중 15퍼센트는 온전한 음식이다. 달러로 환산하면 평균적인 미국 가정에서 600달러치의 고기, 과일, 채소, 곡식을 버린다는 뜻이다. 식료품 보관법이나 냉동법만 잘 배워도 연간 약 430억 달러를 절약할 수 있다.

개발도상국에서도 미국과 비슷한 수준으로 식량이 버려지고 있지만 내다 버리기 때문은 아니다. 스톡홀름 국제 물 연구소 Stockholm International Water Institute에서는 수확한 곡식의 50퍼센트가 보관 실수와 부패로 소비되지 못한다고 말한다. 개발도상국에서는 제대로 관리하지 못해 식량 공급의 50퍼센트를 잃는 반면 선진국에서는 너무 많이 버려 전체 식량의 50퍼센트를 잃는다.

가진 것이 너무 많으면 이런 부담을 짊어져야 한다. 사용할 수 있는 자원이 풍족한 상황에서는 필요하지 않은 양까지 소비하거나 버리기 쉽다. 이런 낭비가 새로운 현상은 아니다. 구석기시대 조상들도 그렇게 살았다. 호모 사피엔스가 농업을 시작한 이유는 그들이 애초에 사용할 수 있었던 자원에 주의를 기울이지 않아 고갈됐기 때문이라는 주장도 있다. 우리는 태초부터 낭비해왔으며 더는 낭비할 수 없을 때가 되어서야 그런 환경에 적응하려 한다고 말할 수 있다. 오늘날 수많은 조직의 리더가 직원들의 선의를 낭비하고 있다. 이들 역시 이를 더 낭비할 수 없을 때까지 이런 관행을 이어나갈 텐데 그때까지 얼마나 오랜 시간이 걸릴지 궁금하다.

미국인이 버리고 낭비하는 음식과 에너지, 돈을 단순히 계산해보면 우리에게 실제로 필요한 양이 얼마나 적은지 알 수 있다. 그런데도 사회적으로 책임감을 느끼지 않는 태도야말로 우리의 가장 큰 도전 과제일지 모른다. 공동의 책임감을 느끼는 일은 우리가 단결하는 한 방법이다. 힘든 일이 적으면 그만큼 협력할 필요성도 적어지고 옥시토신이 덜 분비된다. 자연재해가 일어나기 전에 봉사활동을 하는 사람은 드물다. 보통은 자연재해가 일어난 뒤에야 움직인다.

오늘날에는 식량과 자원이 풍부하고 선택의 기회가 넓다. 대형 할인점에서 수많은 상품을 구하고 전기 같은 자원을 마음대로 쓸 수 있어 사회에서 이를 당연히 여기는 수준에 이르렀다. 이것이 바로 상용화다. 어디서든 자원을 구할 수 있으면 자원의 가치는 떨어진다. 컴퓨터는 원래 엄청나고 특별한 도구였다. 델^{Dell}을 비롯한 회사들이 컴퓨터의 특별한 가치를 등에 업고 거대한 기업으로 성장했다. 하지만 공급이 증가하고 가격이 내려가면서 컴퓨터는 상용화됐다. 그러면서 컴퓨터가 인간의 삶을 바꿔놓은 놀라운 기계라는 인식도 줄었다. 풍요로움 속에서는 가치가 떨어지기 마련이다.

우리는 쉽게 얻을 수 있는 것에서는 진가를 발견하지 못한다. 열심히 노력해야만 얻을 수 있는 것이나 절대 구할 수 없는 것에서만 가치를 느낀다. 땅속 깊은 곳에 묻힌 다이아몬드든 커리어의 성공이든 인간관계든 힘들고 고된 과정이 수반되어야 가치가 생긴다.

> 우리가 애정 어린 마음으로 기억하는 것은
> 일 자체가 아니라 집단으로서 어떤 일을 해내고자
> 단결하며 형성한 동지애다.

"직장에서 보낸 최고의 날은 언제였습니까?"라고 질문을 받았을 때 모든 일이 순조롭게 풀리고 작업 중이던 큰 프로젝트가 시한과 예산 범위에 딱 맞춰 완성됐을 때를 꼽는 이는 드물 것이다. 우리가 일을 잘해내기 위해 쏟는 어마어마한 노력을 생각하면 그런 때를 직장에서의 최고의 날로 꼽아야 마땅하다. 그런데 이상하게도 모든 일이 계획한 대로 순조롭게 풀린 날을 애정 어린 마음으로 기억하는 사람은 없다.

대부분 사람이 모든 일이 잘못된 것처럼 느껴지던 날을 더 따뜻하게 기억한다. 사람들은 팀이 새벽 3시까지 사무실에 남아 다식은 피자를 먹어가며 일해 겨우 마감일을 맞췄던 날을 기억한다. 이런 경험을 한 날을 최고의 날로 꼽는다. 일이 힘들었기 때문이 아니라 그 힘든 일을 다른 이들과 함께했기 때문이다. 우리가 애정 어린 마음으로 기억하는 것은 일 자체가 아니라 집단으로서 어떤 일을 해내고자 단결하며 형성한 동지애다. 앞서 설명했듯 그 이유는 당연하다. 힘든 시기에 서로 돕고자 노력하면 몸에서 옥시토신이 분비된다. 다시 말해 고통을 분담하면 생물학적으로 더 가까워진다는 뜻이다.

여러 차례 반복해 지겨울지 모르겠지만 신체는 우리에게 가장 이익이 되는 행동을 되풀이하는 방향으로 보상한다. 힘든 시기에 부족이나 조직, 종을 보호하는 방법으로 서로 돕는 구성원들에게 기분이 좋아지게 하는 보상을 주는 것보다 효과적인 방법이 있을까? 직장에서 보낸 최고의 날은 고통을 견디거나 극복하기 위해 서로 도운 날이다. 그런 날을 기분 좋게 기억하지 못한다면 팀이 단결하지 못하고 뒤에서 헐뜯고 이기적으로 굴었기 때문일 것이다. 자기 자신을 보호해야 하는 환경이라면 '직장에서 보낸 좋았던 날'로 기억되어야 할 날도 생물학적으로는 나쁜 날이 된다.

군대에 있는 사람들은 전장에 배치됐던 시기를 기분 좋게 이야기한다. 진짜 위험이 도사리는 냉엄한 환경에서 지낸 시기를 기분 좋게 회상한다니 이상해 보인다. 그들은 그때가 즐거웠다고 말하지는 않을 것이다. 오히려 너무 싫었다고 말할 수도 있다. 하지만 놀라울 정도로 많은 사람이 그런 경험을 한 데에 감사한다고 말할 것이다. 이것이 바로 사람들이 도와준 덕분에 힘든 시간을 견뎠다고 생각할 때 느껴지는 옥시토신의 결과다. 그리고 이런 인간관계는 전쟁터에서 돌아온 뒤에도 힘든 일을 이겨내는 데 도움을 준다. 흔히 생각하는 것과 반대로 직접 전투에 참여한 사람들이 전투에 참여하지 않은 사람들보다 자살할 확률이 약간 낮다. 전투에 참여하지 않은 사람은 동료들이 함께 외부 위험에 맞서 싸우는 동안 힘든 시간을 홀로 견뎌야 하기 때문이라는 분석도 있다.

자원이 희소하고 위험이 도사리는 시기에는 사람들이 자연스럽게 똘똘 뭉친다. 그래서 장병들이 전투 시에는 훌륭히 잘해내고도 펜타곤에 돌아와서는 응석받이 어린애들처럼 옥신각신 싸우는 것이다. 불확실성이 크고 외부 위협이 실제로 존재하는 전투 상황에서는 생존하고 성공할 확률을 높이기 위해 함께 노력한다. 반면 펜타곤에 돌아와 막대한 비용을 쓰는 것이 가장 큰 위협인 상황에서 군대 각 리더는 각자 집단의 이익을 추구한다는 명목으로 서로 헐뜯는다. 전투에서는 소속과 관계없이 서로 돕기 위해 희생했다는 이야기가 자주 들린다. 하지만 펜타곤에서 어느 집단이 다른 집단의 이익을 위해 희생했다는 이야기는 듣기 어렵다.

이렇게 인간이라는 종이 고난을 극복하기 위해 함께 노력해야만 하는 상황에서 번영할 수 있다면 우리가 해야 할 일은 풍요로운 현시대의 고난을 새로 정의하는 것이다. 우리는 새로운 상황에 다시 적응해야 한다. 이 복잡한 환경에서 우리가 타고난 모습대로 행동하려면 어떻게 해야 하는지 이해해야 한다. 하지만 다행히도 이 모든 풍요를 포기하고 수도승처럼 살아야 하는 것은 아니다. 흔히 비전을 세울 때 달성 가능한 일에 한정되는 경우가 많은데, 이를 넘어서는 것이 도전 과제가 되어야 한다. 이미 가진 자원으로 실현할 수 있는 것보다 큰 비전을 새로 설정해야 한다.

◆ 고난을 새로 정의하기 ◆

작은 기업이 큰 기업보다 혁신적인 일을 이루는 것은 우연이 아니다. 오늘날 큰 기업 대부분이 작고 혁신적인 기업으로 시작했지만 규모가 커지면서 혁신 능력을 잃은 듯하다. 요즘 자원이 넘쳐나는 큰 기업이 혁신을 이루는 경우는 혁신적인 생각을 하는 작은 회사를 인수할 때뿐인 것 같다. 왜 규모도 작고 자원도 부족하며 몇 명 안 되는 직원들이 고생스럽게 이끄는 회사들이 최신 혁신을 많이 이루는지 큰 기업의 리더들도 궁금하지 않을까? 큰 규모와 풍부한 자원이 꼭 좋지만은 않다.

한정된 자원에서 오는 어려움을 나누고 무에서 유를 창조하려는 사람들이 모여 일하는 것은 작은 사업체의 모범 공식이다. 하지만 이미 그렇게 함께 고생해 성공을 이룬 기업이 다시 이런 환경으로 돌아가기는 매우 어렵다. 우리가 애플을 그토록 대단한 회사라고 생각하는 이유가 바로 이것이다. 애플은 애플Ⅰ과 애플Ⅱ에서 매킨토시와 아이맥까지, 아이팟과 아이튠즈에서 아이폰까지 수차례 반복적으로 성공을 거둬왔다. 이들은 (이미 성공을 거둔 대부분 회사처럼) 어떻게 기존 제품을 새로운 방법으로 팔지 고민하는 것이 아니라 새로운 제품을 발명하고 새로운 산업에서 경쟁했다.

지금까지 설명한 바와 같이 우리는 풍요로운 환경에서 살도록 만들어지지 않았으며 풍족한 환경에서는 내부 체계에 혼란이 일어난다. 그리고 행동에 영향을 주는 화학 물질이 균형을 잃으면 단기적인 목표를 제시하며 도파민 보상을 주는 사내 보상 체계에 중독될 위험이 크다. 또한 옥시토신과 세로토닌이 분비되기 전에는 사람들과 협력하지도 않을 것이다.

성공한 기업의 리더들이 혁신을 이루고 직원들에게서 충성심과 사랑을 끌어내고 싶다면 기업이 직면한 문제가 무엇인지를 절대적 용어가 아니라 그들의 상황에 맞는 상대적 용어로 다시 정의해야 한다. 다시 말해 안전망 밖에 존재하는 위험과 기회가 기업 규모에 알맞게 과장되어야 한다. 좀더 자세히 설명해보자.

작은 회사가 힘들어하는 이유는 회사가 존속하는 데 필요한 자원이 없기 때문이다. 생존은 매우 실질적인 문제다. 보통 성공과 실패는 직원들이 단결해 현재 회사의 문제를 해결할 만한 우수한 아이디어를 생각해내느냐 마느냐로 결정된다. 돈으로 문제를 해결하는 방법은 효과가 떨어지고 오래갈 수 없다.

반면 규모가 크고 더 성공한 회사는 자원이 많으므로 생존을 걱정하지는 않는다. 이들에게 동기를 부여하는 것은 생존이 아니라 성장이다. 하지만 성장은 추상적이고 구체적이지 않은 목표이므로 직원들의 가슴에 불을 붙이지는 못한다. 직원들에게 열정이 생길 때는 기업 리더가 그들에게 성장해야 할 이유를 줄 때다. 1분기 혹은 1년 뒤를 목표로 하는 데서는 도전 의식이 느껴지지 않는다. 큰 어려움이 따르는 일이 아니기 때문이다. 물론 쉽기만 하다는 말은 아니다. 쉬울 수도 있고 어려울 수도 있다. 하지만 이런 기업에서는 이런 일을 달성하는 데 필요한 자원을 쉽게 구할 수 있다.

직원들에게 진정으로 동기를 부여하려면 이용 가능한 자원을 넘어서는 도전이 필요하다. 아직 오지 않은 세상을 향한 비전이 필요하다. 회사에 일하러 올 이유가 필요하다. 단순히 성취해야 할 큰 목표만 있다고 해서 되는 일이 아니다. 위대한 기업의 리더들이 하는 일이 바로 이것이다. 그들은 무엇을 어떻게 해야 하는지 아무도 모르는 어려운 일을 도전 과제로 삼는다.

빌 게이츠는 모든 책상에 PC를 올려놓는 일을 마이크로소프트의 비전으로 정했다. 이 목표를 얼마나 이뤘을까? 선진국에서는 대부분 달성했지만 완벽하게 성취하려면 아직 갈 길이 멀다. 작은 기업과 마찬가지로 큰 기업에서도 능력에 맞게 도전 과제를 재구성한다면 직원들은 그 과제의 답을 찾아낼 것이다. 혁신은 이렇게 시작된다. (안타깝게도 스티브 발머의 형편없는 리더십이 큰 원인으로 작용해 마이크로소프트의 리더들은 문제가 생기면 돈을 쏟아붓고 필요하다면 직원들을 희생시켰다. 그들은 자신이 추구했던 혁신을 이루는 데 필요한 조건들을 망치고 있다.)

스티브 잡스는 "우주에 흔적을 남기고 싶다"라고 말했고 이를 실천했다. 더 현실적으로 말하자면, 기술의 가치를 모두 진정으로 실현하기 위해서는 그 기술이 작동하는 방식대로 우리 인생을 맞추는 게 아니라 우리 삶의 방식에 맞게 기술을 변화시키는 방법뿐이라고 그는 믿었다. 직관적인 인터페이스와 단순함이 그의 비전을 이루는 데 핵심이 된 것은 바로 이 때문이다.

기업의 리더가 직원들에게 신념을 준다면, 그리고 기업에서 이용 가능한 자원을 넘어서면서도 직원들의 지성을 벗어나지는 않는 수준의 도전 과제를 제시한다면 직원들은 이를 해결하기 위해 할 수 있는 모든 일을 할 것이다. 그리고 그 과정에서 새로운 생각을 내놓고 회사를 발전시킬 뿐 아니라 업계 판도나 세상까지 바꿀지도 모른다(마이크로소프트가 초기에 그랬듯). 하지만 우리 앞에 놓인 문제보다 자원이 훨씬 많다면 그 풍요로움이 발전을 저해할 것이다.

크게 도약하기 위해 한 걸음씩 나아가야 할 수도 있지만 우리는 그런 작은 단계들이 아니라 크게 도약하겠다는 비전을 보고 동기를 부여받는다. 그리고 그 비전을 향해 헌신해야만 훗날 인생을 되돌아보며 중요한 일을 해냈다고 말할 수 있을 것이다.

◆ 목적의식의 가치 ◆

1960년대 스탠리 밀그램이 권위와 복종의 실험을 수행한 결과, 더 높은 권위를 향한 신념이 있는 사람은 그렇지 않은 사람보다 다른 사람을 해칠 수 있는 명령을 따를 가능성이 현저히 낮다는 사실이 밝혀졌다. 실험에서는 그룹마다 상황을 조금씩 달리 설정했지만 모든 상황에서 과학자를 궁극적인 권위자로 바라보지 않은 사람들만이 실험을 끝까지 수행하기를 거부했다. 그들은 더 큰 목적의식을 추구한 덕에 다른 사람의 명령에 맹목적으로 굴하지 않을 힘을 발휘했다.

비즈니스 세계에서 우리의 궁극적인 권위자는 상사도 고객도 아니다. 상장 기업의 경우에도 주주나 월스트리트 애널리스트가 궁극적인 권위자는 아니다. 믿기 어렵겠지만 작은 회사들에도 투자자가 궁극적인 정답은 아니다. 이들은 밀그램의 실험에서 흰 실험복을 입은 과학자와 같다. 상황의 권위자일 수는 있지만 우리 결정에 궁극적인 영향을 미치는 권위자는 아니다. 밀그램의 실험에서 알 수 있듯 자기만의 뚜렷한 '왜?'가 있고, 목적의식이 강하며, 월스트리트 혹은 추상화된 주주의 압박을 이겨낼 용기가 있는 리더와 회사들이 장기적으로 성과가 좋다.

밥 채프먼은 회사가 수익을 내고 계속 성장하도록 노력하고 있다. 하지만 그는 수익을 단순히 배리웨밀러 직원들을 섬기는 수단으로 본다. 그에게 수익이란 목적지가 아니라 연료일 뿐이다. 채프먼은 더 높은 권위를 따르며 회사를 지켜주는 아들딸들을 돌봐야 할 책임을 느낀다. 그에게는 단순히 목표 수치를 달성하기 위해 단기적인 결정을 내리라는 요구를 무시할 용기가 있다.

> 인간이 5만 년 동안 번영한 이유는
> 자기 자신이 아니라 다른 사람을 섬겼기 때문이다.

코스트코의 제임스 시니걸은 직원들의 노동으로 단순히 수익금만 거둬가는 사람들보다 실제로 회사에서 일하는 직원들에게 책임감을 더 크게 느꼈다. 해병대 리더는 자신이 이끄는 대원들을 자기 자신보다 우선시해야 한다고 배운다. 역대 사우스

웨스트항공의 모든 CEO는 직원들을 최우선순위로 여겼다. 직원들을 섬기면 직원들도 고객을 섬길 것이다. 그러면 고객이 사업의 궁극적인 원동력이 되고 주주에게 이익을 준다. 순서는 이렇게 되어야 한다.

이렇게 뛰어난 리더들과 그 조직에서 일하는 사람들은 잇속만 차리는 외부인을 섬기는 것이 아니라 대의를 추구한다. 그리고 그 대의는 항상 인간을 향한다. 이들의 마음속에는 회사에 다니는 이유가 있다.

기업이 글로벌 리더나 대표적인 기업이 되겠다거나 최고의 제품을 만들겠다는 목표를 대의로 내세운다면 자기 자신을 제외한 다른 누구에게도 가치를 제공하지 않겠다는 이기적인 욕망을 내세우는 것이다(그렇다고 해서 회사의 모든 직원에게 이익을 주는 것도 아닌 경우가 많다). 이런 대의로는 사람들에게 동기를 부여할 수 없다. 진정한 대의가 아니기 때문이다. 아침에 일어나 이런 목적을 떠올릴 때 의지가 샘솟을 사람은 아무도 없다. 이는 회사의 이익을 넘어서는 더 큰 목적이 아니다.

인간이 5만 년 동안 번영한 이유는 자기 자신이 아니라 다른 사람을 섬겼기 때문이다. 알코올중독자모임의 12번째 단계가 가치 있는 이유도 바로 이 때문이다. 우리에게는 서로 헌신할 만한 이유를 충분히 제시하는 리더가 필요하다.

27
진정한 리더를 찾아서

자신의 가장 큰 자산은 지상의 부대원들을 향한 공감 능력이라고 말한 A-10 조종사 조니 브라보는 아프가니스탄에서 돌아오고 몇 년 뒤에야 진정한 리더가 된다는 것이 무엇인지 깨달았다. 그는 네바다주 사막에서 훈련을 마친 뒤 제트기를 착륙시켰다. 그의 제트기를 담당하는 정비 기장이 그를 맞이하며 제트기에서 내리는 것을 도왔다. 그날따라 정비 기장은 상태가 좋지 않아 보였고 정신을 못 차리는 듯했다. 조니 브라보는 그에게 한마디 쏘아붙였다. 최선을 다해 지상 부대를 지원하고자 했기 때문에 함께 일하는 사람들도 최고의 상태를 유지하길 바랐다.

정비 기장은 사과했다. 그는 숙면하지 못해 피곤하다고 말했다. 요즘 야간 학교에 다니는 데다 최근 아기가 태어나 밤새 자지 못했다고 설명했다. 순간 조니 브라보는 자신이 지켜야 하는 이름도 모르고 얼굴도 모르는 부대원들에게만 공감해서는 안 된다는 사실을 깨달았다. 공감이란 고객과 직원들에게 9시부터 5시까지만 보여주는 것이 아니다. 조니 브라보는 이렇게 설명한 다. "리더가 되고 싶다면 매분 매초 모든 사람을 섬겨야 한다."

리더가 된다는 것은 일을 덜 해도 되는 자격을 얻는 것이 아 니라 일을 더 많이 해야 하는 책임을 안는 것이다. 이 점이 어렵 다. 리더는 일을 많이 해야 하고 시간과 에너지를 들여야 한다. 그 효과는 쉽게 측정하기도 어렵고 바로바로 나타나지 않을 수 도 있다. 리더십이란 사람을 향한 헌신이다.

나 같은 사람들이 이런 주장을 펼치는 이유는 사회가 공공선 에 더 가까워지도록 변화하는 데 도움이 되었으면 해서다. 여기 서 공공선이란 사회 전체의 상업적 이익까지 포함하는 개념이 다. 이런 책과 기사를 읽는 수많은 사람이 여기에 동의한다 하 더라도 기업 리더들은 현 상태를 바꾸려 하지 않는다.

찰리 김, 밥 채프먼, 제임스 시니걸, 데이비드 마르케 함장, 밥 굿라테 의원과 스테파니 허세스 샌들린 의원처럼 조직을 이끌 면 그렇지 않은 조직보다 측정 가능한 분명한 성과를 많이 낸다 는 사실이 증명됐다. 하지만 밀턴 프리드먼 같은 사람들이 주장 한 이론과 잭 웰치 같은 사람들이 개척한 이론은 계속해서 성경 처럼 퍼지고 있다.

오늘날 많은 리더가 제임스 시니걸의 방식대로 직원을 이끌기보다는 잭 웰치의 경영 방식을 선호한다. 이쪽이 더 스릴 있기 때문이다. 시니걸 방식은 롤러코스터처럼 등락을 반복하지 않으며 더 꾸준하고 안정적인 방법으로 회사의 성공을 이끈다. 반면 웰치 방식은 도박과 비슷하다. 올랐다 떨어졌다 이겼다 지기를 반복한다. 스릴 있고 흥미진진하다. 환한 불빛, 강렬함. 마치 라스베이거스에 온 듯하다. 결과가 좋지 않아도 돈이 많아 계속 게임할 수 있다면 언젠가는 잭팟을 터뜨릴 수 있다. 하지만 그렇게 오래 게임할 돈이 없고 제때 게임을 그만둘 수 있을지 모르겠거나 지속적이고 안정적인 것을 원한다면 안전망이 강하게 형성된 기업에 투자하고 싶을 것이다. 사회에 롤러코스터를 타는 기업이 몇 군데 있는 정도는 괜찮다. 하지만 직원들을 돌보는 일보다 도파민 게임의 스릴을 중요하게 여기는 리더가 너무 많으면 경제 전체가 균형을 잃는다.

리더가 된다는 것은 부모가 되는 일과 모든 면에서 비슷하다. 우리가 돌봐야 할 사람들의 행복과 이익을 위해 희생함으로써 우리가 떠난 뒤에도 오랫동안 우리의 뜻을 이어나가도록 하는 것이다.

17세기 영국의 물리학자 아이작 뉴턴 경은 운동 제2법칙으로 $F=ma$라는 공식을 제시했다. 힘은 질량에 가속도를 곱한 값과 같다. 우리가 옮겨야 할 물건의 질량이 크다면 힘을 더 가해야 한다. 그러므로 대기업이 나아가는 방향을 바꾸거나 큰 문제를 해결하고 싶다면 매우 큰 힘을 가해야 한다. 이는 사업 방향의 대전환이나 대규모 조직 재편처럼 우리가 자주 하는 일이기도 하다. 하지만 큰 힘을 가하면 우리까지 흔들린다. 득보다 실이 많을까 걱정된다. 안전망 역시 흔들린다.

하지만 우리가 자주 무시하는 다른 변수가 있다. 'a', 즉 가속도다. 변화란 갑작스럽고 즉각적인 것이라고 누가 말했는가? 밥 채프먼, 찰리 김, 데이비드 마르케 함장 같은 사람들은 새로운 이론을 주장하며 조직을 해체하지 않았다. 그들은 조금씩 바꿔나갔다. 작은 변화부터 적용했고 실험부터 했다. 실험은 성공하기도 하고 실패하기도 했다. 하지만 시간이 흐르며 가속도가 붙었고, 변화가 점점 커졌으며, 결국 조직과 구성원 모두 목표한 바를 이뤘다.

진정한 리더십은 제일 높은 사람만을 위한 요새가 아니다. 리더십이란 그 집단에 속한 모든 사람이 짊어질 책임이다. 물론 직급이 높은 사람이 더 큰 규모로 일할 권위가 있기는 하지만 우리 모두 각자의 자리에서 안전망을 더 튼튼하게 유지할 책임이 있다. 오늘부터 다른 사람들에게 도움이 되는 작은 일을 시작해야 한다. 하루에 하나씩이라도.

자신이 만나고 싶은 리더, 직접 그런 리더가 되어보자.

내 이야기에서 영감을 받았다면 그 느낌을 나누고 싶은 사람에게 이 책을 전해주길 바란다.

부록
밀레니얼 세대를 어떻게 이끌 것인가

◆ 우리는 무엇을 해야 하는가 ◆

모든 세대에게는 각자 세상을 바라보는 그들만의 방식이 있다. 이 독특한 성향과 관점에는 긍정적인 면과 부정적인 면이 있으며 어느 쪽도 아닌 면도 있다. 밀레니얼 세대에게는 직장 상사들을 당황스럽게 하는 독특한 성격적 특성이 있다. 이런 현상이 이전 세대와 비슷한지 아니면 더 심한지는 말할 수 없다. 하지만 업계와 조직의 규모를 막론하고 내가 만난 모든 관리자는 밀레니얼 세대 직원들을 이끌 방법을 찾고 있었다. 그들은 화나지만 그저 밀레니얼 세대 직원들에게 도대체 원하는 것이 뭐냐고 물어볼 수밖에 없다. 밀레니얼 세대 직원들의 요구 사항은 사무실을 개방형 구조로 바꿔달라, 탄력 근무제를 쓰게 해달라, 식사를 제공해달라, 세탁 서비스를 이용하게 해달라는 등 다양하다. 기업 임원들은 이런 요구 사항의 일부 혹은 전부를 들어준 뒤에도 여전히 밀레니얼 세대 직원들의 적극적인 참여를 유도하거나 충성심을 끌어내지 못하고 있다. 밀레니얼 세대 직원들 역시 여전히 그들이 갈망하는 만족감과 성취감을 직장에서 찾지 못하고 있다.

『스타트 위드 와이:나는 왜 이 일을 하는가』와 이 책을 집필하며 많은 것을 배웠고, 이를 바탕으로 하나의 관점을 제시하고자 한다. 여기에는 다음 세 가지의 이유가 있다. 첫째, 관리자들에게 공감 능력을 키워야 한다는 사실을 알리기 위해서다. 밀레니얼 세대에게는 잘못이 없다. 기업의 리더는 그들을 있는 그대로 받아들여야 하며, 그들이 세상을 바라보는 관점은 성장 과정에서 경험한 고유한 일들의 영향을 받아 형성됐다는 사실을 기억해야 한다. 밀레니얼 세대만을 위해 이를 고려하거나 실천해야 하는 것은 아니다. 우리는 함께 일하는 모든 직원에게 공감해야 한다. 둘째, 밀레니얼 세대에게는 자신을 부정적으로 생각하는 성향이 있는데 이는 그들만 그런 것이 아니며 그들에게는 잘못이 없다는 사실을 깨달아야 한다. 이런 특성은 같은 방식으로 자란 많은 사람에게서 공통적으로 나타난다. 나는 밀레니얼 세대에게 숨을 한 번 깊게 들이마시며 어깨에 놓인 무거운 짐을 내려놓으라고 말하고 싶다. 자신의 감정을 솔직히 인정하면 카

타르시스를 느낄 수 있다. 거짓말하고, 숨고, 남들을 속이면 오히려 불안감만 증폭될 뿐이다. 그들(과 우리 모두)이 자신의 모습을 받아들여야만 성장에 수반되는 힘든 일을 시작할 수 있고 타고난 최선의 모습으로 일할 수 있다. 셋째, 밀레니얼 세대와 관리자들이 서로 돕고 성장하기 위한 진정한 발걸음을 내디딜 수 있도록 내가 깨달은 몇 가지 방법을 공유하고 싶었다. 이 방법으로 밀레니얼 세대는 한층 성장하고 자신이 원하던 것을 찾기 시작할 수 있다. 그리고 기업은 안전망을 만들고 키우기 위한 과정에 착수할 수 있다. 이는 모든 직원에게 좋은 영향을 준다. 하지만 그중에서도 특히 내가 이 책에서 설명한 건강한 직장 환경은 밀레니얼 세대 직원들의 인생에 훨씬 긍정적인 영향을 미칠 확률이 매우 높다.

밀레니얼 세대의 성장 과정을 고려해볼 때, 한 세대로서 그들의 특성은 다른 세대보다 나은 점이 많다. 우선 그들은 놀라울 정도로 포용력이 높다. 대체로 나와 다른 사람을 잘 수용하고 받아들인다. 성 정체성도 기성세대보다 잘 받아들인다. 또한 돈이나 자본주의를 나쁘게 생각하지는 않으면서도 돈과 자본주의가 좋은 일에 쓰이길 바란다. 내가 더 많이 가지겠다는 1980년대 사고방식과 달리 그들은 불우한 사람들에게 이익이나 자원을 나누는 회사에 매력을 느낀다. 그리고 세상에 좋은 영향을 미치고 싶다는 욕망을 거침없이 표현하며 목적의식, 대의, 신념이 있는 기업을 지지한다. 내가 가장 좋아하는 부분이다. 우리는 모두 자기만의 분명한 '왜?'가 있는 회사에서 일하고 싶어 하며, 단지 돈을 버는 것 이상의 가치가 있는 일을 하고 싶어 한다. 기성세대 중에는 자신이 좋아하지 않는 일을 하며 매일 침묵 속에서 고통스러워하는 사람이 많다. 반면 밀레니얼 세대는 대체로 자신이 좋아하지 않는 일을 더 빨리 그만둘 용기와 재정적인 수단이 있고, 혁신적인 길을 더 쉽게 받아들이며, 직장에 그들이 필요한 것을 요구할 줄 안다. 이렇게 하는 것이 옳다.

기업 리더들은 좋든 싫든 막내 직원들의 특성에 맞게 회사 운영 방식을 약간 바꿔야 한다. 밀레니얼 세대 직원들이 모든 책임을 져야 하며 입 다물고 일이나 해야 한다고 분통을 터뜨리는 이들에게는 그런 전략이 회사의 장기적인 성장에는 도움이 되지 않는다는 사실을 말해주고 싶다. 물론 밀레니얼 세대도 그들이 직면한 어려움을 극복하기 위해 나눠 져야 할 일들이 있다. 그러나 기업들도 시대에 뒤떨어지지 않도록 전략과 경영 철학을 수정할 수 있고, 또 그렇게 해야만 한다.

기업 리더들은 밀레니얼 세대가 겉으로 드러내는 것보다 자존감이 낮다는 사실을 인지해야 한다. 그들은 자신이 원하는 일을 전부 해내기를 간절히 바란다. 직면한 어려움을 극복하는 것도 이에 포함된다. 그리고 요즘 많은 사람이 그렇듯 그들 역시 스마트폰과 소셜미디어에 중독되어 깊이 있고 의미 있는 관계를 형성하는 데 어려움을 겪고 있다. 나는 우리가 자기 자신, 가족, 인간관계를 망가뜨리지 않도록 일종의 디지털 중독 치료를 해야 한다고 생각한다. 덧붙여 밀레니얼 세대를 이끄는 리더가 알아야 할 아이러니가 하나 있다. 바로 밀레니얼 세대에게는 옛날 방식의 리더십이 필요하다는 사실이다.

이 부록은 밀레니얼 세대를 이끄는 리더, 밀레니얼 세대 그리고 밀레니얼 세대의 부모들을 위한 내용이다. 현시대의 젊은 세대가 어려움에 당당하게 맞서고 그것을 극복할 수 있도록 바로 실행에 옮길 수 있는 실용적인 행동 방안을 소개한다.

◆ 회사는 무엇을 해야 하는가 ◆

이 책에서는 사람들을 이끌고, 신뢰를 형성하며, 그들이 서로 돕고 보살피도록 의욕을 주기 위한 철학과 전략을 정리했다. 여기서 24장에 이어 구체적인 아이디어와 전략, 밀레니얼 세대가 직면한 특정한 어려움을 설명하고자 한다. 지금 소개하는 내용은 밀레니얼 세대뿐 아니라 모든 조직 구성원의 성장을 돕는 보편적이면서도 훌륭한 리더십이다.

회의실에 휴대전화 반입을 금지하라

이는 사소한 일처럼 보일 수 있다. 마치 2분간 양치하라는 말처럼 들리기도 한다. 꾸준히 지키지 않으면 소용없는 일이다. 우리가 직장에서 어울리는 모든 상황은 사람으로서 교류하고 천천히 관계를 쌓아나갈 기회다. 회의 시작 전에 휴대전화만 보고 있다면 대화할 기회를 놓치는 것이다. 업무 이야기를 하든, 주말 계획을 묻든, 심지어 말없이 함께 앉아 있든 시간이 지남에 따라 먼 곳까지 도달할 수 있도록 한 걸음 한 걸음 나아가자. 단순히 회의실에서 휴대전화 사용을 금지하기만 해도 어느 정도 시간이 지나면 직원들 사이에 질 높은 인간관계가 형성될 것이다.

컴퓨터 대신 종이에 메모하도록 권장하라

『심리과학』*Psychological Science*에 발표된 한 연구에 따르면 종이에 필기하는 사람들이 정보를 처리하고 기억하는 능력이 더 뛰어나다. 컴퓨터에 메모하면 정보를 더 많이 입력할 수 있지만 종이에 쓰면 더 중요한 정보를 구별하게 된다. 종이에 필기하는 기술은 충분히 학습할 수 있고 실행할 수 있는 일로, 비판적 사고력과 의사결정 능력에 상당히 큰 영향을 준다. 반드시 디지털 방식으로 노트해야 하는 사람이 있다면 대표로 한 명을 정해 컴퓨터로 메모하게 하거나 일단 종이에 필기하고 회의가 끝난 뒤 컴퓨터로 옮겨 적도록 한다.

리더십을 가르쳐라

한 대형 은행에 방문할 일이 있었다. 나는 임원에게 회사에 리더십 교육 프로그램이 있는지 물었다. 그는 신난 목소리로 그렇다고 대답했다. 구체적으로 어떤 것을 가르치는지 물어보니 준법 교육을 한다는 대답이 돌아왔다. 나는 이렇게 말했다. "그건 리더십 교육이 아니죠. 법을 지키는 거잖아요." 그가 회사에서 제공하는 강좌를 몇 개 더 알려줬지만 실제로 리더십을 가르치는 수업은 하나도 없었다. 리더십을 가르치지도 않으면서 어떻게 리더가 되기를 바라겠는가? 내가 아는 좋은 회사들은 효과적인 갈등 관리, 경청, 의사소통 능력과 같은 인간적인 기술을 가르치는 탄탄한 커리큘럼을 갖추고 있다.

피드백을 주고받는 법을 가르쳐라

사회에 진출한 밀레니얼 세대 대다수는 피드백을 더 많이 받고 싶다고 말한다. 그런데 그들이 원하는 것은 긍정적인 피드백을 더 많이 받고 잘했을 때 인정받는 것이라는 사실을 깨달았다. 부정적인 피드백을 받는 데 익숙하지 않은 이가 많다는 이야기도 자주 들린다. 피드백을 주고받는 일은 학습하고 실행할 수 있는 기술이다. 피드백을 잘한다는 것은 단순히 피드백을 많이 주는 것이 아니라 긍정적이든 부정적이든 피드백을 어떻게 해야 하는지 아는 것이다. 마찬가지로 피드백을 받는다는 것은 단순히 피드백을 요청하는 것이 아니라 긍정적이든 부정적이든 피드백을 어떻게 받아들여야 하는지를 아는 것이다. 그리고 피드백을 받은 뒤 이를 어떻게 적용해 행동해야 하는지 아는 것이다.

여기에는 여러 방법이 있다. 예를 들어 우리 회사에서는 '360 리뷰 시스템'을 개발했다. 1년에 한 번씩 각 팀원은 자신의 강점이나 자신이 가장 개선됐다고 생각하는 부분 세 가지, 자신의 약점이나 가장 개선되어야 할 부분 세 가지를 적는다. 그런 다음 모든 팀원의 응답지를 모아 하나의 문서로 만들고, 이 문서를 모든 팀원이 공유한다. 그리고 한나절이 걸리든 하루가 걸리든 시간에 관계없이 문서에 나온 모든 내용을 함께 검토한다.

각 팀원은 먼저 자신의 약점을 소리내어 읽는다. 그러면 추가하고 싶은 말이 있거나 하고 싶은 말이 있는 사람은 말을 할 수 있다. 단, 약점을 공유한 사람은 말할 수 없다. 자기변호나 변명도 금지된다. 듣기만 해야 한다. 바로 뒤에 그 팀원은 자신의 장점을 소리내어 읽는다. 마찬가지로 추가하고 싶은 말이 있거나 하고 싶은 말이 있으면 누구든 이야기하고 발표자는 듣기만 한다. 기껏해야 질문을 명확하게 하는 정도만 가능하다. 진행자 한 사람을 정해 이 기준을 벗어나는 발언이 나오면 바로 제지하게 한다.

이는 아주 놀라운 경험이다. 우리 팀 막내 직원은 내가 한 말이나 행동을 어떻게 느꼈는지, 어떤 부분에서 내게 실망했는지 이야기했다. 나는 깜짝 놀랐으나 깨달음을 얻었고, 그녀는 자신의 이야기가 경청됐다고 느끼며 힘을 부여받았다. 우리 회사에서는 이 리뷰 과정을 정식 평가가 아니라 성장을 측정하는 도구로 사용한다. 또한 회사 직원들 모두 1주나 2주에 한 번 모이는 작은 코칭팀의 일원으로 활동하며 이 리뷰 시간에 배운 점을 기반으로 성장하도록 서로 돕는다.

밀레니얼 세대 직원들을 활용하라

밀레니얼 세대는 성장 환경 덕분에 독특한 기술을 익혔고 그들만의 관점을 넓혀왔다. 회사에서 이 점을 활용하면 직접적으로 이익을 얻을 수 있다. 예를 들어 밀레니얼 세대는 어릴 때부터 소셜미디어 활동을 했다. 그들은 말 그대로 평생 퍼스널 브랜드를 관리하며 살아왔다. 그래서 브랜딩의 개념을 직관적으로 이해한다. 이를 이용하라!

밀레니얼 세대가 적극적이지 않고 참여도가 떨어진다고 불평하지만 말고 이런 현상을 리더로서 당신의 자질이나 회사 문화를 보여주는 지표로 생각하라. 어쩌면 기성세대도 업무에 적극적이지 않으면서 그렇게 보이도록 잘 꾸며낼 뿐일지도 모른다. 밀레니얼 세대는 의욕이나 흥미, 만족감을 잃을 때 이를 숨김없이 표현하는 경향이 있다. 그들의 반응으로 사내 모든 직원의 생각을 정확하게 알 수 있다고 생각하라. 밀레니얼 세대가 업무에 적극적으로 참여하고 회사에 계속 다니고 싶다는 의욕을 느끼면 아주 오랫동안 재직하며 적극적으로 일할 것이다.

밀레니얼 세대는 즉각적인 만족을 추구하는 세상에서 자라 여러 문제점을 지닌다. 하지만 엄청난 장점도 있다. 바로 기성세대보다 변화를 편하게 받아들이고 전환이 빠르다는 점이다. 그들이 회사를 그만둔 뒤 프리랜서로 활동하고 스타트업에 입사하거나 직접 사업하겠다는 생각을 어찌나 쉽게 하는지 놀라울 따름이다. 옮길 회사를 정하지도 않고 기존 직장이 마음에 들

지 않는다며 그만두는 밀레니얼 세대를 많이 봤다. 기성세대 중
에는 그렇게 행동하는 사람을 한 번도 보지 못했다. 기성세대는
불확실함보다 안정성을 선호하는 듯하다. 빠른 전환과 의사결
정이 필요하고 위험이 따르는 프로젝트나 업무 기회가 있다면
밀레니얼 세대를 투입하라. 기성세대 직원들에게는 그들의 경
험과 노하우로 밀레니얼 세대 직원들을 돕게 하라. 그러면 밀레
니얼 세대 직원들은 이를 바탕으로 탁월한 첫인상을 보여줄 것
이다. 장기적으로 깊이 있고 의미 있는 관계를 만들기는 어려
워하지만 그들이 첫 번째로 보여주는 적극성은 아주 인상적이
다. 자존감 문제로 고생하기도 하지만 네트워킹이나 영업 업무
에 꼭 필요한 자신감을 발산한다. 그들을 최전방에 배치해 제품
을 팔게 하고, 경험 많은 선배들의 도움을 받아 잠재 고객과 깊
은 관계를 맺도록 하라. 그러면 팀 내에 균형 잡힌 인간관계가
만들어지고 두 세대는 서로 배우게 된다.

　밀레니얼 세대 직원들의 재능을 최대한 활용하고 싶다면 다
음 사항을 참고하자.

- 멘토링을 제공한다(용기가 부족해 그들이 먼저 요청하지 못하는 경
　우도 있다). 진정한 멘토는 절대 바빠서 멘토링 하지 못한다고
　말하지 않는다.
- 모범을 보인다. 기업 리더들은 밀레니얼 세대가 우러러보
　는 운동선수나 영화배우보다 좋은 롤모델이 될 수 있다. 평

소 그들에게 영웅적인 용기와 리더십을 보이자. 그러면 그들은 억만장자나 유명인사가 아니어도 그런 자질을 갖출 수 있다고 여기게 된다.

- 실패담을 이야기한다. 성취한 일을 말하기는 쉽다. 하지만 어렵더라도 실패한 이야기를 솔직히 말한다면 밀레니얼 세대는 그들 인생과 커리어의 현실을 더 쉽게 이해할 수 있다. 또한 안전망을 형성하고 모든 직원이 실수나 두려움, 불안감을 더 편하게 인정하는 문화를 만드는 데 직접적으로 도움이 된다.

- 넘어질 기회를 준다. 비즈니스 뉴스에는 '실패를 포용해야 한다'는 이야기가 많이 나온다. '실패'란 귀중한 교훈이 되기도 하지만 회사가 완전히 망하는 일을 뜻하기도 한다. 사람들에게 실패는 나쁜 것이며 피할 수 있으면 피해야 한다고 끊임없이 말해야 한다. 우리가 포용해야 하는 것은 실패가 아니라 넘어지는 일이다. 밀레니얼 세대에게 넘어질 기회를 더 많이 줘야 한다. 작은 프로젝트에서 큰 책임을 맡을 기회를 줘야 한다. 만약 그들이 일을 망치면 "넘어져도 괜찮아요. 다시 도전해봐요"라고 말해준다.

- '인간적인' 능력을 개발할 기회를 더 많이 준다. 디지털 방식을 과도하게 사용하면 밀레니얼 세대의 소통 방식에 부정적인 영향을 미칠 수 있으므로 우리가 균형을 맞춰야 한다. 좀더 인간적인 방법으로 소통하는 모습을 본보기로 보

인다. 이메일 사용을 줄이고 전화 통화를 늘리자. 복도를 자주 돌아다니며 직원들과 대화하고 더 많이 질문하자. 그들이 회사 일에 더 적극적으로 참여해주기를 바란다면 먼저 그들을 더 적극적으로 대하자.

- 그들이 자신을 사랑하도록 돕는다. 밀레니얼 세대가 자존감을 키우도록 돕는다. 다른 리더가 당신의 자녀를 어떻게 대하면 좋을지 생각해보자. 배리웨밀러의 밥 채프먼이 말하듯 모든 직원을 똑같이 누군가의 아들딸로 대하자.
- 그들에게 모험을 걸어본다. 놀랄 만한 결과를 볼지도 모른다.
- 그들은 미래의 리더지만 현재의 리더는 우리다. 그들이 우리 삶에 미치는 영향보다 우리는 그들의 삶에 훨씬 큰 영향력을 미칠 권한과 능력이 있다. 우리는 반드시 대의를 알려야 한다. 우리만의 '왜?'를 되찾아야 한다. 어릴 때처럼 이상주의자로 돌아가야 한다. 그런 뒤 회사를 세우고 우리와 함께할 사람들을 이끌어야 한다.

◆ 밀레니얼 세대는 무엇을 해야 하는가 ◆

나는 기업의 리더들이 과거의 먹고 먹히는 기업 문화에서 벗어나 서로 신뢰하고 안전망이 형성된 환경을 조성할 책임이 있다고 믿는다. 만약 리더로서 밀레니얼 세대 직원들이 타고난 바람직한 방식으로 최선을 다해 일하게 만들고 싶다면 반드시 이런 환경을 갖춰야 한다. 밀레니얼 세대도 훌륭한 기업 문화의 혜택을 전부 누리고 싶다면 해야 할 일이 있다. 하나하나 친절히 도움을 받으면 당시에는 당연히 기분이 좋을 것이다. 하지만 회사에서 진정으로 성취감을 느끼고 세상에 긍정적인 영향을 주고 싶다면 결국 힘든 일을 해야 하고, 견디기 어려운 진실을 마주해야 하며, 인내심을 발휘해야 한다. 도전해보고 싶은가? 그렇다면 계속 읽어주길 바란다.

자신의 문제를 스스로 해결하라

크든 작든 어떤 업무를 맡았는데 어떻게 해야 할지 모르거나 심지어 무엇부터 시작해야 할지 감이 잡히지 않으면 도움을 요청하라. 상사가 아무 도움도 주지 않는다면 다른 곳에서 답을 찾아야 한다. 어떤 상사는 정말 나쁜 놈이라 답을 주지 않지만 어떤 상사는 당신이 문제를 해결할 만큼 똑똑한 사람이라고 믿기 때문에 스스로 답을 찾도록 일부러 도와주지 않기도 한다. 어느 쪽이든 스스로 방법을 찾아야 한다. 그렇게 하는 편이 당신에게 이롭기 때문이다. 구글도 큰 도움이 되지 않을 것이다. 이때 성장의 기회를 찾는다면 인맥을 활용하라. 친구, 예전 상사, 같은 회사 직원, 친구의 상사에게 모두 도움을 청할 수 있다. 이는 대인관계 기술을 개발할 기회다. 단순히 이메일로 요청하는 것 이상이어야 한다는 뜻이다. 의견이나 해결 방법 목록을 이메일로 받는다고 해도 이는 가장 가치 있는 조언이 될 수 없다. 당신에게 스스로 문제를 해결하라고 내버려 두는 진짜 목적은 인간관계를 형성하라는 것이다. 같은 회사에 다니는 모르는 직원에게 찾아가 사무실 문을 두드리며 도와달라고 요청하라. 작은 회사에 다닌다면 회사 외부에서 도와줄 사람을 찾아라. 다시 말하지만 단순히 상사가 아닌 다른 사람에게 단계별 지시 사항을 받는 것이 목표가 아니다. 스스로 문제를 해결해나가는 과정에서 당신을 이끌어주거나 도와줄 수 있는 똑똑한 사람과 관계를 형성하는 방법을 배우는 것이다.

일을 완수할 때까지 밀어붙여라

책임은 업무나 프로젝트를 시작하는 일과는 관련이 없다. 책임이란 업무나 프로젝트를 완수하고자 이끌어나갈 때 일어나는 일이다. 예를 들면 나는 가끔 직원들에게 뭔가를 찾거나 누군가에게 연락해달라고 부탁한다. 며칠이 지나도 아무런 응답이 없으면 내가 부탁한 일은 어떻게 되어가고 있느냐고 물어본다. 그러면 돌아오는 대답은 보통 이런 식이다. "찾아봤는데 그런 내용은 없던데요." "이메일을 보냈는데 답장이 아직 안 왔어요." 임무를 완수할 때까지 밀어붙이는 데 뛰어난 사람들은 보통 사람들이 하는 모든 일을 이미 임무를 시작하는 시점에 다 해둔다. 그리고 중간에 장애물에 맞닥뜨리더라도 계속해서 나아가기 위해 할 수 있는 다른 일을 모두 찾아낸다. 단순히 했던 일을 반복하지 않는다. 그들은 누군가가 일이 얼마나 진행되었냐고 물어볼 때 "이메일을 다시 한 번 보내볼게요"라고 말하지 않는다. 임무 완수에 진정으로 재능이 있는 사람들은 일이 계획대로 잘 풀리지 않거나 생각보다 시간이 오래 걸릴 때에 대비해 어떤 차선책을 쓸 수 있을지 고민한다. 그 차선책을 쓸 일이 없더라도 미리 생각해놓는다. 이런 습관의 진가는 다음번에 비슷한 어려움을 겪을 때 드러난다. 이미 아이디어도 다 짜놨고 이전 업무를 처리하면서 새로운 인맥도 형성해둔 상태이기 때문이다. 이런 면모 때문에 그들이 그토록 문제 해결 능력이 뛰어난 직원이 되는 것이다. 중요한 것은 하나의 문제를 어떻게 해결했느냐가 아니라 다음 문제를 해결하기 위해 얼마나 준비가 됐느냐다.

부정적인 피드백을 요구하라

어떤 조직에서든 긍정적 강화가 매우 중요하다는 사실에는 의심할 여지가 없다. 우리의 강점과 공헌을 인정받으면 자신감과 소속감이 놀랄 만큼 커진다. 하지만 잘한다는 이야기만 들으면 성장할 기회가 줄어든다. 모든 일이 잘 돌아가고 모든 정답을 맞힐 때는 배우는 점이 많지 않다. 일이 잘못되거나 일을 망쳤을 때 훨씬 많이 배울 수 있다. 우리는 균형 잡힌 피드백을 받아야 한다. 나는 프로젝트가 끝나면 항상 팀원들에게 내게 모자란 부분이 무엇이었는지 물어본다. 또 회의 뒤에는 주로 다음에 어떤 작은 실수에 주의해야 할지 서로 이야기한다.

직급이나 직책에 상관없이 당신이 존경하고 우러러보는 사람을 찾아보라. 당신이 닮고 싶은 사람, 당신이 더 잘하고 싶은 것을 잘하는 사람을 찾으라. 그리고 그들에게 당신이 다음번에 더 잘하려면 어떻게 해야 할지 물어보라. 그러면 시간이 어느 정도 흐른 뒤 부정적인 피드백을 훨씬 능숙하게 수용하게 될 것이며, 당신 또한 다른 사람들에게 더 능숙하게 긍정적인 피드백과 부정적인 피드백을 줄 수 있을 것이다.

회사에서 피드백을 주고받는 방법을 따로 가르치지 않는다면 같은 회사 직원들, 특히 당신의 직속 상사가 효과적으로 부정적인 피드백을 주는 방법을 알 것이라 여기지 말라. 그들은 지나치게 공격적이거나 직설적이고 심지어 심술궂을 수도 있다. 피드백을 주는 방법을 한 번도 배운 적이 없어 그럴 수 있다. 아니면 그들 역시 피드백에 서툰 상사에게 영향을 받아 그렇게 되었을 수 있다. 기분 나쁘거나 화나는 내용은 무시하라. 그래야 다음에 더 잘하기 위해 진정으로 필요한 것이 무엇인지 들을 수 있다. 그들이 만약 "다시는 이런 일이 없게 하세요"라고만 말한다면 다음에 더 잘하기 위해 무엇을 해야 할지 알아내 정말로 다시는 그런 일이 없게 해야 한다. 다음번에 문제를 해결하도록 준비하는 편이 이번에 문제를 해결하지 못했다고 언짢아하는 것보다 훨씬 기분 좋다.

자신의 공적을 희생하라
일을 잘한 사람에게 긍정적인 피드백을 주는 것처럼, 공적을 세운 사람에게 그 공적을 인정해주면 안전망을 형성하고 상사와 부하직원이 상호 존중하는 환경을 만드는 데 큰 도움이 된다. 물론 특정 직원들이 프로젝트에 특별한 노력을 기울였다면 리더는 이를 공개적으로 인정해줘야 한다. 하지만 진정한 의미의 일이란 단순히 공적을 인정받는 것 이상이다. 부록에서 제시하는 다른 조언들과 마찬가지로 이 역시 균형이 맞아야 한다. 숨은 영웅이 되어 다른 사람들이 빛나 보이도록 조용히 도움으로써 프로젝트의 결과를 성공으로 이끄는 일에는 마법 같은 면이 있다. 다른 사람과 함께 일하며 그 사람을 돕고, 또 그 사람이 대중의 인정을 받도록 도울 때 엄청난 기쁨과 자부심이 느껴지는데, 이 기쁨과 자부심이 바로 그 마법이다.

부모가 자녀의 성공을 보며 진정한 기쁨을 느끼는 것처럼 위대한 리더는 직원들이 아무도 성공하리라 예상하지 못한 일을 성취했을 때 자부심을 느낀다. 마찬가지로 우리 모두 주변 사람들의 성공을 위해 헌신함으로써 기쁨을 느낄 수 있다. 이렇게 말하면 '내가 한 일이니 그 공은 내가 차지해야 한다'라고 생각하는 사람도 있을 것이다. 동의한다. 하지만 외적 보상을 얻어 순간적으로 느끼는 즐거운 감정은 오래가지 못한다. 장기적인 성취감을 느끼기 위해 필요한 근육을 형성하는 데도 도움이 되지 않는다. 당신이 숨은 영웅으로서 진정한 기쁨을 찾는 모습을 다른 사람들이 보면 그들은 당신에게 도움을 더 많이 청해올 것이다. 그리고 당신에게 더욱 의지하고 당신을 향한 신뢰가 더욱 커질 것이다. 이렇게 되면 일을 성공시킨 강렬한 자부심과 기쁨을 누리며 서로 축하해줄 수 있다.

휴대전화를 멀리하라

내가 이렇게 말하면 많은 이가 싫어하며 온갖 핑계를 댈 것이다. 예를 들어 내가 당신에게 이제부터 잘 때 침대 위에 휴대전화를 두지 말고 다른 방에서 충전하라고 제안한다고 해보자. 이미 변명거리가 있지 않은가? "그럼 알람은 어떡하죠?"

내가 대안을 제시할 필요는 없다. 당신은 이미 앞에서 '자신의 문제를 스스로 해결하라' 항목과 '일을 완수할 때까지 밀어붙여라' 항목을 읽었으니 어떻게 해야 할지 잘 알 것이다.

알코올 중독자는 자신의 의지력만으로는 술을 끊기 어렵다는 점을 알기 때문에 집에 술을 두지 않는다. 당신도 디지털 기기의 중독성에서 벗어날 방법을 스스로 찾아야 한다. 당신은 도파민의 즐거움을 스스로 거부할 만큼 강하지 않다. 원천적으로 차단해야 한다. 그렇다고 우리가 휴대폰이나 소셜미디어를 모두 버려야 한다는 뜻은 아니다. 균형을 맞추자고 제안하는 것이다. 몇 가지 극적인 전략을 쓴다면 휴대전화에서 진동이 울리고, 소리가 나고, 화면이 켜질 때마다 달려가서 확인하고자 하는 욕구를 극복하고 습관을 고칠 수 있다. 중독을 이겨내고 갈망을 없앨 수 있다. 그렇다면 휴대전화를 끊임없이 확인하고 싶은 욕망을 극복하기 위해 중단기적으로 어떤 일을 해야 할까?

1. 지금 이 순간부터 식사할 때는 무조건 휴대전화 사용을 금지한다. 친구나 가족, 동료, 클라이언트와 밖에서 점심이나 저녁을 먹을 때는 휴대전화를 무음으로 설정하고 보이지 않는 곳으로 멀리 치워라. 테이블 위에 휴대전화를 뒤집어두는 것도 안 된다. 보드카 병에 뚜껑이 닫혀 있다고 해서 알코올 중독자가 술 마시고 싶은 충동을 느끼지 않는 것은 아니다. 아예 시야에서 사라져야 한다! 만약 함께 있는 사람이 휴대폰을 꺼내면 정중하게 이렇게 말한다. "우리 휴대전화 없이 식사하면 어때요?" 물론 예외가 있을 수 있다. 정말 중요한 연락을 기다리고 있다면 함께 있는 사람들에게 당신이 왜 휴대전화를 꺼내놔야 하는지 설명하라. 그리고 그 연락을 받으면 휴대전화를 치운다. 무슨 말인지 이해될 것이다.

처음에는 이렇게 하기 너무 싫을 것이다. 수십 번 해본 뒤에도 여전히 하기 싫을지 모른다. 우리 중 대다수가 이미 중독자라는 사실을 명심하라. 기분이 좋아지게 하는 물건을 치우니 기분이 나쁠 수밖에 없다. 하지만 시간을 충분히 들이면 서서히 효과를 느낄 것이다. 친구들을 만나는 시간이 예전보다 즐거워진다. 그들과 밖에서 시간을 보낼 때도 훨씬 즐겁다. 예전보다 활기찬 대화를 나눈다. 우리는 그들을 더욱 잘 알게 되고 그들도 우리를 잘 알게 된다. 서로 더욱 신뢰하고 의지하게 된다. 이는 당신이 인생에서 만나는 사람들과 더욱 깊이 있고 의미 있는 관계를 형성하는 간단한 첫걸음이다.

2. 마찬가지로 배우자나 소중한 사람이 있다면 다음에 데이트할 때 둘의 휴대전화를 모두 집에 두고 나가보라. 아이들에게 연락해야 하거나 택시를 불러야 해서, 아니면 음식 사진을 찍어야 해서 휴대전화가 꼭 있어야 한다면 한 대만 챙기고 휴대전화 주인이 아닌 다른 사람이 들고 다닌다. 상대방의 휴대전화를 들고 다닌다면 매 순간 확인하고 싶은 욕망을 느끼지 않을 것이다. 짧은 시간 안에 둘이서 보내는 시간의 질이 상당히 향상될 것이다. 그리고 집으로 돌아와 그사이에 받은 문자에 답장할 때, 사람들이 왜 이렇게 늦게 답하느냐고 물으면 이렇게 이야기하라. "사랑하는 사람과 밖에 있었지. 휴대전화는 집에 두고 나갔어." 이 말을 즐기게 될지도 모른다.

◆ 부모는 무엇을 해야 하는가 ◆

디지털 기기 없이 가족 여행을 떠나라

내가 아는 열네 살 남자아이의 이야기다. 휴대전화가 고장 났는데 엄마가 일주일 넘게 새 휴대전화를 사주지 않자 아이는 무척 화났다. 그사이 여자 친구가 보낸 문자에 답장하지 못해 여자 친구에게 이별을 통보받았다. 둘이 같은 학교에 다니고 같은 동네에 사는 것은 아무 소용도 없었다. 아들이 휴대전화 중독 현상을 보이자 걱정이 된 부모는 획기적인 아이디어를 하나 떠올렸다. 휴대전화를 딱 한 대만 가지고 가족 여행을 떠나는 것이었다. 휴대전화를 빼앗긴 두 아이는 안절부절못하고 성질을 부려댔다. 역대 최악의 가족 여행이 되어가는 듯했다. 그런데 며칠이 지나자 분위기가 바뀌었다. 가족 사이에 대화가 시작됐고 함께 웃으며 진정한 유대감을 형성했다. 결국 그들이 함께한 여행 중 역대 최고의 가족 여행이 됐다.

계약서에 서명하라

통신사는 우리가 휴대전화를 살 때 이용 약관으로 빽빽한 계약서에 서명을 받는데, 우리라고 아이들에게 휴대전화를 사줄 때 그러지 말란 법이 있는가? 심리학자이자 영화 제작자인 딜레이니 러스턴Delany Ruston은 〈스크린에이저〉Screenagers라는 훌륭한 다큐멘터리를 제작했다. 그녀는 이 다큐멘터리에서 10대 딸에게 휴대전화를 사줄지 말지 심각하게 고민한 끝에 독특하고 효과적인 아이디어를 하나 보여준다. 딸에게 스마트폰을 원한다면 계약서에 서명하고 특정 조건에 동의하라고 요구한 것이다. 다른 부모들 중에도 이렇게 하는 사람들이 있다고 들었다. 그들은 계약서에서 보통 다음과 같은 조건을 요구한다.

- 자기 방에서 휴대전화를 사용하거나 보관할 수 없다.
- 식사 시간에 휴대전화를 쓸 수 없다.

- 친구들이 집에 놀러와 함께하는 동안 한 명도 빠짐없이 휴대전화를 제출해야 한다. (만약 친구의 부모가 자녀가 휴대전화를 지니고 있길 원한다면 부모에게 전화해 집 전화번호를 알려주고 자녀에게 연락하고 싶을 때 언제든 집으로 전화하게 한다.)
- 휴대전화 사용 시간을 제한한다.
- 위 조건 중 하나라도 어긴다면 일주일 동안 휴대전화 사용을 금지한다.

◆ 비밀번호를 바꿔라 ◆

내가 만난 한 가족은 와이파이 비밀번호를 매일 바꾼다. 그들은 아이들이 집안일이나 숙제를 끝낸 뒤에만 새 비밀번호를 알려준다. 그리고 제한된 시간 동안 와이파이를 제공한 뒤 다시 비밀번호를 바꾼다.

본보기를 보여라

나는 자녀들이 손에서 휴대전화를 놓지 않는다고 불평하는 부모를 많이 봤다. 하지만 엄마 아빠가 온종일 휴대전화만 보고 있다고 불평하는 아이들도 봤다. 진심으로 일보다 가족이 중요하다고 믿는다면 그걸 증명해 보여야 한다. 직장에서 전화나 이메일이 올지도 모르니 가족이 모여 저녁 식사를 할 때도 휴대전화를 가지고 있어야 한다고 말하는 부모가 매우 많다. 사람의 목숨을 살려야 하는 응급의학과 의사나 언제든 문을 박차고 뛰쳐나가야 하는 구급 대원이 아닌 이상 가족이 함께 저녁 먹는 시간에 휴대전화를 정말 꼭 가지고 있어야 하는지 곰곰이 생각해보자. 저녁을 먹을 때 부모가 식탁 위에 휴대전화를 올려둔다면 아이들은 부모가 말로만 그들을 사랑한다고 생각할 것이다.

부모가 되는 것은 힘든 일이다

음식점에 가서 온 가족이 둘러앉아 모두 휴대전화만 보고 있는 광경을 보면 마음이 아프다. 최근에도 음식점에서 그런 일이 있었다. 엄마와 할머니가 고개를 숙이고 휴대전화를 보고 있었고, 예닐곱 살쯤 된 아이가 휴대전화로 게임을 하고 있었다. 아홉 살이나 열 살쯤 된 아이는 헤드폰을 끼고 영화를 보고 있었다. 나는 그 가족과 몇 테이블 정도 떨어진 곳에서 식사하며 그들을 지켜봤다. 그들은 내가 저녁을 먹는 내내 그 상태 그대로였다. 식사를 마치고 나갈 때까지 한 사람도 움직이지 않았다.

한번은 브런치를 먹으러 갔는데 두세 가족이 모인 옆자리에 앉게 되었다. 부모들이 모두 같은 테이블에 앉고 바로 옆 테이블에 예닐곱 명쯤 되는 아이들이 함께 앉아 있었다. 어른들 중에는 휴대전화를 꺼내놓은 사람이 한 명도 없었지만, 아이들은 식사 시간 내내 하나같이 고개를 숙이고 각자 휴대전화를 바라보고 있었다. 이런 유혹에 빠질 수 있다는 점은 이해한다. 때때로 아이들을 피해 잠깐 휴식을 즐기는 일은 정말 좋다. 하지만 항상 그렇지는 않다. 솔직히 부모들이 아이들을 돌보기 싫을 때마다 휴대전화를 쥐여주느니 다른 집으로 입양 보내는 것이 장기적으로 아이들에게 더 좋다고 생각한다. 아이들은 성가시고, 시끄럽고, 잘 싸우는 데다 우리가 하고 싶은 일을 방해한다. 아이라 그렇다. 부모가 되는 일은 힘들다. 아이들에게서 잠시 벗어나 휴식을 취하거나 가끔 TV 앞에 아이들을 앉혀놓는 일은 괜찮다. 하지만 아이들에게 도파민을 과도하게 줘서는 안 된다. 여러 자극에 예민한 아이들에게 부정적인 영향을 끼칠 뿐 아니라 훗날 그들이 성인이 된 뒤까지도 피해가 심각하기 때문이다. 더 자주 당신이 아이들과 시간을 보내거나 아이들끼리 어울리게 해준다면 그들이 정말 재미있는 이야기나 심오한 이야기를 많이 한다는 사실을 깨달을 것이다. 그러면 아이들의 성가신 면은 정말 참을 만하다는 생각이 들 것이다.

　서점에 가면 '자기계발'self-help 분야 서가가 있다. 하지만 우리에게 정말 필요한 것은 '타인 돕기'help others라는 서가다. 여기서 소개한 제안 중 단 몇 가지라도 실행하겠다고 약속한다면 우리는 '타인 돕기 산업'이라는 새로운 분야를 개척할 수 있을 것이다. 영감을 퍼트리자!

사이먼 시넥

옮긴이 윤혜리

중앙대학교 영어영문학과를 졸업하고 금융기관에 근무하던 중 영어를 우리말로 적절하게 옮기는 데 흥미를 느껴 출판번역을 시작했다. 글밥아카데미 수료 후 바른번역 소속 전문 번역가로 활동하며 정확하면서도 공감을 불러일으키는 번역으로 독자들에게 가치 있는 책을 전하는 데 보람을 느끼고 있다. 옮긴 책으로 『내_일을 쓰는 여자』 『긱 워커로 사는법』 『어떻게 원하는 미래를 얻는가』 등이 있다.

리더 디퍼런트

초판 1쇄 발행 2021년 8월 24일
초판 3쇄 발행 2023년 8월 1일

지은이 사이먼 시넥
옮긴이 윤혜리
펴낸이 최동혁

기획본부장 강훈
영업본부장 최후신
기획편집 장보금 한윤지 이현진
디자인팀 유지혜 김진희
마케팅팀 김영훈 김유현 양우희 심우정 백현주
물류제작 김두홍
영상제작 김예진 박정호
인사경영 조현희 양희조
재무회계 권은미

펴낸곳 ㈜세계사컨텐츠그룹
주소 06071 서울시 강남구 도산대로 542 8, 9층 (청담동, 542빌딩)
이메일 plan@segyesa.co.kr
홈페이지 www.segyesa.co.kr
출판등록 1988년 12월 7일 (제406-2004-003호)
인쇄·제본 예림

ISBN 978-89-338-7167-6 (03320)

세계사
40th Anniversary

앞으로 채워질 당신의 책꽂이가 궁금합니다.

마흔 살의 세계사는 더욱 섬세해진 통찰력으로
당신의 삶을 빛내줄 귀한 책을 소개하겠습니다.